怎样让孩子快乐成长

鲁鹏程 编著

金盾出版社

内容提要

本书从"孩子快乐成长，从被尊重开始；相信孩子，给与他充分的支持；走进孩子的内心世界，了解他；放下架子，'蹲下来'做父母；用沟通打造和谐的亲子关系；教孩子学会自动自发地学习；让孩子的世界充满阳光；放手，培养孩子生存的智慧；让孩子有一个快乐的心灵"等9个方面，总结了让孩子快乐成长的100个关键细节，并对细节阐述了具体实用的好方法。该书内容针对性、操作性强。阅读此书能让父母帮助孩子快乐成长，是一本非常实用的家庭教育参考书。

图书在版编目（CIP）数据

怎样让孩子快乐成长/鲁鹏程编著 . -- 北京：金盾出版社，2012.10
ISBN 978-7-5082-7662-5

Ⅰ.①怎… Ⅱ.①鲁… Ⅲ.①家庭教育 Ⅳ.①G78

中国版本图书馆 CIP 数据核字（2012）第 113579 号

金盾出版社出版、总发行
北京太平路 5 号（地铁万寿路站往南）
邮政编码：100036 电话：68214039 83219215
传真：68276683 网址：www.jdcbs.cn
封面印刷：北京蓝迪彩色印务有限公司
正文印刷：北京画中画印刷有限公司
装订：北京画中画印刷有限公司
各地新华书店经销
开本：850×1168 1/16 印张：14.25 字数：366 千字
2012 年 10 月第 1 版第 1 次印刷
印数：1～8 000 册 定价：29.00 元

♥ 前 言 ♥

有关统计表明，中国有 30％ 的小学生因为感受不到快乐而患上焦虑、厌学、自卑、嫉妒、忧郁、孤独症、抑郁症等心理疾病，有些孩子甚至还走上了极端的道路——自杀。这样的事实，给我们敲响了警钟，我们不得不反思这样一个问题：怎样让孩子快乐成长？

孩子的童年时光应该是快乐的，他应该享有一个快乐的童年。遗憾的是，今天很多孩子的脸上露出的不是快乐的微笑，而是一脸的与他年龄极不相称的忧虑。

很多时候，孩子不快乐是我们做父母的造成的。我们给了孩子太多的压力，以至于他不堪承受，但他又难以正面反抗我们，于是，他就在内心深处压抑自己，这种压抑根植于内心，又表现于外在的言行举止，结果，孩子不快乐、悲观的性格就形成了。

童年的时光是短暂的，更是宝贵的，因为它是唯一的，是不可重复的，所以，我们应该倍加珍惜孩子的童年时光，尽最大全力让孩子过一个快乐的童年。

有句话说，每个孩子都是珍贵的存在。其实，每个"珍贵的存在"都应该沉浸在弥足珍贵的快乐时光中，在这样的时光中成就生命的精彩，创造出独特的人生价值。

让孩子快乐成长，捍卫孩子快乐的童年是每一位为人父母者的责任。让孩子快乐成长吧，这是每一个孩子所希望的。如果我们能把"让孩子快乐成长"作为对他的教育目标，那我们就是开明的父母，就是有智慧的父母，孩子有我们这样的父母，那他就是有福气的，他也会倍加珍惜这样的幸福感，从而自动自发地做事、学习，不让我们再为他的学习成长而操心，如此这般，我们又有什么理由不给孩子一个快乐的童年时光呢？

孩子的快乐感应该源于他的内心。法国著名思想家罗曼·罗兰曾说："所谓内心的快乐，是一个人过着健康的、正常的、和谐的生活所感到的快乐。"那么，我们就可以问自己了：自己孩子的生活，是健康的吗？是正常的吗？是和谐的吗？如果不是，我们该怎么办呢？也就是说，怎样才能让我们的孩子真正快乐成长呢？

这正是这本《怎样让孩子快乐成长》所要回答的内容。

本书从"孩子快乐成长，从被尊重开始；相信孩子，给与他充分的支持；走进孩子的内心世界，了解他；放下架子，'蹲下来'做父母；用沟通打造和谐的亲子关系；教孩子学会自动自发地学习；让孩子的世界充满阳光；放手，培养孩子生存的智慧；让孩子有一个快乐的心灵"等9个方面，全面总结了让孩子快乐成长的100个关键细节，并针对这些细节阐述了众多具体实用的好方法，从而帮助我们做父母的达成让孩子快乐成长的目的。

这本书中所提到的案例，其实就发生在我们的身边，甚至是发生在我们的家里，会让我们有一种似曾相识的感觉。而且，在通读这些案例分析后发现，其实教育孩子，让孩子快乐成长也并不是那么困难的一件事，就看我们是不是有方法，是不是在用心对待孩子。

总之，这是一本非常实用的家庭教育参考书，它立足于家庭教育的现状，结合当今家庭教育中普遍存在的问题进行深入浅出的阐述、分析，并基于相关教育理念总结出了大量行之有效的让孩子快乐成长的方法，切合为人父母者的实际需要，针对性强，有着很强的可操作性。

最后，衷心祝愿每一位父母都能重视对孩子的培养，都能给孩子一个快乐的童年，也衷心祝愿每一个孩子都能快乐地成长。

编　者

目　录

第一章　孩子快乐成长,从被尊重开始

每一个孩子都有自尊意识,都渴望被尊重,尤其是得到我们的尊重。捷克著名教育家夸美纽斯曾经指出:"应当像尊重上帝一样地尊重孩子。"虽然听上去有点夸张,但是我们要想让孩子快乐成长,就必须从尊重孩子开始。

第二章　相信孩子,给予他充分的支持

我们相信孩子,信任他,他的身心就会按照一定的自然机制与规律自由发展。所以,当我们不产生莫名的焦躁时,孩子也会感到安心,他就不会因为扭曲生长而失去快乐。我们的支持与信任,将是孩子人生路上最好的依靠,也是他快乐的源泉。

第三章　走进孩子的内心世界，了解他

随着孩子渐渐长大，他开始有了自己的思想和看法，也有了自己的烦恼和压力。作为父母，我们有没有停下匆忙的脚步，走进他的内心世界，倾听他的心声呢？我们要想让孩子快乐成长，就要放慢匆忙的脚步，抽出时间去了解孩子神秘而丰富的内心世界。

第四章　放下架子，"蹲下来"做父母

我们对待孩子，都是"含在嘴里怕化了，捧在手心怕掉了"，简直比自己的生命还重要。然而，很多父母虽然爱孩子，却放不下做家长的"面子"，以致与孩子的沟通十分困难，事倍功半。要知道，教育关乎孩子的一生，比所谓的做家长的"面子"要重要得多。让我们试着放下架子，站在与孩子同等

的高度，引导他更健康、快乐地成长。

第五章　用沟通打造和谐的亲子关系

　　沟通是一门艺术，要讲究方法和原则，而亲子沟通，则更需要多点智慧、多些技巧。良好而有效的亲子沟通，有利于我们走进孩子的内心世界，知道他在想什么，从而使我们与孩子之间的关系更亲近、更和谐，也对孩子的健康、快乐成长更有益处。

第六章　教孩子学会自动自发地学习

　　联合国教科文组织《学会生存》一书中指出："未来的'文盲'，不再是不识字的人，而是没有学会怎样学习的人。"的确，社会已经进入了知识大爆

炸时代,每个人都要掌握越来越多的知识。所以,我们必须教孩子学会自动自发地学习,让他拥有更强的学习力。

第七章　让孩子的世界充满阳光

　　我们都希望自己的孩子将来有所作为,但是无论孩子未来的人生是精彩还是平凡,他的健康和快乐才是最重要的。每个孩子都有自己独一无二的世界,而我们的任务之一,就是将浓浓的爱意化作滴滴甘露、缕缕清风,滋润孩子纯洁的心灵,让孩子的世界永远充满阳光,让他的人生更加快乐、幸福。

第八章　放手,培养孩子生存的智慧

我们都知道,爬山虎必须要依附在墙体、岩壁等地方才能向上生长。如果我们对孩子不放手,那么他就会变成爬山虎,只能依附在我们身上过活。但孩子在未来能否生存下去,关键要靠他自己,所以我们该放手时要放手,要教给他生存的智慧,让他学会自立。

第九章　培养孩子纯洁正直快乐的心灵

快乐的心灵可以让孩子对周围变化纷繁的世界有足够的抵抗能力,可以让他看到生活阳光的一面,他就会对生活充满激情与自信,从而成为一个幸福的人。因此,我们应该培养孩子感受快乐的能力,让他有一个快乐的心灵,这也是我们应该送给他的最好礼物之一。

目
录

第一章 孩子快乐成长，
从被尊重开始

　　每一个孩子都有自尊意识，都渴望被尊重，尤其是得到我们的尊重。捷克著名教育家夸美纽斯曾经指出："应当像尊重上帝一样地尊重孩子。"这虽然听上去有点夸张，但是我们要想让孩子快乐成长，就必须从尊重孩子开始。

1. 给孩子表达自己的权利

　　每个人都有表达自己意愿的权利，然而这种权利并非所有人都能获得，尤其是涉世未深的孩子。因为，我们总是把孩子当成不成熟的小孩子看，觉得他什么都不懂，便会剥夺他表达自己的权利。结果，孩子就像我们手中的"提线木偶"，只能任由我们摆布。

　　虽然孩子年龄小，生活经验不丰富，说出来的话可能会引发不必要的麻烦，但是这并不代表他没有表达自己意愿的权利。如果孩子长期生活在压抑的环境中，势必会感到不快乐，甚至会失去表达的勇气，从而成为一个屈服于权势、不敢表达自己的、唯唯诺诺的人。

　　一天，依依一家去家具城买沙发。在这个过程中，妈妈看中了一款比较小巧别致的沙发，认为它所占的空间小，可以让客厅看起来更宽敞一些。而爸爸却不同意，认为每天都要在客厅看电视，坐着这么小的沙发肯定不舒服。

　　正在两个人争执不下的时候，依依说道："我觉得还是应该……"

　　依依刚要发表自己的看法，就被妈妈无情地拒绝了："小孩子懂什么啊！大人说话，你别插嘴！"

　　依依小声嘀咕着："谁说我不懂了。"

· 1 ·

购置家具属于家庭的重大决策，作为家庭成员的孩子有权参与其中。然而，依依的父母不但没有及时征求她的看法，还剥夺了她想要表达自己看法的权力。

试想一下，当孩子认为自己的看法是合理而正确的，并想表达出来时，却遭到了我们的无端制止，他是多么伤心、难过啊！即使我们以后把话语权还给孩子，他可能也会自动放弃这种权利。结果，孩子乐于表达的天性就这样被扼杀了。

所以，在教育孩子的过程中，我们应该改变一些固有的错误观念，凡是涉及孩子的事情，都应该允许并鼓励他勇敢地表达自己的看法、意见等。这样一来，我们才能懂得孩子的所思所想，才能有针对性地实施教育。

而且，孩子是从亲子关系中学会如何与人交往的，如果我们给孩子自由表达的权力，如果我们懂得尊重孩子的话语权，那么孩子就会学会尊重他人的话语权，进而使人际关系更加和谐、融洽，由此他也能感觉到与人交往的乐趣。

把孩子当成一个独立的个体

尊重孩子，首先就要给孩子表达自己的机会。这涉及一个很重要的教育理念，就是把孩子当成一个独立的个体。然而，很多父母出于对孩子的"爱"，总是习惯于自作主张，并强迫孩子听从自己的安排。事实上，这是对孩子最大的"害"。

其实，从我们把孩子带到这个世界上的那一刻开始，他就是一个独立的个体，虽然他在生活上需要我们的照顾，在经济上需要我们的支持，但是他有独立的思想和感情，这是我们无法替代的。因此，我们要把孩子当成一个独立的个体，让他自由、快乐地成长。

给孩子自由表达自己的机会

表达自己的思想、见解，是上天赋予孩子的权力，更是他的内心需要。因为，孩子需要通过这种方式认知和探索周围的环境，随着他年龄的增长，他也会逐渐形成对事物的看法，并随之产生一股想要表达的欲望和冲动。

这时候，我们应该给孩子自由表达自己的机会，并鼓励他勇敢地表达出来。唯有这样，孩子才会畅所欲言地表达自己，才会真正实现与我们的交流与沟通。

不以成人的标准判断孩子的话语

有时候，当孩子畅所欲言地表达自己想法时，一些父母就会用成人的标准判断孩子的话语。凡是孩子的话语不符合他们的逻辑或标准，就会被认为是"胡扯"、"无稽之谈"。这是对孩子最大的伤害，会导致他因害怕被批评而不敢表达自己。

对此，我们不要总用成人的标准去判断他的话语，而是走进他的世界，学会站在他的角度看问题,进而尊重孩子表达自己的行为。这样一来,我们就会对孩子的话语少一分挑剔,多一分认同,孩子就会从中获得快乐。

2. 保护好孩子的自尊心

每个人都有自尊心,都非常在乎自己在他人面前的形象,孩子也不例外。孩子的自尊心是在日常生活中逐渐培养起来的。也就是说,我们在孩子面前所说的每一句话、所做的每一个举动,都可能会影响他自尊心的培养。

苏联著名教育家苏霍姆林斯基曾经说:"儿童的尊严是人类心灵里最敏感的角落,保护儿童的自尊心就是保护儿童的潜在力量。"的确是这样。孩子的自尊心就像一棵稚嫩的树苗,需要我们的呵护。

有一个女孩天生内向,不爱主动接触周围人。于是,妈妈就经常邀请女孩的同学或小区里的同龄孩子到家里玩。每当几个孩子聚在一起的时候,妈妈就会带着他们玩提问的游戏。也就是说,妈妈提出一些问题,他们举手回答。后来,妈妈发现,自己的女儿总是迟疑地举起手,当她被叫起来回答的时候,却支支吾吾地说不出来。

有一次,妈妈在和女孩闲聊中问道:"妈妈看你每次都会举手,但你似乎又不知道答案,你是怎么想的?"

女儿说:"如果他们都举手,而我不举手,那多没面子啊!"

女儿的话让妈妈感受到了孩子内心强烈的自尊意识。于是,妈妈告诉女儿:"那这样,如果你知道正确答案,就给我使个眼色。"

后来,只要妈妈看到女儿给她使眼色,就会叫她来回答。慢慢地,女儿变得开朗了,并开始主动和同龄孩子在一起玩了。

这位妈妈很有教育敏感度,当她意识到女儿有强烈的自尊意识之后,马上采取了保护、鼓励的积极措施,而女儿以自己的进步回馈了妈妈对她的尊重。

然而,很多父母却从未意识到孩子是有强烈的自尊的,总是有意或无意地伤害孩子的自尊心。殊不知,我们这样做,会严重伤害孩子幼小、脆弱的心灵,会使他失去精神支柱,失去不断进取的动力。

正如美国儿童心理学家詹姆斯·杜布森所说:"有千百种方法可以让孩子失去自尊心,但重建自尊却是一个缓慢而困难的过程。"因此,我们一定不要做任何伤害孩子自尊心的事情,而是要懂得唤起他的自尊,呵护他的自尊心,从而促使他形成良好的心理品质,让他变得快乐、自立与自强。

不说伤害孩子自尊心的话

很多父母不注意和孩子说话的分寸,总会说出一些伤害他自尊心的话。比如,当孩子没做好一件事情的时候,有的父母就会说"真是笨死了,一点小事都做不好";当孩子考试成绩不理想时,有的父母就会说"真是没出息"……我们一时的口舌之快,很可能会在孩子的内心深处留下难以愈合的伤口。

因此,我们一定不要随便嘲笑、讽刺、挖苦孩子,不要说一些伤害他自尊心的话,而是坚持"多鼓励、多赏识"的原则,在与孩子的交流过程中尽量做到晓之以理、动之以情,从而调动和激发孩子的自主性和积极性。

别老拿孩子跟他人比较

我们都期望自己的孩子比他人好,于是便会不自觉地进行横向比较。尤其是当他人在某些方面比自己的孩子优秀很多时,我们就会对孩子说:"你看××,他的英语说得多好啊,你可要好好跟着学。"

也许,我们是希望孩子以他人为榜样,多学习他人身上的优点,但是却忽略了比较所带给他的严重伤害。如果我们经常对孩子采用这种教育方式,就可能会让孩子形成"我比他差"的潜意识,甚至还会使他对我们所称赞的孩子产生嫉妒、憎恨心理。

其实,每个孩子都各有优势,我们要学会从不同的角度去看待自己的孩子,多发现他身上的优势,多关注他的每一分努力和进步。即使他先前的状况不能令我们感到满意,我们也不要着急,而是耐心地陪伴他成长,时刻勉励他"苟日新,日日新,又日新"。

记得给孩子一个"台阶"下

在公众场合,孩子难免会遇到一些令他感到为难、不知措施的事情。这时候,我们要记得给孩子一个"台阶"下,尽可能地保护他的自尊心。

一天,妈妈带着7岁的女儿参加朋友聚会。突然,有人提议让孩子们各自表演一个节目。妈妈用余光偷瞄了一眼女儿,发现她显得六神无主,便知她正在为表演节目而发愁。于是,当轮到她表演的时候,妈妈对大家说:"这次就算了,等下次再让我们家闺女给大家表演吧!"聚会结束后,女儿趴在妈妈的耳边,悄悄地说:"妈妈,今天谢谢你!"

如果我们遇到了类似的事情,会怎么做呢?也许,很多父母都会觉得没面子,然后大声呵斥孩子:"让你表演个节目,别这么扭扭捏捏的,赶紧的!"但是,这位妈妈并没有这样做,而是替她解了围,保全了她的面子,换来的是她的感谢。

3. 不要跟叛逆的孩子较劲

不知从什么时候开始,孩子突然变得"不听话"了,甚至还和我们对着干。我们要孩子向东,他偏要朝西;我们要孩子向西,他偏要朝东。这说明,孩子进入了"叛逆期",有一种"我已长大"的感觉,有一种想要摆脱我们而走向独立的强烈意识。

然而,很多父母却在为孩子的成长而烦恼。因为,在他们眼中,孩子的主见越来越多,不再乖顺地听从他们的安排。于是,他们就会与孩子较劲,各持己见,互不让步,结果导致亲子之间的冲突越来越多,亲子关系趋于紧张。

> 星期天早晨,妈妈拽了拽儿子的被角,催促道:"快起来,饭都已经做好了。"
>
> 儿子揉了揉眼睛,拿起闹钟看了看,说道:"我定的是6:30的闹钟,现在才6:10,再让我睡20分钟。"说完,儿子用被子蒙住了头。
>
> 这时,妈妈有些不耐烦地说:"你看看人家隔壁家的小泽,早就起来了。哪像你这么懒啊!"
>
> 儿子生气地说:"我都已经定好闹钟了,闹钟会叫我起床的,您干吗还来催我呢,真是烦死了!"
>
> 妈妈的嗓门提高了八度:"我好心叫你起床,我还没嫌烦呢,你倒是不耐烦了!赶紧给我起来!"说着,妈妈一把拽过了儿子的被子。
>
> 儿子不甘示弱:"我今天不去上补习班了,谁爱去谁去!您做的饭我也不吃了,您让隔壁家的小泽来吃吧!"
>
> 听到儿子这样说,妈妈一下子愣在了那里。

很多时候,我们越是强迫孩子,孩子越是叛逆,就像这对母子一样。如果我们和孩子的关系因此而变僵,就不可避免地出现"父母向右走,孩子向左走"的现象,最终只会落个两败俱伤。

有句话说得好:"你可以把马牵到河边,却不能强迫它低头喝水。"虽然孩子是我们所生所养的,但是这并不意味着我们能干涉他的一切,强迫他必须按照我们的意愿行事。如果孩子的一切都在我们的掌控之中,那他和木偶又有什么区别呢?这样的人生还有什么意义呢？又有什么快乐可言呢？

其实，孩子变得"叛逆"是他自我意识增强的表现，也是他成长过程中的正常心理现象。所以，我们不应该和孩子较劲，而是理解他的叛逆心理和行为。只要我们理解了孩子，并"顺势而为"，孩子不但会感到快乐，没准还能有意识地克制自己的不良心理和行为呢！

"用水灭火"，而不是"火上浇油"

很多处于叛逆期的孩子，脾气由乖巧温顺变得暴躁倔强，有时表现出的过激言语和行为就犹如暴风雨一样。然而，这正是考验我们的时候，如果我们也被孩子的火气所点燃，试图用自己的权势来压倒他的话，就相当于"火上浇油"，只会让事情变得更糟。

因此，面对孩子的叛逆行为，我们要告诉自己"掌控情绪，才能掌握教育局面"，想办法保持冷静、舒缓情绪，并适时地给孩子降温，进而"用水灭火"。

对叛逆的孩子采取"冷处理"

如果我们因孩子的叛逆而产生强烈的情绪波动，他就会感受到叛逆的神奇力量，可能就会与我们较劲到底。相反，如果我们不予理睬，继续做自己的事情，那么孩子就是想叛逆也找不到可以逆反的机会。

所以，我们要想避免和孩子产生正面冲突，就可以采用"冷处理"的方式，还要让他知道叛逆的两面性。一方面，孩子有自己的主见，是他已能自己独立思考，这是好事；但小孩毕竟知识少，经历少，见解难免有不全面或失于偏颇的地方，家长希望孩子能听进父母的意见。这样做，不仅可以浇灭孩子叛逆、嚣张的火焰，还可以通过拖延时间，使大问题化为小问题，小问题化为无问题。

学会适当地妥协

面对棘手、犯拧的孩子，如果我们总是对他置之不理，他可能会想不开，甚至会采取极端的方式解决问题。这时候，如果我们跟孩子硬碰硬，势必会两败俱伤。而唯一的好方法，就是有一方妥协，而这一方就是我们。不过，妥协并不意味着纵容，而是暂时的退让和宽容。当孩子的情绪慢慢恢复平静之后，我们再想办法给予他引导，或许可以达到更好的教育效果。

巧妙地应对孩子的叛逆

7岁的女儿不爱吃青菜，任凭妈妈磨破嘴皮劝说她，她也不吃。后来，妈妈想了一招,就是只做青菜,使得女儿不吃也得吃。没想到,女儿玩起了绝食。

爸爸一看这样下去不行,便对太太说:"她现在正处于叛逆期,咱不能和她较劲,你可以把青菜做得花样多些,吃饭的时候,咱就故意多吃青菜,吃得津津有味,如果能让她受到感染,没准就会吃了。"妈妈觉得这个方法很好,便同意了。

从那天开始,每天吃饭的时候,父母都会边吃青菜边说这青菜多么好吃。终于有一天,女儿看着父母津津有味地吃青菜,忍不住吃了一口青菜,满意地说:"是挺好吃的!"就这样,女儿不再排斥吃青菜了。

为了纠正女儿不良的饮食习惯,妈妈先是劝说,后是强迫,都没能起到良好的效果,反而让她变得更加叛逆。后来,父母巧妙地通过在女儿面前"演戏"的方式,达到了教育的目的。

所以,当孩子偏要往左走的时候,我们不要强迫他非要和我们一起往右走,而是采用巧妙的方式,通过我们潜移默化的影响,让他不自觉地跟着我们往右走。这就是我们需要掌握的应对叛逆孩子的技巧。

4. 征求并尊重孩子的意见

从孩子咿呀学语开始,我们就这样叮嘱他:一定要听爸爸妈妈的话,按照爸爸妈妈说的去做。然而,当孩子逐渐长大之后,他有了自我意识,有了自己的思想,便愿意按照自己的意愿去做事。

这时候,我们应该如何做呢?可能很多父母会以"孩子思想不够成熟,考虑问题不够周全"为由,强迫孩子听从自己的安排。这样下去,孩子会变得缺乏自主能动性,缺乏责任感,更会变得不快乐。

毕淑敏老师在她的著作《破解幸福密码》一书中写了下面这样一件事情。

我开心理诊所的时候,曾经遇到过一位年龄很小的咨询者,他说自己的问题就是想把妈妈杀掉。我吓了一大跳,看他白白净净营养良好的模样,不像是受了什么虐待,不知道他为什么如此恨自己的母亲?他说出的理由很简单,就是妈妈特别爱搬家。每一次搬家,都是妈妈的主意。不是嫌房子太小了,就是嫌周围环境不够高尚,最后是买别墅……反正爸爸拗不过妈妈,每一回都遵从了妈妈的意见。房子是越来越好了,小男孩也有了自己的卧房，游戏室，还有专门的书房……

可这个清秀的小男孩说，每一次搬家，我都要转学。我根本就没有朋友，因为还没等到交上朋友，我就又搬走了。妈妈搬家，从来没有征求过我的意见。在妈妈的眼里，我就不是人，就没有自己的想法。我不想要大房子，不想要书房游戏室，我只想要我的朋友。现在妈妈又要筹划着搬家了，能阻止搬家的唯一方法，就是杀掉妈妈……

看到这里，我们是否汗毛直立、心惊胆战呢？由于妈妈没有征求男孩的意见，他感受到了不被尊重，他失去了朋友，进而变得不快乐。为了阻止妈妈再次搬家，他想到的唯一方法就是杀掉妈妈。虽然男孩的想法很极端，但也是事出有因的。如果妈妈能够征求男孩的意见，并考虑他的感受，也许男孩就不会产生这种令人感到后怕的想法了。

当然，这对母子都属于特例，但他们的表现应该引发我们的反思，想想看，一个想杀掉妈妈的孩子内心一定充满了痛苦和憎恨。而我们为了孩子能够快乐成长，在做某件事情之前，一定要主动征求孩子的意见，并尽量尊重他的合理意见。这样一来，孩子才会感受到被尊重，心情才会变得愉快，做事的积极性才会越来越高，才不会因感受不到被尊重而产生极端的想法。而且，当我们尊重了孩子的意见，没准儿会发现，他提出的意见还能对整件事情的发展产生积极的影响呢！

凡事先问问孩子的意见

凡是与孩子有关的事情，我们都要先问问他的意见，然后再作决定。那么，当孩子需要做某项决定的时候，他也会主动询问我们的意见，而不会隐瞒我们，不会因一意孤行而造成不必要的损失或伤害。

比如，我们星期六要临时加班，把孩子一个人放在家里也不放心，就可以事先询问他的意见："爸爸妈妈明天要加班，你看怎么办才好呢？"孩子就会发表自己的意见，凡是合理的，我们都要给予尊重和支持。如果他提出的意见不合理，那我们就要根据实际情况作出令彼此都感到满意的决定。

允许孩子有不同的意见

一般情况下，当我们主动询问孩子的意见时，心里已经有了一个大概的想法。如果孩子发表的意见与我们的截然不同，可能大部分父母都会马上打断他的话，然后向他表明自己的立场，并要求他按照我们的想法去执行。

其实，很多问题根本没有对错之分。因为，面对同一件事情，我们和孩子所站的角度、所接触的面、所思考的重点都有所不同，自然就会有不同的意见。

因此，当孩子发表不同的意见时，我们不要试图剥夺他的话语权，更不要把自己的意见强加给他，而是耐心聆听他的想法，并尽可能地尊重他的意见。当然，这一切都要建立在对孩子的成长有益的基础上。

尽可能地采纳孩子的"好点子"

孩子容易接受新鲜事物和新观念，在某些问题上，可能会有一些"好点子"。比如，我们要买衣服，可能不知道目前流行什么款式、颜色，而如果孩子对此比较了解，就会给我们提出可供参考的意见。

只要孩子提出的意见是合理的，我们就要尽可能地接受并采纳。如此一来，孩子就会觉得自己的意见是有价值的，更会感受到我们对他的尊重。那么，他就会非常乐于为我们建言献策。

如果孩子提出的意见不合理，我们就要及时给予引导，可以这样对他说："爸爸把自己的意见说出来，你来做个比较，看看哪个意见更合理。"那他就会慎重考虑这个问题，从而作出决定。

如果孩子不接受我们的意见，我们也不必强迫他，而是让他在实践中去验证。如果他验证出来的结果是我们的意见不合理，那我们就要祝贺他，并检讨自己；反之，我们也不要讥讽他，而是引导他更全面地认识、分析整件事情。慢慢地，孩子就会更加慎重地考虑自己和他人的意见，从而作出正确的决定。

5. 尊重孩子的选择和决定

如今，很多家庭中出现了"怎么办先生"，这些孩子遇到任何需要选择的事情，都不知道应该如何做，而是问父母"怎么办"，询问父母的意见，然后听从父母的安排。之所以会这样，是因为这些父母把孩子的"选择权"、"决定权"牢牢握在自己的手中，美其言曰"一切为了孩子"，其实这只是他们的一厢情愿罢了。

孩子虽然年龄小，经验不足，但他并不是一个被动的接受者，而是一个具有自主性的独立个体，他有自己的成长需求，有想摆脱束缚的渴望，那我们为何还要牢牢握着"选择权"、"决定权"不放呢？

　　妈妈想让5岁的儿子读幼儿园，而他却想读小学。于是，妈妈便把选择权交给了他："如果你能考上，我就让你读。"听了妈妈的话，男孩第一次知道，一个5岁的小孩子也可以有选择的权力。所以，他特别珍惜这次机会，并自觉地、努力地学习，果然他考上了小学。这个男孩就是李开复。

第一章 孩子快乐成长，从被尊重开始

如果换做我们，我们可能不允许孩子自作主张，因为上学可不是一件随便的事情。还有一些父母完全不顾孩子的想法和感受，把他送进贵族学校或封闭式学校。而李开复的妈妈并没有这样做，而是把选择权交给了他，让他认识到自己有选择的权利，并促使他为了自己的选择而努力奋斗。这难道不是一种对孩子的智爱、大爱吗？

总之，在相对安全的范围内，我们要放手让孩子去作决定和选择，那么他才会拥有一个可以自己做主的童年和人生，才会获得真正的快乐和满足。

把选择权还给孩子

在孩子成长的过程中，他会遇到很多十字路口，随时都面临着很多选择，小到生活中的琐碎小事，如买哪个颜色的鞋子、周末去哪里玩、买哪本书等，大到关乎成长和发展的大事，如择友、择校、找工作、结婚等。

面对孩子的诸多选择，我们不要替他决定，也不要否定他的决定，而是把选择权还给他。如此一来，孩子才会真切地感受到自我价值，才会更清晰地认识自我，而我们收到的将是他对我们的感激，还有他的成长和进步。

另外，我们还要记得提醒孩子：在选择之前，一定要慎重考虑，因为每个决定都可能会影响整件事情的发展。一旦作出了选择，就要为之负责，要勇于承担一切后果。这样一来，孩子自然会慎重地作决定，也会有一份担当。

让孩子在规定范围内选择

对于年龄小的孩子，如果他面临很多选项，可能不知道如何选择。这时候，我们不妨加上一些必要的限制条件，为他提供几个选项，从而让他在这个范围之内作选择。

比如，周末到了，我们打算带孩子出去玩，如果全权让他决定，他可能会有好几个想去的地方，并从中徘徊不定；如果我们为他提供几个选项"你是想去郊外踏青，还是去植物园赏花"，就会缩小选择的范围，便于他迅速作出选择。当然，如果孩子有其他的提议，只要是合理的，我们都要给予尊重和支持。

支持孩子经过慎重思考所作的决定

面对孩子所作的决定，我们不要急于肯定或反对，而是进行分析、判断。只要是孩子经过慎重思考、切实可行的决定，我们都应该给予支持，而这种支持不只是口头上的，更要付诸行动。

也就是说，当孩子按照自己的决定去执行的时候，我们不要去干涉、阻碍他，更不要指挥他应该怎样、不应该怎样，而是相信他有能力做好这件事情，并为他创造有利的条件。即使他最终失败了，他也不会怨天尤人，而是会承担其应负的责任，并总结经验、吸取教训，从而为下一个选择做好准备。

必要的时候，给孩子提供合理帮助

我们把选择权还给孩子，并不代表任由他盲目选择，也不代表我们要盲目支持他的决定，而是在必要的时候，给他提供合理的帮助。不过，帮也有帮得有艺术和有技巧，不是瞎帮，而是根据孩子的年龄、能力、所需要选择的事情，掌握好帮的尺度。

当孩子作一些比较重要的决定时，比如，应该选择上哪个辅导班，是否应该参加班干部的竞选，等等。我们就可以和他一起了解、分析各个选项的利弊，而最终的决定权还是交给孩子。

另外，如果孩子所作的选择明显不妥，我们不能放任不管，而是要在尊重他的基础上，帮助他分析原因，让他知道自己的症结所在，然后再心平气和地向他提出合理化建议。如此一来，孩子就会对整件事情有一个更全面、更深入的认识，从而作出最适合自己的决定。

6. 尊重孩子的人生理想

理想是指一个人对未来的合理设想或希望。通俗地说，理想就是孩子人生道路上的奋斗目标。如果孩子拥有人生理想，那么他就会有追求，就会有的放矢，就会奋力前进、锲而不舍，最终有所收获。

然而，很多父母为了让孩子的人生路走得更顺畅一些，总会一意孤行地按照自己的意愿设计孩子的未来，却从不考虑孩子的感受，从不顾及孩子的理想。他们这种望子成龙、望女成凤的心理无可厚非，但是这种方式却是不恰当的。

美国著名篮球运动员乔丹的母亲曾经深有体会地说："在放手过程中，最棘手、最不放心的问题，是让儿女自己追求自己的梦想，自己作出事关终身的决定，选择与我为他们确定的不同的发展道路。"这位母亲的话也许说出了很多父母的心声。的确，我们会担心孩子多走弯路，甚至走错路，但是我们却忘了，真正支撑孩子坚持下去的必定是他自己的理想，而不是我们所强加给他的理想。

妈妈觉得女孩应该掌握点才艺，不能什么都不会。所以，妈妈决定让女儿学钢琴，并奢望她将来成为钢琴家，即使成不了钢琴家，也可以做一名钢琴老师。于是,妈妈给她买了一架钢琴,并报了一个钢琴班。

一开始的时候,女儿对学钢琴非常感兴趣。但是,新鲜劲一过,当她每天都要面对枯燥的训练时,就再也没有了耐心。所以,每当妈妈让她练琴的时候,她都显得很不高兴。看着不快乐的女儿,妈妈开始反思,难道这就是我要给女儿创造的美好童年吗?

有一天,妈妈真诚地与女儿交换了各自的想法,原来,女儿真正喜欢的是画画,希望当一名美术老师。于是,妈妈不再要求女儿学钢琴,而是尊重她的意愿,给她报了一个绘画班,并为她画画提供一切有利帮助。

这真是一位有智慧的妈妈。虽然她一开始没有征求女儿的意见,就让女儿学钢琴,但是当她看到女儿并没有因此而变得快乐时,她放弃了自己的想法,尊重了女儿想当美术老师的人生理想,并为女儿能实现理想而开始创造有利条件。

总之,我们不要把理想强加给孩子,不要为他设计未来,而是尊重他的人生理想,让他成为掌舵未来方向的舵手。

不要用成人的价值观去品论孩子的理想

对于孩子的未来,我们都寄予了厚望,希望他将来成为公务员、工程师、CEO、大老板等。但是,这些只不过是我们的愿望而已,孩子的理想也许并不在此,而是希望从事一种很普通且感兴趣的职业。

一天,儿子对爸爸说:"我以后想当司机。"

爸爸一听是"司机",生气地说:"真是没理想。当司机有什么好的,又累,又挣不了大钱。你以后就考公务员,没准还能捞个一官半职的。"

从这位爸爸的话语中,我们可以看出他在用自己的价值观去品论儿子的理想,评价"司机"这个职业。然而一旦孩子的理想沾染上我们的主观意愿,就不再是孩子的理想了。何况孩子也许只是用"我以后想当司机"来表达对司机职业好奇,而他随着年龄的增长和阅历的丰富,可能就不想当司机了。而我们作为父母,出于对一切正当职业的尊重,都不应该表现出不屑。否则,孩子一方面会看不起劳苦大众,一方面也有可能会因好高骛远而最终一事无成。

所以,如果孩子的理想没那么崇高,但只要是正当的,我们就不应该干涉他、打击他,更不要用成人的价值观对他的理想品头论足,否则只会让他失去理想,失去对我们的信赖和尊重。其实,只要孩子按照自己的理想去奋斗,照样可以书写属于自己的精彩人生。正如我们常说的:"三百六十行,行行出状元。"

要把孩子的各种理想当回事

孩子在理想萌动的初期，总会三天两头地换"理想"，一会儿想当律师，一会儿想当科学家，一会儿又想当画家……面对如此善变的孩子，我们不要不理不睬，更不要指责他，否则很可能会挫伤他树立理想的积极性。

因此，当孩子兴致勃勃地畅谈自己的理想时，我们要当回事，要认真对待他说出的每一个理想。当然，我们要通过观察了解他真正的理想所在和适合做的事情，然后根据家庭条件在行动上给予初步的支持和引导，让孩子有机会发展自己的理想。在这个过程中，我们不要走极端，比如不要一听孩子喜欢弹钢琴，就立刻给他买一架钢琴。如果他很快失去兴趣，我们就会埋怨他没长性，并"以此为戒"再也不相信他的话，更不支持他的理想了。其实，是我们太盲目了。我们可以先给他报个钢琴班，让他去尝试和体验，如果他的热情能持续几个月，甚至一年，再买钢琴也不迟。

所以，面对孩子的各种理想，我们要理智对待，要给他机会去尝试，这样孩子才能在不断探索中明确真正适合自己的人生理想。

鼓励孩子为自己的理想而努力

每个孩子都有自己的人生理想，都会对此抱有美好的憧憬。但是，只憧憬是无法实现的，唯有付出努力才有可能实现。对此，我们要明确告诉孩子："美好的理想转化为现实需要经过努力，否则理想永远都是空想。"

同时，我们还要以孩子的实际情况为基础，进行适当的启发和引导。比如，孩子的理想是当一名律师，那我们就可以这样说："这个理想很好，我支持你。不过，想要当一名出色的律师，就必须要学习很多方面的知识，只有储备了足够的知识量，才有能力为委托人争取权益。"相信孩子会为之努力。

另外，孩子刚刚萌发的理想就犹如一棵幼苗，需要我们的精心呵护和培育，而不是用拔苗助长的方式去逼迫他。否则的话，孩子的积极性会受到打击，可能会知难而退、轻易放弃。所以，我们既要鼓励孩子为自己的理想而努力，又不能给他太多压力和要求，而是让他在自由的天空绘画出自己的理想色彩。

7. 尊重孩子的朋友、同学

每个人生活在这个世界上，都离不开五种人伦关系，即父子、君臣、夫妇、兄弟、朋友。其中，朋友扮演着很重要的角色，正如那句古话所说的"在家靠父母，出外靠朋友"。所以，对于孩子而言，拥有朋友是非常重要的。

尤其是对于现在的孩子,他们大都是独生子女,在成长的过程中缺少同龄人的陪伴,因此他们更需要朋友、同学,更需要从他们那里得到温暖、力量和帮助,而这些都是我们无法完全替代的。

然而,在孩子的交友问题上,有些父母总是处处干涉。如果孩子想和同学交朋友,必须经过他们的"资格审查",凡是学习不好的同学,凡是贫困生,凡是穿着怪异的同学,都不许交往。如果孩子想和异性同学交朋友,干脆就免谈。在这种高压政策下,孩子很可能交不到知心的朋友。这不仅会使孩子的童年生活显得极为孤独,使他得不到快乐,而且对他的身心健康也是非常不利的。

另外,有的父母不尊重孩子的朋友,比如,看到孩子的朋友来家里玩,就会非常生气,甚至会当着孩子朋友的面,警告孩子:"说了多少遍了,以后少和这种人来往,你看他……"如此一来,孩子和他的朋友就会觉得没面子,也会影响接下来的交往。

所以,我们应该支持孩子和朋友、同学交往,不要任意破坏他们的友谊,而是要尊重他的朋友、同学,促使他们之间的友谊更加稳固。同时,我们也要教孩子正确交友,引导他建立纯真的友谊,谨防他陷入不当的交际圈。

不要阻止孩子和差生交往

我们都希望孩子多和学习成绩好的同学交朋友,希望孩子可以向他人学习,从而提升他的学习成绩。所以,一旦发现孩子与成绩差的同学交朋友时,很多父母由于害怕孩子会受到影响,便会阻止他们之间的交往。

一天,妈妈参加了家长会后,得知和儿子关系最好的那个男孩成绩非常差,回到家就立即把儿子叫到身边,说道:"郝然的成绩太差了,你怎么能和他每天在一起呢?"

儿子有些生气,便说:"他的成绩好不好,与我和他是好朋友有什么关系呢?"

"关系大了,你每天和学习很差的人混在一起,你的成绩也会受到影响的。"

"我不会受他的影响。再说了,他虽然成绩不好,但是人不坏,待人友善,很替人着想。"

"别来你那套了,我劝你以后还是别和这种差生交往了。"

"不许您这么说我的朋友。"

"我这么说又怎么了……"

就这样,一场"家庭大战"拉开了序幕。

我们所顾虑的是孩子和学习成绩不太好的同学交朋友会受对方学习习惯和态度的影响，从而导致他的学习出现滑坡。当然，我们的顾虑可能是有道理的，但是，交朋友又怎么能完全和对方学习成绩好坏挂钩呢？

如果我们害怕孩子因此而受到影响，不妨教会他辨别朋友身上的哪些方面是值得学习的，哪些方面是必须摒弃的。这样一来，我们既尊重了孩子的朋友，保全了他的友谊，又教给了他如何对待朋友身上的优缺点。

邀请孩子的朋友、同学来家里玩

我们要邀请孩子的朋友、同学来家里玩，一来是对孩子和他朋友、同学的尊重，二来可以帮助孩子辨别他的朋友、同学是否是品行好、懂礼貌且值得长久交往的人。

当孩子的朋友、同学来到家里之后，我们要热情地招待，并给他们独立的空间，尽量不要去打扰他们，更不要去探视、监督他们，而是让他们尽情地做喜欢的事情。这样一来，孩子和他的朋友、同学都会有一种被尊重的感觉，彼此的友谊也会加深。

如果我们发现孩子的朋友不懂规矩，经常在房间里窜来窜去的话，事后要与孩子进行沟通。在这个过程中，我们不要警告孩子"以后不准和这么不懂规矩的孩子交往"，也不要批评他的朋友，而是引导他认识到不懂规矩的表现及危害。这样做，不仅可以谨防孩子向朋友学习，还不会破坏他们之间的友谊。

此外，我们还要教孩子做到"善相劝，德皆建"：朋友有了过失，一定要懂得规劝，要引导他认识到自己的过失，并帮助他改正过失。同时，我们还要提醒孩子，在规劝朋友的时候，态度要和颜悦色，语气要轻声细语。

教给孩子择友的标准

对于不具备良好是非善恶判断能力的孩子而言，我们要有意识地教给他择友的标准，从而让他的交友之路走得更顺畅。

一般来说，朋友分为两大类，一类是益友，一类是损友。在《论语》中，孔子对其下了非常精辟的定义："益者三友，损者三友：友直，友谅，友多闻，益矣；友便辟，友善柔，友便佞，损矣。""友直"即正直的朋友，"友谅"即诚实、不欺骗的朋友，"友多闻"即见闻广博、知识面广的朋友；"友便辟"即喜欢奉承讨好的朋友，"友善柔"即两面三刀的朋友，"友便佞"即花言巧语的朋友。

简而言之，我们要让孩子和正直、诚实、知识面广的同学交朋友，而不要和品德低劣、染有恶习的同学交往。当孩子懂得以"损友"和"益友"的标准去选择朋友时，我们自然就不必再为他的交友问题而过多担忧了。

其实，孩子会和什么样的人交往，往往在于他自己是什么样的人。正如一句俗话："物以类聚，人以群分。"如果孩子和缺失道德的人是同一类人，那么他不用主动接近那些人,那些人也会主动接近他。所以,我们要引导孩子不断提升自己的德行和各方面的能力,从而逐渐与相差甚远的朋友拉开距离,吸引志趣相投的朋友。

尽量尊重孩子对朋友的选择

在孩子交友的过程中,我们要尊重他的意愿和选择。即使我们与孩子的意见有所不同,只要他的朋友品德好,我们就不要干涉他们的交往,而是要尊重他的朋友,对他的朋友要真诚。

如果孩子交到了不好的朋友,我们切不可采取简单、粗暴的方式制止他们交往,否则会让孩子产生对立情绪,甚至产生破罐子破摔的不良心理,以致在错误的道路上越走越远。正确的做法是,我们首先把情况了解清楚,然后以尊重的态度与孩子沟通,告诉他应该交什么样的朋友。相信孩子会根据我们所说的去衡量他的朋友是否值得交往。

8. 满足孩子的合理需求

孩子在成长的过程中,总会有这样或那样的需求,有物质上的,也有精神上的。有的父母认为不能亏待了孩子,所以对他有求必应;有的父母认为如果满足孩子的需求,就会惯坏了他,所以不管他的需求是否合理,均以冷漠待之。这两种态度都是不正确的,都不利于孩子的成长。

一个小学生曾写过一篇作文——《爱看电视不是我们的错》:

> 我喜欢看电视,我的好多同学也喜欢。在星期天或假期里,我们大部分时间都是在电视前度过的。
>
> 爸爸、妈妈不喜欢我看电视,说我是个十足的"电视迷",总想让我改掉这个"坏毛病"……其实,爱看电视不都是我们的错。为什么父母们不想想自己也有很大责任?每当我要妈妈陪我看书、画画、给我讲故事的时候,她总是没耐心,很少能好好陪我。有时,她要忙自己的事情,就跟我说:"看电视去吧,好孩子……"这句话,她不知道跟我说了多少次!为什么到头来,她又反对我看电视?
>
> ……

很多时候,我们总是责怪孩子这里做得不好、那里做得不好,却从没反思过自己,从未想过自己才是罪魁祸首。之所以举这个例子,是想说明如果我们当初能够满足孩子的合理需求,耐心地陪他看书、画画,给他讲故事,也许就不会让他变成一个"电视迷"了。

如果我们总是不能满足孩子的合理需求,他就会产生消极情绪,就会变得不快乐。随着孩子年龄增长,他可能会用说谎的方式甚至不正当的手段满足自己的需求。我们千万不要等那天到来了才后悔,而是要认真对待孩子的合理需求。不过,满足孩子的合理需求同样需要艺术和方法。

考虑孩子提出的需求是否合理

当孩子提出各种需求的时候,我们不要急于答应或拒绝,而是要考虑他的这一需求是否合理。

不过,我们千万不要用成人的想法去揣测孩子的内心世界,而是询问他为什么要提出这样的需求。因为很多时候,在孩子的需求背后往往会折射出他的真实想法。比如,孩子已经可以自主阅读了,却还是要我们给他讲故事,也许并不是单纯地为了听故事,也不是像我们所想的是因为他自己懒得读,而是希望享受到我们的爱。

此外,我们还应该和孩子一起分析他提出的需求是否合理,如哪些是合理的、哪些是不合理的、哪些是现在可以满足的、哪些是将来可以满足的,并明确告诉他原因。久而久之,孩子就会清楚地知道我们的原则,下次就不会提出那些不合理的需求了。

尽量满足孩子的合理需求

对于孩子提出的合理需求,我们要尽量满足。那么,什么才算是合理需求呢?这个问题就要因时、因地、因人而异了。不过,有几个基本原则应该遵守,那就是:保证孩子的基本物质需求并在家庭条件允许的范围内多为孩子的成长创造物质条件;多满足他的精神需求;有利于他的快乐成长;比如,孩子提出买一些图书、文具等学习方面的东西,买一些羽毛球拍、篮球等文体用品,去公园、动物园、植物园等地方玩一玩,参观博物馆、天文馆……我们都应该给予支持,尽量满足孩子。

不要轻易让孩子尝到"甜头"

如果我们总是立即满足孩子的合理需求,很容易增长他的欲望,让他形成"我想要什么就能得到什么"的思维定势。那么,一旦孩子的需求得不到满足,他就会失落、不快乐。所以,我们不要轻易让孩子尝到"甜头",而是采取"延迟满足"的方式。

比如,孩子想要买一样有用但不急用的东西,我们就可以这样对他说:"好,爸爸答应给你,不过要等到爸爸下个月发工资的时候。"那么,孩子就学会了等待,在等待的过程中慢慢克制自己的欲望,也会更加珍惜这"来之不易"的满足。

把拒绝孩子的理由告诉他

如果我们因为某种原因而不能满足孩子的合理需求时,一定要把拒绝的理由告诉他。比如,我们因为临时加班而不能陪孩子去游乐场玩,那我们就可以直接对他说:"很抱歉,妈妈临时需要加班,不能陪你去了,不过,妈妈保证,下次一定陪你去。"只要我们的态度够真诚,孩子就会感受到被尊重,自然会理解我们。不过,我们要记住对孩子的承诺,一定再抽时间满足他的合理需求。

9. 替孩子保守他的小秘密

每个孩子都绕不过"秘密"这座心灵城堡,都有"非请莫入"的心灵圣地。当孩子第一次有意识地不愿意把自己的事情告诉给他人时,秘密的萌芽就已经破土而出了。孩子要经历对秘密的认识、保守、分享等过程,从而体验焦虑、恐惧、快乐等复杂情绪。

一项心理研究发现:6～10 岁的孩子经常会思考是否应该把秘密分享给他人。这一年龄段的孩子虽不希望他人知道自己的小秘密,但又希望有人可以分享他的小秘密,而我们往往会成为孩子的不二人选。这时,我们一定要尊重孩子的秘密并替他保守秘密。

一天,6 岁的女儿悄悄地对妈妈说:"妈妈,我有个小秘密要告诉您,不过,您一定要答应我不告诉别人。"

妈妈言辞恳切地说:"放心,不会告诉别人的。"

原来,女儿的小秘密就是喜欢和同班的一个男孩玩,还希望妈妈每天给她带两份零食,把其中一份送给男孩。

妈妈听了女儿的小秘密,觉得很好笑,便把这件事告诉给了爸爸。没想到,爸爸嘲笑女儿:"小姑娘家的,还要给小男生拿好吃的,你羞不羞啊?"

女儿觉得很没面子,便对妈妈说:"您不是答应我不告诉别人的吗?为什么又要告诉爸爸。"

妈妈不以为然地说:"爸爸算是别人吗?再说了,你这么点小孩,能有什么真正的秘密啊!"

后来,女儿再也不把小秘密告诉妈妈了。

其实，孩子愿和我们分享秘密说明他相信我们会替他保守秘密。然而，这位妈妈却把女儿的秘密告诉了爸爸。结果，女儿自尊心受到伤害，对妈妈失去信任，再不愿意把秘密分享给妈妈了。

所以，当孩子愿意把他的小秘密分享给我们时，我们要抱着"被告知秘密是他赠予自己的一份特殊礼物"的心态，将其视为一种被信任的回报，而不是一种理所当然的义务。这样一来，我们自然就会替孩子保守他的小秘密了。

别拿孩子的秘密不当回事

很多父母认为小孩子的世界里没有秘密，于是就不把孩子的秘密当回事。当孩子趴在这些父母的耳边说"我有个小秘密要告诉你"时，他们就会说"小屁孩，你能有什么秘密啊"。结果，孩子的心门就会慢慢关闭，不再愿意和我们分享他的秘密。那么，我们和孩子之间就充斥着怀疑、猜忌。

事实上，当孩子和我们分享他的小秘密时，我们应该非常感兴趣地说："你说，妈妈一定替你保守秘密。"也许，在我们看来，孩子的那些小秘密是很天真的、不重要的，但是它们却可以成为孩子快乐成长的催化剂。所以，我们一定要把孩子的秘密当回事。

不要对孩子的秘密"穷追猛打"

很多父母总是千方百计地"窥探"孩子的小秘密，甚至对他的秘密"穷追猛打"。那么，孩子原本毫无顾忌什么都说的情况将会越来越少，甚至会用一些举动画出一条"警戒线"以防父母窥探，比如，在房门贴上"请勿打扰"的牌子，抽屉上多了一把小锁，和同学打电话神神秘秘的……因为，孩子都有叛逆心理，我们越是强迫他说出来，他就越是不愿意说。

那么，我们不妨把好奇心收起来，装作什么都没发现。也许，等事情过了热度之后，或者是孩子的内心不再那么挣扎的时候，他就会主动把秘密分享给我们。所以，我们与其逼迫孩子说出秘密，不如耐心地等待他主动说出来。

答应了保守秘密，就要说到做到

当我们答应孩子替他保守小秘密之后，就不能把他的小秘密顺嘴说出去，更不能将其当成笑话说给他人。否则的话，孩子不仅会感到伤心和失望，更会对我们产生不信任感。特别是当孩子因此而受到我们的批评、指责时，他会对我们产生强烈的排斥感，甚至会仇视我们。因此，我们一旦答应孩子替他保守小秘密，就一定要说到做到。

多用心观察孩子的微妙变化

平日里,我们要多用心观察孩子的一举一动,注意他行为、态度、语言等方面的微妙变化,这不是监视,而是对他成长的关注,以便我们更好地给予教育。

如果我们发现孩子有些许变化,不要用探询或命令的口吻强迫他说出什么,而是应该多用心与他沟通。在沟通的过程中,我们可以谈一些自己在他这个年龄段时的所思所想,也可以说一些自己小时候的秘密,从而使自己成为他可以信任的人。慢慢地,我们就会真正走进孩子的内心世界,他也会愿意把自己的小秘密分享给我们。如此一来,我们就可以有针对性地给予孩子引导和帮助。

10. 不把自己的意志强加给孩子

意志,是人类特有的心理现象,是人的意识能动性的集中表现。具体来说,它是人自觉地确定目的,并根据目的调节支配自身的行为,实现预定目标的心理过程。

如今,在很多家庭教育中,"家长意志"大行其道。我们经常以"爱"的名义把自己的意志强加给他人,越是我们最爱的人,这种强加意志的表现就尤为突出,尤其是对于自己的孩子。

比如,我们规定孩子每天都要喝牛奶、吃大鱼大肉,认为这样有助于身体发育;我们强迫孩子上各种补习班、兴趣班,认为这样有助于他全面发展;我们按照自己的意愿为孩子的未来铺路,认为这样会让他少走弯路……

然而,我们也许从未认真思考过孩子的真实想法,从未与他通过交流而达成共识。结果,孩子对我们的"爱"并不领情,要么无奈地顺从我们的意志,要么产生逆反心理,或者在反抗无效后选择用极端的方式抗争到底。无论孩子属于哪种情况,他都是不快乐的。

> 星期六,妈妈带着5岁的儿子在儿童乐园玩。儿子想去玩蹦蹦床,但是他看到一些大哥哥、大姐姐蹦得很高,就不敢去了。妈妈觉得,这正是培养儿子勇敢精神的大好时机,便鼓励他:"不怕,这个很好玩的。"
>
> "我不敢,我怕他们踢到我。"
>
> "不会的,宝贝要勇敢。"
>
> 儿子一边摇头,一边往后躲。妈妈觉得小男孩一定要勇敢,便把他抱起来,脱下鞋子,放在了蹦蹦床上。由于蹦蹦床上有很多孩子在玩,即使儿子不跳,也会随之不停地被弹起,所以他一下子被吓哭了。

妈妈一看就着急了,起初还鼓励儿子说:"不要怕,爬起来,自己跳。"但看儿子除了哭没有任何其他反应,便绷起脸对儿子说:"你今天不跳,就甭想回家。"

任凭儿子怎样哭,妈妈就是不松口。儿子看到妈妈的态度如此坚决,只好放低哭声,撅着屁股在蹦蹦床上爬。过了一会儿,他慢慢站起里,扶着蹦蹦床的边沿走动。妈妈有一种胜利的喜悦,而儿子并没有感到快乐。

这位妈妈逼迫只有5岁的儿子一定要在蹦蹦床上玩,虽然是为了培养儿子的勇敢精神,但是她却忽略了儿子的个性特征和实际能力,结果换来的是孩子的不快乐,甚至是恐惧感。

在教育孩子的问题上,我们不要固执己见,把意志强加给孩子,而应尊重孩子的想法、意愿,找到适合他成长的教育方法。

放弃控制孩子的念头和欲望

很多父母存在控制孩子的念头和欲望,认为孩子是自己生养的,就有权任由自己的意志来支配孩子。在这种思想的影响下,这些父母的爱被扭曲了。当他们用这种扭曲的"爱"去爱自己的孩子时,势必会扭曲孩子的心灵。

其实,孩子的人生应完全属于他自己,未来的路也应该由他自己来走,如果我们总是想控制他的一举一动,那么他和囚犯又有什么区别呢?所以,我们要调整心态,放弃控制孩子的念头和欲望,把他视为一个独立的、有价值的个体,让他自由、快乐地成长。

与孩子之间保持恰当的距离

有时候,我们对孩子的爱有多深,想把自我意志强加给他的表现就有多强烈。所以,很多父母对孩子的过度关爱渐渐变质了,变成了操纵孩子的生活,强制孩子按照自己的意愿行事。

英国一位心理学博士曾经说过这样一段话:"这个世界上所有的爱都是以聚合为最终目的的,只有一种爱以分离为目的,那就是父母对孩子的爱。父母真正成功的爱,就是让孩子尽早作为一个独立的个体从你的生命中分离出去,这种分离越早,你就越成功。"

的确,孩子总归要走出家庭、走向社会,如果我们一直给予他过度的关爱,过多地用自己的意愿去干涉他,势必会让他缺少独立自主的意识,这很可能会影响他未来的生活和工作。

因此,在孩子成长的过程中,我们要学会放手,与他保持恰当的距离,鼓励他安排自己的生活。在放手的过程中，我们也许会有某种程度的失落感，但是为了孩子的快乐成长，我们要学会适应这种变化。

多与孩子沟通，了解他的内心想法

很多父母习惯摆出一副教育者的面孔，以居高临下的姿态教育孩子，把自己认为最好的东西或想法强加给他，却没有寻求一种平等的沟通方式。殊不知，我们与孩子之间的沟通不畅，是很难使我们的意志顺利实现的，也极易导致亲子关系日渐紧张。

医学上有一种"对症下药"的说法，对于孩子的教育其实也是如此。平日里，我们要多与孩子沟通，放下高姿态，和他平等交流，了解他内心的真实想法，然后再对症下药，采用更合适的教育方式。唯有这样，我们的教育才有可能取得事半功倍的效果。

就拿前面那个跳蹦蹦床的例子来说吧。

孩子害怕被人踢到，所以不敢跳蹦蹦床。这时候，我们不能强迫他非要按照我们的意愿去做，而应先鼓励他勇敢地迈出第一步，然后再采取循序渐进的方式，让他逐渐变得勇敢起来。即使孩子第一次没敢上蹦蹦床也没关系，等他慢慢熟悉了自然就好了。

第二章　相信孩子，
给予他充分的支持

所以，当我们不产生莫名的焦躁时，孩子也会感到安心，他就不会因为扭曲生长而失去快乐。我们的支持与信任，将是孩子人生路上最好的依靠，也是他快乐的源泉。

11. 让孩子感受到我们的信任

资深心理学家金韵蓉在《爱让成长不烦恼》一书中讲了这样一个故事：

我的侄子是一个艺术工作者，在伦敦的艺术界与时尚界从事摄影和平面设计工作。我总认为艺术家都是放荡不羁的，便很担心侄子也会受工作朋友的影响沾染上坏习惯。

因此，每次英国读书的儿子一回来，只要我们的话题提到了他的表哥，也就是我的侄子，我总是会问一句："他有没有沾染上什么坏习惯？比如毒品？"

一开始，儿子还能耐心地回答并让我心安。但后来有一次，我刚提出这个问题，他就用有些愠怒的口吻严肃地对我说："你知不知道你们这样非常不公平？每次都先假设表哥会学坏或做错事，你们为什么不问问他最近有哪些很棒的作品？或者去了哪些有趣的地方？为什么都要先假设一些负面的事？为什么不能相信我们也有判断的能力？"

儿子的话给了我当头棒喝，除了当时立即道歉，我也承认自己确实存在着信任上的问题。从那天开始，我就很谨慎地留意自己不再对年轻人犯同样的错误。

类似这样的错误在我们身上似乎也屡犯不鲜。而且，更为严峻的情况是，很多父母并不以为不信任孩子是错误的。他们觉得，孩子就该多管教，信任就是放纵。但对于孩子来说，我们的不信任可能会使他对自己产生错误的评价，他会因此丧失对自己的信任,当他不相信自己时,他就无法独立,更不可能收获成功。一个不能独立、没有成功的人生就是失败的人生,也是一个没有快乐的人生。

显然,教育孩子并不是在雕刻一块木头,我们可以在木头上随自己的意愿雕刻出任意的花纹,但对孩子不行。孩子就像一颗种子,他有鲜活的生命,他要凭着自己的力量扎根、发芽、生长、成熟。我们是他成长的那片土地的一部分,要给他提供一个坚实的环境,让他牢牢地扎住根,让他从我们这里吸收更多、更好的养分,使他能自由地沐浴外界的阳光与风雨,并由此体会到成长的快乐。

不随便阻止孩子的行为

看到孩子想要拿碗,我们会大叫一声:"别动,摔碎了扎手!"

看到孩子想要登高,我们一把把他拽回来,吓唬道:"栽下来,摔坏了胳膊怎么办?"

看到孩子刚拿起扫帚要扫地,我们连忙接过来:"快好好学习吧! 你又扫不干净,别瞎耽误工夫了。"

……

这样的场景一直都在生活中上演,我们凭借自己的判断,一次又一次地阻止孩子各种各样的行为,而这也是我们不信任他的最主要表现。

事实上,孩子有探索的天性,也有学习的渴望,当他想要探索这个世界时,也正是他想要学习的最佳时刻。此时,我们可以问问孩子做出某种行为的原因,如果他并不是在做坏事,那么我们只要在保证其安全的前提下,看着他、引导他就可以了,不要怀疑他的能力,而是要肯定他的自我意识和独立精神。

别刻意纠正孩子的失误

除了阻止孩子的某些行为,我们还很"乐于"为他纠错。

我们经常对孩子说"不能"、"不行"、"不可以",并在其后加上"必须"、"一定"、"绝对要",以此来纠正我们认为的错误行为,并要求他按照所谓正确的要求去做。

其实,犯错对于孩子来说也是一种学习。如果他经历了犯错、知错、改错,他自然就能知道怎样做是正确的。

所以,如果犯的是孩子成长过程中那些无关紧要的小错,我们完全可以"睁一只眼,闭一只眼",给他机会让他自己去纠正。不过,至于那些涉及人格、道德的错误,我们可不能也一并放纵,一定要及时帮他纠正,以免他误入歧途。

多对孩子说"我相信你"

无论孩子想要做什么,我们总是频繁地嘱咐他、不断提醒他,生怕他出了问题。

但事实上，只要我们说一句"我相信你"，那么孩子就会不断提醒自己，他也会更加努力地将事情做好，而且他也一定能够做好。因为信任本身就是一种无形的约束，也会给人以无穷的力量。

因此，只要孩子所做的是有意义的事情，那我们送给他的最好礼物，就是微笑着拥抱他，或者微笑着拍拍他的肩膀，告诉他"我相信你"。这会带给孩子一种愉快的心理体验，由此他就能更快乐地去做好该做的事。

感谢孩子对我们的帮助

随着不断的成长，孩子也会有想要帮我们做些什么的意识，那就让他做好了。无论他是帮我们做了家务，还是帮我们解决了一些生活小难题，或者主动聊天为我们解闷，我们都要予以他真诚的感谢。感谢也是一种信任，因为我们的感谢是对孩子能力的肯定，他也就希望自己未来能做得更好。而且他还会从我们的感谢中体会到被感谢的快乐，这也是在培养他的感恩心，使他也学会感恩。

不过，如果他没做好，或者帮了倒忙，我们依然还是要感谢他。只是感谢过后，我们还要教给他正确的做法，并相信他下次一定能做好。

12. 给孩子解释和改正的机会

孩子就是犯错的"专家"，无论怎样的错误都有可能在他身上出现。面对他的错误，我们往往采取了"零容忍"，甚至连解释和改正的机会都不给他，反而直接训斥或说教。但如果我们能给孩子一个解释的机会，也许反而会发现一些令人意外的东西。

　　9岁的儿子很调皮，经常闯祸，每次他犯了错，妈妈都会不分青红皂白地训斥他一顿。妈妈的态度也总是让儿子感到很郁闷。

　　一天傍晚，刚下班的妈妈在小区里看见一个小男孩坐在小广场的台阶上哇哇直哭，而在他旁边正好站着她的儿子，地上还"躺"着一个小自行车。

　　妈妈认为是儿子欺负了小孩子，便快步走了过去想要训斥儿子几句，但她却发现儿子一脸无辜与为难的表情，于是她改了主意，用尽量平静的语气问道："能告诉我发生什么了吗？"

　　儿子说："他骑着小车非要从台阶上下来，我怕摔着他，想扶他一下，结果他故意不让我扶，自己一歪车把，摔倒了。"

　　妈妈眨了眨眼睛，她有些惊讶。原来儿子并不是在做坏事，反而是想表达爱心,幸亏没有立刻批评他。接着,妈妈和儿子一起扶起了哭泣的小男孩,并将他送回了家,还向他的家人说明了情况。

通过这件事,妈妈忽然觉得自己之前的做法有些欠妥,如果能多给儿子一些解释与改正的机会,他会不会比现在做得更好呢?

就连法官在判案中都会允许罪犯申诉,可我们很多时候却比法官还严厉,根本不给孩子解释的权力。看看这个事例,如果没有听儿子的解释,妈妈仅凭自己的判断,一定会误解他。而相信受到误解的孩子,也一定会因此觉得内心不痛快。

其实孩子的天性都是纯洁美好的,无论他做什么都可能会有自己的道理。所以,多问一问,听听他的解释,就会使我们对他的内心了解得更多。只有这样,我们才不会因为自己片面的判断而将孩子推进不快乐的生活之中。

另外,"知错就改,善莫大焉",孩子解释过后,我们也要给他改正的机会,这也是对他的一种信任。那么,这个信任该如何表达出来呢?

别太相信自己的判断

我们是成年人,我们经历了很多事,我们的判断力比孩子强,最重要的,我们是他的父母。鉴于以上几点,每当看到孩子犯错,我们就会很相信自己的判断是正确的——孩子就是做错了。

这种判断太绝对了,每个人都有自己看事情的角度,而且还会有一些固有思维,如果仅凭一己之见就下结论,很有可能就会曲解原本的事实。

鉴于此,我们有时也要怀疑一下自己的结论,换个角度看看问题,尤其是多站在孩子的角度分析一下事件。即便事实果真如我们所料,也不要下太过绝对的结论,而是要问问孩子,追寻一下事情的根源,以了解事实真相。

对孩子的行为多一些"探究心"

孩子做了一件事,那么他为什么要那样做?他是怎么想的?他预期的结果是什么?他现在的心情是什么?他现在想怎么做?关于这些问题,难道我们不好奇吗?

所以,对孩子的行为,我们也要多一些探究心理,多问问上面那些问题,引导孩子将自己行为的始末缘由解释清楚。毕竟"有调查才有发言权",当我们了解了事情的真相后,再去引导、教育孩子,他也更容易接受。他也不会因我们冤枉他,而难过伤心了。

学着接纳改正后的孩子

很多父母总习惯提及孩子曾经犯过的错误,动不动就说"你以前就这样",或者

"上次你就错了"。我们这样的说法，明显就是没有接纳改正后的孩子，我们对他的判断依然停留在他犯错的阶段，这怎么能让他感到安心愉快呢？

因此，将改正的机会还给孩子吧！如果他知错就改了，我们要接受现在这个已经改正错误的他，而不是过去那个依旧错误缠身的他。当我们接纳了改正后的孩子，他就会以做得更好的行为来回报我们，同时他也会努力克制自己，不再犯同样的错误。如此一来，我们和他就都能享受到快乐的生活。

不要放任孩子的狡辩

对自己所作所为的如实陈述，我们称之为"解释"；但如果为了逃避批评与惩罚而找借口，或者再三为自己申辩，甚至说谎的话，那就变成了"狡辩"。我们要允许孩子解释，但却要阻止他狡辩。

要做到这一点，我们从最开始就要培养孩子诚实的品性，并明确告诉他，我们不会因为他的过错而不爱他、不相信他，所以他要诚实回答我们。

不过，有的孩子对自己的过错认识并不深刻，他总觉得自己没有犯错，虽然不撒谎，可他却总是要找借口为自己开脱。对于这样的孩子，我们可以给他对比一下解释与狡辩的不同之处，告诉他解释是如实地讲述自己的行为，体现了一个人诚实的美德；但狡辩却是在强词夺理，是一种不好的品质既浪费时间，还容易引起他人的反感。孩子都喜欢获得他人的喜爱，所以诚实地解释自己的行为，并积极去改正错误，这才是正确的做法。

而一旦孩子出现了撒谎、狡辩的行为，我们就要严肃地告诉他，这是不被接受的行为，并给他讲清楚撒谎的害处，告诉他知错就改才能获得他人的尊重，这时他才会感觉到被包容的快乐。

13. 相信孩子以后会做得更好

我们总能在自己的孩子身上找到不如其他孩子的地方，比如，做题没别的孩子快，背诵能力没别的孩子强，动手能力比别的孩子差，等等。相信很多父母一看到孩子的表现不如人，就会无比担忧，甚至觉得孩子"没救了"，但科学家爱因斯坦的母亲波琳却显得"与众不同"。

　　小时候的爱因斯坦是一个被人看不起的学生，由于他经常提一些诸如"什么是时间"、"什么是空间"这样的怪问题，很多人都以为他是个傻子。

　　有一次，波琳带着小爱因斯坦去郊外的河边游玩。当时，河边有很多小孩子聚在一起嬉笑打闹,可小爱因斯坦却并没有加入他们的游戏,只是自己一个人默默地坐在河边。

看到他这个样子,他的亲友担忧地问波琳:"你看小爱因斯坦总一个人发呆,他不会是神经有什么毛病吧?"

波琳却笑笑,很自信地告诉他们:"我的小爱因斯坦没有任何毛病,他才不是在发呆,他那是在沉思,在思考问题,将来他一定是一位了不起的教授!"

而平时在家,波琳也一直鼓励爱因斯坦勤奋学习,并鼓励他要尽自己所能去探索世界。正是这种温暖而又充满信任的家庭气氛,才让爱因斯坦的生活充满了快乐。他也因此得以充分发挥自己的才智,并最终取得丰硕的研究成果,成为举世闻名的科学家。

虽然爱因斯坦小时的表现不如人,但波琳却坚信爱因斯坦未来会做得更好,这种信任感就不会带给爱因斯坦很大的心理压力,也许这正是他最终能心无旁骛地钻研科学,并取得成果的重要原因之一。

当然,不是说所有的孩子未来都会成为像爱因斯坦一样的人,但我们不能放弃这个可能性。而且,孩子是在不断成长的,他学到的知识会越来越多,他掌握的能力会越来越多,他的思想也会趋于成熟,他会逐渐变得越来越"富有",既然如此,我们还有什么好担心的呢?

所以,相信孩子以后会做得更好,不仅是给孩子一种前进的动力,为他提供快乐成长的空间,同时也是给我们自己吃的一颗定心丸。

别因现状不佳而悲观

每个孩子的未来都充满无限的可能,尽管现状看上去也许并不乐观,但没准儿未来会发生变化。就好像池塘里的荷花,荷花尚未长出来时,我们看到的不过是一塘烂泥,但不日之后,里面却会长出来亭亭玉立、出淤泥而不染的荷花,这是一个多大的惊喜啊!

所以,我们不能只因为孩子当前的表现不好,就认为他将来也没前途,而是要将眼光放得长远一些,并多关注他当前的学习与生活,多鼓励他努力学习,让他有一个沉淀积累的过程。也许,在不远的未来,孩子就会创造奇迹,这时不仅他自己会感到快乐,相信我们也一定会看到更多的希望。

多看看孩子现在做得好的地方

没有孩子是一无是处的,即便他在学习方面没有什么特色,但他一定会在其他方面有所表现,比如会画画、爱唱歌、跑得快、能帮妈妈干活、有爱心……只要我们注意观察孩子的优点,就会发现他在很多时候都会带给我们感动。

所以,我们要多欣赏孩子做得好的地方,少关注他的"不行",不要吝啬我们的表扬与鼓励,要用夸奖来唤起孩子积极努力的信心,并为他建立起一个轻松愉快的成长空间,这样我们在未来没准儿会看到他"更好"的表现。

帮孩子弥补现在的漏洞

人无完人,所以即便孩子真的不如人,我们也没必要唉声叹气,甚至训斥他。有缺点,通过学习补上就可以了,孩子正处于学习期,这时正是帮他进步的大好时机。

说到帮孩子补漏洞,我们先要能正确认识漏洞,不要大惊小怪,也不要觉得孩子就是"笨蛋",鼓励孩子勤学苦练才是我们主要的任务。

平时,我们可以和孩子一起找找他的漏洞,如果是知识的欠缺,就给他补补课,鼓励他加大知识储备;如果是能力的欠缺,就要多给他锻炼的机会,让他勤动手动脑;如果是德行的缺失,就要在以身作则的前提下,鼓励他改进。

不过,我们也要提醒孩子,人的一生学无止境,所以他不要以为现在补上了漏洞,他就完美无缺了,他还必须不断地学习才能更接近成功。

不要让孩子陷入"下次怪圈"

女儿原本数学成绩就不好,妈妈觉得应该相信她能学好,于是也就没多责怪她。而女儿也抓住了妈妈的心理,只要她说"下次我会努力",妈妈就不会再批评她。结果她将这句话当成了"挡箭牌",但却并没有真正在数学上花心思努力,所以她的成绩也一直"原地踏步"。

我们虽然期待孩子以后会做得更好,但也要明确告诉他,他未来的好是建立在当前的努力之上的,他不能将"下次"当成是掩饰这次过失或缺点的"遮羞布"。

所以,如前所说,我们要经常提醒孩子及时弥补现在的缺点,改正当前的错误,只要他不放弃学习,不断努力,就能真的在未来做得更好。

14. 任何时候都对孩子抱有希望

作为父母,我们都希望孩子将来有所作为,如果能把这种希望保持下去,那么孩子也会因此受到鼓舞,去为自己的未来努力。

一位老师对这一点就深有体会。

我曾经教过一名学生，他不仅成绩不好，而且经常欺负同学，上课还会起哄。很多老师告诉我，这个学生是"油盐不进"，怎么教育都不管用。但我觉得不能放弃他，好歹他也是我的学生。而且，我相信他并不是真的那么冥顽不灵。

于是，我让他担任了班里的小队长，并对他说："我相信你会带好自己的小队。"结果，无论班里组织什么活动，他都带着小队积极参加，并很有领导者的风范。即便是搞卫生，他也带领小队做得又快又好。

后来，我又鼓励他说："我希望你再认真些，相信你在学习上也能像你带小队一样出色。"

我的希望给予了他动力，虽然依旧贪玩，但在我的督促下他开始看书了，偶尔有不会的地方还能找我请教。在之后的考试中，他的成绩也慢慢有了起色。等到小学毕业时，他的成绩已经达到班上中等水平了。

这件事对我触动很大。我发现，如果我不放弃每一个学生，在任何时候都对他抱有希望，并为他创造进步的条件，那么他就真的能如我所"望"。

这位老师的教学经历可以成为我们参考的范本，毕竟教育孩子与教育学生，在某些方面也有相似之处，因为我们不仅是孩子的第一任老师，还是他的终身导师。

不过关于希望，有的父母则有不同的看法："孩子刚出生时，我的确有希望，但随着他慢慢长大，看到他毛病越来越多，以前的希望都变成奢望了。"

我们不否认孩子有缺点与错误，但这并不能成为我们丧失希望的理由。因为人的心理反应往往会影响外在的表现，作为孩子的依靠，假如我们都放弃了，那么孩子势必也会放弃自己。

所以，为了孩子的快乐成长，我们要相信他的实力，在任何时候都不要轻易放弃对他的希望。

对孩子抱有合理的希望

即便是希望，也要合理，否则就真成了奢望。

我们可以希望孩子未来成为有道德的人，可以希望他用自己的知识创造美好的人生，或者希望他能凭借自己的力量为他人、社会作出贡献……这样的希望都是合理的，也是孩子需要为之奋斗一生的目标。

不过，我们不一定非要求孩子未来必须成为科学家，必须要做出一番事业，或者必须拿到某项奖，这样的希望虽然不是不可能实现，但也许会禁锢住孩子的发展。

所以,我们要根据孩子的特点对他抱有合理的希望,并且不要给他限制太"死"的希望,就是不要把我们的期望目标定得过于明确或细致。只有这样,孩子才能放开手脚去发展,并因受到希望的鼓舞而不断奋斗。

当孩子失败时不要放弃希望

我们最容易放弃希望的时候,就是孩子失败或者犯错的时候。但一次错误并不能代表永远会犯错,一次失败也不代表再也不会成功。只要我们不在此时放弃希望,孩子就会保持一种自信,保持自己乐观的心态,并积极前进。

所以,当孩子失败时,我们自己首先就要向前看,要想到孩子会有美好的未来,这一次小失败只是他人生道路上的一个小插曲而已。然后,我们还要鼓励孩子不要被失败或错误打败,并督促他查漏补缺、重新开始,以最终战胜失败。

为孩子创造达到希望的条件

希望不可能凭空就能实现,所以我们也要为孩子准备好实现的条件。比如,为他准备足够的书籍,经常带他参观游览,允许他做各种力所能及的事情,给他机会让他独自处理问题,等等。当这些准备条件充裕时,孩子才有实现希望的可能。

不过,我们在为孩子创造条件的同时,也不能给他太大压力。比如不要说:"为了让你成才,我给你买那么多书,你可得好好看。"这种说法可能会给孩子增加心理负担,导致他不愿意努力。我们完全可以这样说:"书中自有万千世界,你会在其中学到各种知识。"这会勾起孩子的好奇心,他就会自动走上实现希望的道路了。

别让我们的希望变成孩子的压力

> 妈妈经常苦口婆心地劝儿子:"妈妈就指望你了,你可得好好学习,妈妈吃点苦没什么,你可要争气啊!"一开始儿子还能以妈妈的希望为动力,但时间长了,他很害怕听到妈妈说这样的话,因为他觉得自己好像如果没有取得好成绩,就是一个千古罪人了。

经常有父母会如这位妈妈一样,动不动就拿"希望"教育孩子,以为这样就是鼓励孩子了。其实,如果这样的话说得多了,不但不会使孩子以轻松愉悦的心态努力学习,还会让他因压力倍增而感到厌烦。我们应该将希望化为平时对他的鼓励、帮助、引导,而不是像复读机一样,整日在他耳边重复枯燥乏味的话。想想看,哪个孩子会在这样的气氛下快乐成长呢?

15. 做孩子永远的支持者

男孩的学习一直很糟糕,因为考不上普通高中,最后只能上一个中专学校。但即便如此,他在学习方面还是跟不上,最终还是放弃了读书。

面对这个不爱学习的男孩,妈妈却并没有放弃他,而是问他:"你愿意怎么学?"

男孩说:"我愿意在网上学。"

妈妈回答:"好,那你就在网上学习吧。"

于是,男孩开始在网上跟人聊计算机网络技术,为了能和外国人更好地聊天,他又开始苦学英语。最终,他的网络技术和英语都达到了很高的水平。

后来,在妈妈的理解和支持下,男孩想要走一条适合自己的道路,便去考微软数据库认证专家证书和微软解决方案认证专家证书。而这两个考试,要求的正是较高的英语和计算机水平。结果,亚洲地区20岁以下青少年中,仅有两人通过了考试,其中之一就是这个男孩。

拥有了这些证书,男孩求职不再成问题,他成为了香港一家公司数据库的主管,每天都做着自己喜欢的事情,日子过得非常快乐。

这就是支持的力量,也许孩子的某些表现的确不如我们所愿,也许他的兴趣爱好并不能入我们的"法眼",但我们只要不放弃他,并给他一个可以永远依靠的臂膀,他就能创造自己幸福快乐的人生。

不过,现今的很多父母却并没有像这位妈妈一样的胸怀。他们总是以自己的意愿来安排孩子的一切,不允许他有自己的想法,无论孩子提出什么样的观点,他们都会予以拒绝,并拿自己的人生来比照孩子的人生,以"劝诱"孩子接受他们的安排。

其实,我们的信任就是对孩子最好的支持。因为孩子的发展会有各种各样的可能,我们不能仅凭一己之见就否定他。

所以,信任孩子吧!我们的支持才是他勇往直前的动力,不要做他的绊脚石,否则我们堵住的可能就是他的成功之路。所以,我们应该成为他的后盾,这样他才会走得更远。

真心向孩子表达真爱

做孩子永远的支持者,就是要时刻让他感受到我们对他的爱。只有感受到来自家庭的温情关怀,他才会充满快乐与自信。

所以,我们要经常向孩子正确表达爱,随时关注他的心情,微笑地倾听他的话语,多和他沟通,在他努力时给予他鼓励,在他失败时给予他安慰,在他取得一定成绩时给予赞扬,在他做错时给予指导。

不过,我们不能经常将这种表达挂在嘴边,比如,不要说"我们这么爱你,你就应该好好学习"之类的话,否则孩子会把爱当成是负担。

支持孩子的兴趣、爱好和梦想

随着不断的成长,孩子会有自己的兴趣、爱好,并开始按照自己的意愿设想未来。我们先要和孩子聊一聊,听听他的兴趣、爱好和梦想都是什么,如果兴趣是健康的,爱好是积极的,梦想是美好的,即便我们不喜欢,也要尝试着去了解,并问问孩子是不是真的有发展的意向,如果有,那就应该创造条件支持他。

当然,有时孩子的兴趣、爱好、梦想不过就是一时兴起,我们也没必要因为他不能坚持就大伤脑筋,而允许他多发展几种兴趣,也能丰富他的生活,他也能从中体会到乐趣。另外,只要他所喜好的是积极健康的,就不必担心他会学坏。

不过,如果孩子感兴趣的东西是负面的、消极的、不健康的,我们也不要过于严厉地批评孩子,应给他讲明白道理,让他知道接触那些东西会给自己造成怎样的坏影响,这样,他自己自然就会选择远离那些不良兴趣。

在孩子最需要的时候支持他

最能体现支持力量的时候,就是孩子最需要的时候。而所谓"最需要的时候",就是孩子遭遇了挫折、困难,遇到了问题,或者情绪低落等等的时候。

这时的孩子内心很脆弱,也非常敏感,所以,此时我们就不要因为他的失误而批评他了,不要说"你要是按照我说的去做,就不会出问题了",而是要认同他的感受,站在他的角度去考虑问题,给予恰当的安慰与鼓励,并支持他勇敢面对一切困难,使他不至于因为小小的挫折困难而对生活丧失希望,帮他保持乐观向上的心态。

在特殊时刻,用特殊方式去支持

犯错、闯祸是每个孩子的"家常便饭",而每到此时,批评教育也许是我们最常用的手段。当然,不是不能用批评的方式,而是批评过后,我们不要忘了提醒孩子,批评他也是对他的一种支持,是在帮助他改正错误、弥补缺点,支持他向更好的方向发展。

另外还要告诉孩子,即便我们严厉地批评了他,也是因为我们爱他,无论何时,这份爱是不会打折扣的。这样,他就会理解我们的用心,就不会因误以为我们不爱他而痛苦了。

16. 用鼓励的方式激励孩子

美国心理学家德里克曾经说:"孩子需要成人的鼓励,就像植物需要水一样。"其实人人都渴望得到鼓励,这是一种普遍的心理需求,只不过孩子的这种需求会更为强烈一些。这是因为对孩子来说,父母的鼓励就是一种精神上的支持,会带给他勇气、希望与信心。

而鼓励的前提就是信任,正是因为我们相信孩子会做得更好,所以才鼓励他。不过,鼓励也应讲究方式,很多父母对孩子采取了错误的鼓励方式,反而使激励变了味道。

比如,孩子遇到了困难,着急不知道该如何应对,此时妈妈却说:"没事没事,你还不具备那个能力呢! 你不用操心了,妈妈帮你,等以后你就会了。"这看似是在鼓励孩子,可实际上却是我们在包揽一切,在帮孩子回避困难。

还比如,孩子因为某些事情而感到痛苦,爸爸为了帮他赶走痛苦,采取言听计从的"鼓励"方式:"你要什么爸爸都给你,只要你开心,爸爸做什么都愿意。"也许孩子会因为要求被满足而感到开心,但他却永远无法学会自己战胜痛苦。

再有,当孩子取得了一些成绩时,有些父母只是一味地赞许与表扬,而且带着孩子四处向人炫耀,父母自己还认为这种鼓励可以使孩子在夸奖中增强信心呢!

……

上述的一些不当的鼓励只能让孩子无法正视与应对生活,并助长他的懦弱、逃避、骄傲等负性心理。虽然孩子也许在当时能体会到困难被解决的"快乐",能体会到一时的"如释重负",但显然日后他却会遭遇更大的难题,他的快乐并不长久。

所以,虽然同是鼓励,但我们也要运用正确,就像下面这位妈妈所做的一样。

儿子拿着只考了70多分的数学试卷回到家,让妈妈在其上签字写意见。

妈妈拿过卷子,那个分数着实让她心里很不舒服。不过,她还是努力让自己平静下来,问道:"为什么这次成绩不理想呢? 你自己总结了吗?"

儿子轻轻地点点头:"这次考试的知识很杂,我也很粗心。好多题其实都会做,就是没仔细检查就交卷了,结果错了好多。"

妈妈听后,沉默了一会儿,然后才慢慢地说:"看来你自己找到原因了,不错！不过，我希望你以后也能经常反思自己的错误，这样你会进步更快。"

儿子很惊讶，但当他看到妈妈充满鼓励的微笑时，立刻就说："妈妈，以后我会更加认真！"妈妈笑着点点头，并提笔在卷子上写道"积极改正错误，争取更大进步"。

正确的鼓励会让孩子的内心升起一种想要继续奋斗的力量，并促使他改正错误，发挥优势。同时，他也能从中体会到被接受与被信任的快乐。所以，我们也要向这位妈妈学习，善用鼓励来激励孩子。

当孩子遭遇了困难，我们应该鼓励他勇敢面对，引导他从多个角度去思考应对困难的方法。或者给他讲一讲不畏困难的榜样故事，或给他讲讲我们自己战胜困难的经历，以此来帮他"小看"困难，学会自己调整心态，应对困难。

当孩子因为失败、挫折等事情感到痛苦时，我们就该站在他的角度去理解他的情感，并鼓励他"一切向前看"，告诉他人生原本就是坎坷的，所以无论遭遇什么都不奇怪，虽然一时会感到难过，但只要不放弃继续前行，就能看见更加灿烂的阳光，快乐也会如影随形。

而当孩子取得了好成绩时，我们更应该鼓励他。如果是他的学习方面取得了进步，我们可以说："看来，你现在的学习状态很好，努力的方向也是正确的，加把劲，我相信你能学得更好。"如果是他的德行有了提升，比如他热心助人、尊老爱幼，我们就可以说："你努力提升自己的道德素养，这值得表扬！我觉得你可以将好品德变成好习惯，要不要试试？"如果是他完美地展现了自己的能力，我们也可以这样说："我欣赏你的这种能力，也许你还有更大的潜力以待挖掘，我期待你更为出色的表现。"

显然，当我们鼓励的方式正确时，孩子就会从中提取到对自己有用的信息，并真正感受到我们对他的无比信任。

除了表达方式的准确，我们在鼓励中别忘了加入真诚的关怀。鼓励并不是简单地为孩子打气，关键是要让他对自己充满希望，我们可以多与他沟通，并提出的建议，让他看到自己进步的可能，使他也对自己充满希望。

不过，我们不要只对孩子的学习方面予以鼓励，而应就一个孩子的全面发展，所涉及的各种因素给其以鼓励。所以，如果他的能力、思想等方面，尤其是道德方面有所提升，我们也要多多鼓励。

另外，有的父母可能会错误地将鼓励误认为就是夸奖，其实并不是这样的。夸奖只是我们对孩子某种行为的认同，而鼓励却不仅仅是认同，更是希望他能继续前进。所以，我们应该了解孩子做事的目的，了解他的思想，要看得到他未来的发展，从更长远的角度给予他最正确的鼓励。

17. 教孩子正确看待自己的错误

孩子都不愿意犯错，毕竟犯错也许就意味着失败，而且还要自己承担错误带来的不良后果，这对孩子来说也是一种不愉快的体验。

也许正因如此，很多孩子都会逃避错误，要么狡辩，要么推卸责任，要么就死不承认。而有的父母对此也无计可施，只能打骂相加，但显然打骂过后，孩子对错误的认识并不深刻，而他也极有可能再犯同样的错误。

不过，下面这位妈妈的做法却不一样。

儿子放学刚进家，为了能看动画片，就撒谎说："我作业做完了。"

这个蹩脚的谎话，妈妈自然不相信。不过她并没有多说什么，而是等儿子把动画片看完后才坐到了他身边，平静地说："难得你这么用功自己主动写作业，妈妈觉得很高兴。能不能让我看一看你独立完成的作业呢？"

儿子一阵慌乱，但妈妈只是安静地坐着，一句话不说。儿子见终于躲不过去了，不得不红着脸小声说："妈妈，作业我还没写呢。"

妈妈点点头："嗯，现在去写就行了。不过，我建议你做一个计划表，这样无论你看电视还是写作业就都能专心致志了。而且，虽然你撒了谎，但敢于承认，这值得表扬。"

说完，妈妈站起了身，儿子问："妈妈，您不惩罚我吗？"

妈妈笑笑说："对知错就改的孩子，我怎么能惩罚呢？"

儿子不好意思地也笑了笑："妈妈，我错了，以后再也不撒谎了。"

妈妈点点头，又俯身拍了拍儿子的肩膀，笑着走开了……

这是很多家庭中可能都会发生的一件小事，孩子为了看电视或者为了做其他的事情，就会撒谎。撒谎是很多父母所不能容忍的，可如果一味地训斥，却反而使孩子感觉"撒个谎不过就是挨顿说"，他就不会正确对待自己的错误，也更不会改正错误。

但这位妈妈很聪明，她无声的指责让儿子感受到了压力，而她那种平和的态度，却也缓解了儿子因为犯错而来的紧张感，从而使他发自内心地想要改正这个错误。

可见，当孩子犯错时，引导他自己认识到错误并产生想要改正的心理才是正确的做法。而孩子也只有学会以正确的态度去面对自己的错误，才能积极去改正。这样一来，孩子不会因犯错而背负太大的压力，更不会因此而痛苦不堪，那么，快乐成长的意义也就体现了出来。

告诉孩子谁都可能犯错误

很多父母从一开始就告诉孩子："犯错的孩子不是好孩子。"正是这句话，才导致孩子对犯错这件事非常排斥。所以，我们要改一改口，不要用这样的话来吓唬孩子，而是帮他正确看待错误。

我们可以和他聊一聊，告诉他谁都可能犯错，给他讲讲名人们犯错的故事，给他说说我们自己所犯的各种各样、或大或小的错误。当孩子发现，原来谁都会犯错时，他内心对错误的恐惧感就会有所减少，这样一来，他可能就不会因为犯了错而惊慌失措，他对错误的看法也就不会那么消极了。

向孩子明示我们宽容的态度

有的父母见不得孩子犯错，哪怕是孩子犯一丁点错误，也会对他非打即骂，甚至是严厉惩罚。可见孩子怕的不是错，而是我们的惩罚。

因此，如果孩子犯了错，我们先要学着"看轻"错误所造成的后果，何况正处在学习期的孩子，所犯的绝大多数错误都无伤大雅，而犯错也是他成长中必经的过程，所以我们也没必要将此看得太过严重。

但是，我们也不能对孩子的错误放任不管，而是要明白地告诉他："虽然你错了，但我不会因此就打你、骂你，我会帮你认识错误、改正错误，我也相信你以后会越做越好。"听到这样的话，孩子不但不会因为害怕惩罚而逃避错误，反而会更坦然地面对自己的错误。

教孩子明白"过能改，归于无"

"过能改，归于无，倘掩饰，增一辜。"这是《弟子规》中的几句话，意思是说，虽然犯了错，但只要认识到错误并积极改正了，那么这个"过"就可以被忽略不计；但假如一心想要掩饰，拒不认错更不改错，那就是错上加错了。

所以，当孩子知道犯错并不可怕之后，我们就要进一步引导他认识并分析自己的错误，让他找到犯错的原因，并给他讲讲这种错误可能会给自己及他人带来怎样的坏影响，使他对错误产生畏惧之心，从而能够悔改。

另外，我们还要提醒孩子懂得吸取教训，不要改后再犯。不过，我们要给他改正的时间与空间，不要催促他，使他能自然体会到改过之后的成就感与快乐感。

提醒孩子不要放过任何一个小错

当我们告诉孩子"错误人皆会犯之"时，他也可能会走入另一个极端，那就是"反正人人都会犯错,那我犯点小错没什么",于是他就开始"大错不犯,小错不断"。显然,孩子的这种理解是错误的。

那么此时,我们就可以搬出"千里之堤,毁于蚁穴"的故事,告诉他小错如果得不到重视,往往会给他带来更为严重的危害。当然,我们不要危言耸听,也不要轻描淡写,而要实事求是地给他讲一些由小错积累而酿成大祸的事例,使他不再心存侥幸。同时,我们也要借此督促他有错即改,并让他学会"见不贤而内自省",也就是将一些可能犯的错误也消灭在萌芽状态。这样,他就会少受因犯错而带来的苦恼,那么苦恼少了,快乐自然就会多一点。

18. 对孩子多引导,少控制

我们做父母的可以先思考这样一个问题,在我们眼中,孩子是什么呢?是编好程序的机器人?还是一个有自我意识的生命体?

很多父母一定对这个问题不屑一顾,甚至觉得这样问都是多此一举:"孩子当然是一个有自我意识的生命,他怎么能和机器人相比呢?"

那么问题就来了,既然孩子是有自我意识的生命,可为什么现在很多父母都想掌控孩子的生活呢?想想看,我们会为孩子安排好一切,关于他的学习、兴趣、交友、工作,甚至他以后的婚姻、家庭,我们都恨不得替他打理好。

有的父母将此称为"爱",错了!我们对孩子太多的控制是对他最不信任的表现,如果我们连最起码的信任都无法给予他,还能说爱他吗?这样的孩子,与那些编好程序的机器人无异,他的未来发展不但会被禁锢,他的人生也毫无快乐可言。

所以,孩子是一个独立的人,他不应该按照我们设定好的程序去成长,而是要凭借自己的力量慢慢长大。而我们应该多给予他正确的引导,而这些引导,就是他成长过程中的营养剂、助推剂。我们也要相信孩子,相信他在正确的引导下,可以成长为我们期望的优秀人才。

别太过看重自己长辈的角色

"我是老子,你是儿子! 你就得听我的!"

"为什么要听我的? 因为我是你妈!"

这也许是我们经常听见或者常说的两句话,一般用在孩子"反抗"我们的时候。这就是我们内心的一种"长辈心理"在作怪。很多父母过分看重自己的长辈角色,认为自己就该说一不二,而且还坚信自己所说所做的没错。

但事实上,我们也不完美,而且时代也在进步,我们的某些思想和做法也许并不正确。所以,我们可以重视自己长辈的角色,因为这涉及到一个长辈尊严问题,孩子必须要尊敬我们。但与此同时,我们也要能放下家长的尊严,不要用自己的身份去压迫孩子,而是要用自己的经验引导他,给他建议和意见,带他走进大千世界,放手让他自己去探索,这才是我们身为长辈应该做的事情。

克制自己的控制欲望

女儿一直留着长头发,经常梳两个小辫子,看上去很可爱。但自从她上了五年级,妈妈就非要让她剪掉头发,说是以后学习忙了,不能总把时间花费在打理头发上。女儿坚决不同意,妈妈不是劝说就是训斥。结果很长一段时间,为了剪头发这件小事,母女俩闹得很僵。

我们总是能找到各种理由来控制孩子,就像这位妈妈一样,出发点是好的,可控制的欲望太强烈,反而引起了孩子的反感。所以,我们要学会克制自己想控制孩子一切的欲望,不要剥夺他成长的空间,也别让他失去自我,要尊重他的个性,允许他有想法。

如果出现了我们和孩子意见不统一的情况,交流是最好的解决办法,我们和孩子互相都说出自己的看法,讲出自己的理由,以此来寻求一个折中的解决方案。有时候,我们也要懂得退让,要信任孩子,也许我们的担心是多余的,可能孩子自己完全能解决某些问题。也就是说,如果我们少控制孩子一点,孩子不但能生活得快乐一些,他的各种能力也能够得以展现和发挥。

用我们正确的言行去引导孩子

其实,与其用语言来强硬要求孩子必须按照我们所说的去做,倒不如我们自己先做好榜样。因为对于孩子来说,父母的言行也是一种引导,如果我们做得好,那么孩子自然会跟着学。

所以,平时我们在家就要端正自己的言行,讲话要尽量使用文明用语,多说真善美的事情,做事也要认真尽责,与邻里朋友要和谐相处,多行善事,多加学习……

我们应该相信孩子是有分辨能力的,要相信他会受到我们良好言行的影响,从而努力完善自己的言行。

多从正面给予孩子积极的引导

除了我们自身要做好之外,我们也要多从正面给予孩子引导。比如,引导孩子多读《弟子规》等传统启蒙经典，引导他多接触有德行的人，鼓励他不断积累知识、增强能力，建议他多培养一些积极健康的兴趣爱好，等等。

当然，虽然这些引导是正面的，我们也不要强迫孩子去接受。我们只要给他讲明白正确的做法是什么，道理是什么，有什么意义就可以了，也要给他留出足够的时间让他自己去体会、理解。这样，他就会产生想要自己努力学习与进步的愿望。

🍂 19. 对孩子的限制不要太多

限制，就是一个规定的范围，一个不允许超过的界限。

孩子的成长原本应该是自由的，可我们却总是要人为地给他加上一些限制，他的生活中充满了诸多的"不许"、"不行"、"不能"。比如，"不许自己出门"、"不能在家瞎闹"、"卧室弄乱了不行"等等。其实，我们无非就是想让孩子乖一些，想让他按照我们所希望的方向去成长。但是，在这样的限制下，孩子的确变乖了，可他的个性、特长又去哪里了呢？他的快乐还可能存在吗？

> 学校组织参观科技馆，男孩也想报名，但妈妈却不允许，并说："什么参观？还不是去玩？不许去！在家好好看书！你成绩并不算好，可不能总跟别人一样瞎玩。"
>
> 男孩收到同学的邀请想去参加生日聚会，可妈妈又一次阻止了他："你的同学里什么样人都有，有那时间吃喝玩乐，还不如在家好好背几个单词。"
>
> 科学课上，老师讲了蚂蚁王国，男孩放学后和几个同学蹲在路边饶有兴致地观察起了蚂蚁。结果由于回家晚了，被妈妈好一顿骂："整天就知道玩！以后放学立刻回家，不许在路上耽搁！"
>
> ……
>
> 男孩被妈妈圈在了家里，除了学习什么都不能做，他渐渐地变得沉默了，也变得懒惰了。每天都像木偶一样，遵从妈妈的所有安排，认真执行妈妈的所有规定。
>
> 有时，妈妈也觉得男孩太过老实了，可她却生怕自己一旦放开限制，男孩会因为太过调皮而难以管教。

像这样的"乖孩子"看上去的确很省心，可在他身上我们却一点看不到孩子应有的活泼与灵动。妈妈给他下了太多的"限制令"，他的探索心、好奇心同时也都被限制住了，先不说他未来的发展，仅就现在的生活而言，相信他也体会不到快乐。

孩子在成长过程中都喜欢自由地去探索，可我们处处的限制却可能会给他造成一种"这世界到处是陷阱"的错觉。如此一来，内向的孩子会因此变得更为胆小懦弱，而外向的孩子却可能因此而产生逆反心理，反而会去主动碰触某些禁地。

所以，别太限制孩子，我们应该给他足够的成长空间，允许他通过更多的自主活动体验生活。当我们相信孩子时，他也会更体谅我们的心，并懂得进行自我约束。

规定几条基本的原则

我们只是说不能对孩子限制太多，但并不代表完全不限制孩子。毕竟，孩子还是不成熟的个体，一味放纵的话，他不仅会遇到危险，也许还会学坏。

所以，从一开始我们就要给孩子规定几条基本的原则。比如，无论何时都要注意保证自身的安全与健康，要多与品德高尚的人交往，多看有益的书籍，多培养健康的兴趣，远离斗闹邪僻场所，等等。

在制定原则的同时，我们也要给孩子讲讲为什么要这样做，如实告诉他我们对他的担忧，并给他讲讲这样做的益处。讲的过程中应该尽量少用命令的口吻，而是要循循善诱，引导孩子自己认识道理。

允许孩子适度探索

好奇心是孩子的天性，在此天性的驱使下，他会想要探索周围的一切，想要知晓更多他所未知的秘密。我们应该尊重他的探索心，当他想要探索时，就要放手让他自己去发现更多的新奇知识。

为此，我们可以给孩子做一些准备，比如，在家给他准备好各种帮助探索的工具，如字典、词典、各种书籍、放大镜、剪刀，以及一些应手的小工具；经常带他去户外探索，带他走进博物馆等各种场所，引导他凭借自己的感官寻找答案。在适当时候，我们也可以加入到孩子的探索行动中来，和他一起去发现更多未知世界里的东西。

引导孩子多尝试

除了探索，孩子也想做很多事，比如，自己做一顿饭，独立完成一次购物，自己去攻克一道难题，主动去结识更多的朋友，等等。

孩子尝试得多了，他的能力也会得到提升，所以我们也要引导他多进行尝试。在他做事之前，我们应该给他讲解一些基本的要领，之后就要放开手，鼓励他凭借自己的能力去完成这些事。

当孩子遇到困难时，我们可以给出指导建议，但也依旧不要随便插手，而是要给他独立解决困难的机会。

不要阻止孩子"做梦"

微软公司创始人之一比尔·盖茨的父亲比尔·H·盖茨曾经说："……让孩子成功的秘诀其实就是：不要限制孩子的梦想。抚养孩子应当在适当的时候选择放手。"

孩子都爱"做梦"，那就让他做好了，别在他的梦想刚发芽时，我们就无情地将其否定。对于孩子的梦想，我们应该感到高兴，并告诉他怎样做才能实现梦想，鼓励他为了自己的梦想而努力。而且，我们还要相信孩子，不要随便说他的梦不可能实现，而要说："我真高兴你有这样的梦想，我期待看到你的成功。"这样的鼓励与信任会成为孩子前进的动力，也许他的梦想真的就会实现。即使不能，他在实现梦想的路上也收获了快乐与成长。

20. 不要扮演孩子的"监工"

一名4年级小学生在日记中写道：

> 妈妈就是一个监工！
>
> 从我刚上一年级时候起，她每天晚上都要看着我写作业，现在我都四年级了，她还那样。
>
> 今天放学回家，我其实是想先看会儿动画片再写作业的，可妈妈却因此训起我来。于是我不得不进屋去写作业。
>
> 结果，妈妈又跟着我进了屋，坐在旁边看着。我刚写错了一个字，她就立刻给我指出来，还唠叨了半天。我快要烦死了！
>
> 其实，我自己怎么会不知道应该先写作业呢？妈妈总是监督着我，让我觉得好累。前一阵子我就有些发懒了，反正有妈妈监督，我一般都是等着她喊我才去写作业的。
>
> 老师一直鼓励我们自己主动做作业，不过在我们家，妈妈永远都比我"主动"得多，我看我就不需要主动了。

什么是监工？就是负责使工人如期完成工作的监督者。仅从定义来看，监工监督的是某一项工作的进展情况。可孩子的成长并不完成等同于完成工作，这之中，家长的适当关注、关心、监督、监护却是必要的，但如果把这些变成了"监管"，孩子没有任何自由,则对孩子成长极为不利,在孩子看来,我们对他的监督会显得如此"讨厌",甚至让他变得懈怠,他的快乐也因此被压抑住了。

但有的父母说:"孩子都贪玩,你如果不管他,他绝对不会自己主动专心致志地去学习,不监督他能行吗?"

说出这话的父母,就是对孩子缺少最起码的信任。就像这篇日记中所写的,孩子怎么就不会自己主动学习呢?我们又怎么知道他自己做不好该做的事情呢?我们每日都如监视器一样看着他,他才会感到紧张。而也正是由于有了我们的监督,他也才逐渐变懒,凡事都等催促之后才做。这样生活下去,孩子是感觉不到快乐的,我们也一样会觉得劳累不堪。

显然,"监工"不该是父母扮演的角色,所以,我们应该丢掉这个角色,寻找自己合适的位置。

给予孩子恰当的监督

孩子终究是孩子,有很多地方还需要学习,他自身也有待成长。所以,我们要给予他适当的监督,比如,对于零花钱的花销控制,对于不良信息的防范,等等。

但这种监督也不是那种严厉的监管,而是要提前给孩子讲明道理,告诉他控制零花钱是为了培养他正确的消费观念,不让他接触不良信息则是保证他有纯洁干净的内心。也就是说,我们只有给予恰当的监督,才不会给孩子留下隐患。

学着做孩子的"参谋"

一位爸爸说:"我在家是女儿的'参谋',她能自己做的事情,我从来不插手,也不总去询问;她遇到了问题,只有问到我时,我才会给出建议,如果她有自己要解决的意向,我向来都放心让她自己做。我陪不了她一辈子,所以我得培养她具备照顾好自己一辈子的能力,而且还要相信她能做到。现在的放手,就是未来的放心啊!"

有多少父母能有这样的"觉悟"呢?现在放手,不过多监管,孩子的各项能力自然就会有所提高,这才是有智慧的教育方法。所以,我们也要学着做孩子的参谋,在他有需要的时候,再给出他建议和意见,在他向我们求助时,再伸出援手。要给孩子留出足够的"自我挑战"空间,以此来提高他处理事情的能力。

尽量过好自己的生活

想象一下,每天我们要为自己的工作而忙碌,要想着家里的柴米油盐、水电煤气等事情,还要做饭、洗衣、购物、添置日用品,要照顾好自己和全家人的日常生活,这些事情已经将我们的时间都占满了。如果我们还要挤出时间去监督孩子的言行,难道不觉得劳累无比吗?

所以,孩子有孩子的生活,我们也有自己的生活,做好他的参谋后,我们也要给自己留出足够的时间,适时地发展一下自己的兴趣爱好,多做做运动,多看看书,多和自己的朋友交流,给自己放个小假出去走一走。

当我们的生活轻松了,心情放松了,就不会总把眼光盯在孩子身上,孩子也会因此感到身心放松,再加上我们适时的指导,他的生活也会步入正轨,这才是最合理的生活方式。

引导孩子学会进行自我监督

与其我们在孩子身后"抽一鞭子"他才前进一步,倒不如教会孩子自己监督自己。自我监督中的孩子会进行自我约束,这时我们也能少操许多心。

因此,我们应该加强对孩子良好习惯的培养,比如,做好个人卫生,建立诚信道德,用合理的方法去学习,等等。我们可以在培养他习惯的最初,多督促他几次,每次都可以提醒他应该注意的细节,一旦他的生活初露良好状态,我们就不要再"多嘴"了,习惯就会促使孩子自己督促自己完成他该做的事情。

21. 把家事大胆地托付给孩子

一位父亲和朋友闲聊时提起了自己的儿子,朋友说:"你家孩子 11 岁了吧?还那么调皮吗?我记着你因为他在家什么都不干还打过他。"

父亲摇了摇头,眼睛盯着远处若有所思地说:"现在,他不一样了。"

朋友很好奇,这位父亲慢慢地说道:"前段时间我出差两个月,临走前,我一时兴起对儿子说:'我把你妈交给你了,我希望你能帮她多做些事,她身体不太好,请不要让她太操劳。所以,你得记着经常看看家里是不是有什么东西需要添置了,出门前你要检查门窗煤气,一切都拜托你了!'当时儿子有些吃惊,不过他却答应得很爽快。两个月后,我回到家,看到的是儿子正拿着扫把和拖布在搞卫生,而妻子则激动地对我说:'儿子长大了,什么都抢着干,跟以前完全不同了,每天都帮我做好多事。'原来,儿子也是个值得托付的人,看来以前是我太不信任他,总挑他的刺儿。现在,我很少再说他了,尤其是家里的事,只要我托付给他的,他都能完成得很好。"

被人依靠是一种奇妙的感觉，当有重任在肩时，即便是小学生，也会有一种责任感。我们的信任与依赖，会让孩子看到自己的价值，也会带给他自信。

可是现在有的父母却并不这么想，孩子对他们来说，就好像是一个附属物。在这样的父母看来，孩子只要吃好、喝好、玩好、学习好就行了，其他的事情不能交给他，否则他会搅得一团乱。

如果我们将孩子看成是附属物或累赘，那么他会心安理得地什么都不管，然后任由我们操心，他倒乐得逍遥。这样的生活表面看是快乐的，但过不了多久，我们势必会因为孩子对家庭的不管不顾而有怨气，怨气一生，自然也会对孩子多有不满，受到无端指责的孩子又会因此而感到难过、郁闷甚至气愤，快乐的生活很快也就终止了。

所以，我们理应将孩子看成是自己的"臂膀"，相信他可以和我们一起将家庭生活搞得更好。先不说其他的事情，单就家事来说，我们就完全可以将其大胆托付给孩子，给他一个可以承担责任的机会，他就会有被重视的感觉，我们的信任也会换来他的自信。而且，"习劳知感恩"，他也会体谅到我们的辛苦，从而更加珍惜生活，对我们也会更加心存感恩之心。

教孩子学会做基本的家事

将家事托付给孩子的前提是，他要具备解决某些家事的能力。所以，平时我们在做家事时，可以叫上孩子，让他看看我们是怎么做的，或者邀请他参与进来，和我们一起做。

比如，做饭时让他打打下手，偶尔也把锅铲给他，满足他对做饭的好奇心；修理器具时，把工具箱给他，一边让他看着我们做，一边给他讲讲原理、操作方法，并让他随时给我们递过来应手的工具；要买生活用品了，把列清单和消费计划的任务交给他，指导他合理计划，并按照他的计划去完成这次购物；等等。

关于这些家事技巧，只要我们有意识教，孩子就会有意识学。因此，不要放过任何一个可以传授生活经验的机会。我们要让孩子从这些基本家事中，逐渐掌握生活的技能，并逐渐具备担当更多家事的能力。

告诉孩子哪些事是他应该关心和参与的

家事包括很多内容，除了日常家务，还有一些重大事情的决议与处理，但对于能力尚不完善的孩子来说，并不是所有事情都能托付给他的。

所以，我们在向孩子托付家事时，也要选择合适的事情。比如，清扫、做饭、采购、照顾老人等事情，是孩子可以做到也能做好的，那我们就要适当放权给他，并要相信他能做好。

而对于其他一些诸如需要挪用大量金钱，或者需要全家人商讨决策的事情时，我们可以允许孩子参与，但不要全权交由他处理。这就是说，我们既不要将所有事都一股脑地丢给孩子，也不要让他完全置身家事之外，而是要选择适当的家事让他体会参与家庭生活的快乐。

不要怀疑和否定孩子的能力

　　当我们决定将某些家事托付给孩子之后，就要相信他的能力。不要不放心地在他身边转悠，也不要总是想去指点他该怎么做，我们应该去做自己的事情，给孩子留出足够的时间与空间。

　　而且，即便孩子一时没有做好，我们也不要责备他，应该先夸奖他敢于担当的精神，然后再将正确的做法教给他，并鼓励他下次做得更好。最重要的是，下次我们依然还要给他机会，不要因为他一次没做好就彻底不再让他做任何家事，只有不断地锻炼，孩子才可能做得越来越好，真正成为优秀的担当者。那时，孩子也会因自己能为家庭分担而感到快乐和满足。

第三章　走进孩子的
内心世界，了解他

随着孩子渐渐长大，他开始有了自己的思想和看法，也有了自己的烦恼和压力。作为父母，我们有没有做到在百忙之中抽出一些时间，走进他的内心世界，倾听他的心声呢？我们要想让孩子快乐成长，就要放慢匆忙的脚步，抽出时间去了解孩子神秘而丰富的内心世界。

22. 给孩子更多的精神关怀

如今，很多父母都简单地认为，给孩子创造最好的物质生活，让他接受最好的学校教育，帮助他清除成长路上的种种障碍……就是对他最大的爱。然而，这些父母却忽视了一个非常重要的方面，就是关注孩子的精神世界，给予他更多的精神关怀。

一天，在公交车站，几个 10 岁左右的女孩一边等车一边聊天。

其中一个女孩说："我妈本来打算这周末带我去买衣服的，结果我外婆生病了，买衣服的事情变成了泡影。你们说，我外婆怎么就偏偏这时候生病呢？"

另一个女孩劝说道："生什么气啊！你外婆病了也不关你的事。大不了你把钱要过来，我们一起陪你去买。"

那个女孩高兴地说："太好了！"

这时，一位等车的中年妇女再也听不下去了，便对那几个女孩说："你们几个孩子怎么能这样说话呢？外婆生病了，也不知道关心一下，你们的父母怎么教育你们的啊？"

一个女孩说："我平时都很少见到他们，跟他们说几句话都难，他们哪有工夫教育我们啊！"

听到女孩这样说，那位中年妇女哑口无声。

这的确值得我们深思,孩子原本是纯洁、善良的,为什么会变成这样呢?究其原因,是我们没有给予孩子良好的家庭教育,没有留出更多的时间陪伴他成长,没有给予他更多的精神关怀。一个没有得到精神关怀的孩子,又怎能知道去关怀他人呢?

法国著名作家巴尔扎克曾经说:"在各种孤独之间,人最怕精神上的孤独。"如果我们不懂得给予孩子精神关怀,他势必会感到孤立、不快乐,也会越来越不热爱生活。因此,我们要给予孩子更多的精神关怀,让他的精神富足起来并快乐地成长。

别让孩子物质富足,精神空虚

如今,我们总是一味地满足孩子的物质享受,就算再苦再累也没有怨言,真是可怜天下父母心啊!那我们有没有想过,我们不断满足孩子的物质需求,他真的会快乐吗?他可能会因拥有富足的物质享受但得不到任何精神关怀,而会感到空虚。

其实,对于孩子而言,他们看重的并非是物质享受,而是精神关怀。因此,我们不要毫无节制地满足他的物质需求,而是在满足他最基本、最合理的物质需求的同时,给他营造温馨、愉悦的家庭氛围,给予他更多精神方面的关怀,从而让他的精神富足起来,这样,他才能获得真正的快乐。

多抽时间陪伴孩子

童童8岁了,父母无论工作多么繁忙,每天都会抽出一定的时间陪她,要么一起看有意义的电视节目,要么一起玩游戏,要么聊一聊最近发生的事情。每当这时候,童童都非常快乐,而父母也享受在其中。

感受一下一家三口在一起玩耍的场景,是多么温馨、幸福啊!也许,我们平时工作很忙,但是在晚上、周末、节假日的时候,一定要留出固定的时间陪孩子,与他一起享受快乐、幸福的生活。至于我们和孩子在一起做什么,最好听孩子的安排。

但需要注意的是,我们在陪伴孩子的过程中,不要总想着工作或生活中的其他事情,而是全身心地沉浸在孩子的世界里,心无旁骛地陪他玩。这样一来,孩子才能从中获得快乐,享受到我们的爱,而我们也能体会到久违的童真,享受到真正的快乐。

给孩子精神关怀也要有一个度

孩子需要我们给予他精神关怀,他会从中感受到温暖、快乐。但是,这个关怀也要有一个度。如果我们所给予的超过了他所承受的限度,他不但感受不到被关怀,反而会觉得这是一种"禁锢"、"负担"。那么，这就失去了精神关怀的意义。

有时候，我们需要藏起一半爱，适当地给孩子一些"逆向关怀"，从而让他获得真正的独立和快乐。比如，对于孩子应该碰的钉子，也就是应该遭遇的挫折、困难，我们要让他"碰"，而不要事先把钉子拔掉；对于孩子应该吃的苦、受的累，我们要让他承受，而不要试图帮助他摆脱……当然，这里所谓的"应该"，不是我们刻意去制造的，而是孩子自然而然遇到的。

23. 知道孩子为什么而自卑

自卑是一种性格缺陷，是一种消极的自我评价，也是一种失去平衡的行为状态。据心理专家研究发现：一个人自卑性格的形成往往源于儿童时代。无疑，处于儿童时期的孩子最易受到自卑情绪的影响。

《知心姐姐》杂志社曾经就中小学生的自卑心理进行了一次调查，一共有12个省市的681名中小学生接受了这次调查。

调查结果显示：50.51％的中小学生认为自己不聪明、笨；28.05％的中小学生认为自己的坏习惯太多；9.54％的中小学生觉得自己不如别人；7.49％的中小学生觉得自己的物质条件太差；3.23％的中小学生认为自己长相不好看；1.17％的中小学生感到孤单寂寞，觉得没人理解自己。

此外，474名中小学生认为自己之所以会产生自卑，缘于以下几种因素：46.41％的中小学生得不到家长的肯定和尊重；33.75％的中小学生成绩不好时，经常挨家长批评、打骂；15.19％的中小学生经常被同学嘲笑；4.64％的中小学生经常被老师批评。

由此可见，被调查的孩子都有不同程度、不同方面的自卑心理，而一半以上被调查的孩子认为自己不聪明。而孩子们之所以会产生自卑心理，80.16％的原因来自于父母。看到这样的结果，我们是不是应该好好反思呢？

如果孩子的自卑心理得不到及时关注和纠正，孩子很可能会形成心理障碍，从而影响身心健康发展。因此，我们应该注意孩子的心理发育，及早发现他自卑的苗头，并尽早帮助他克服和纠正，以避免随着他的年龄增长而形成自卑性格。

具体来说，孩子之所以产生自卑心理，主要有以下几方面的原因。

第一，我们对孩子期望过高。

一些父母"望子成龙、望女成凤"心切，对孩子的期望值过高，强迫孩子接受超过他实际水平的要求,恨不得自己的孩子在各个方面都比别人家的孩子强。如果孩子达不到父母的预期目标,就会受到批评甚至打骂。久而久之,孩子就会对自己的能力产生怀疑,逐渐产生自卑心理。

对此,我们要调整心态,不要急于求成,要了解孩子的个性特点和实际水平,对他寄予合理的期望。同时,我们要适当降低对孩子的要求,为他设定一个"蹦一蹦就能够得着"的目标。如果目标过大、过高,我们就可以把大目标分成几个小目标,这样孩子就比较容易实现,从而逐渐建立起自信心。

第二,我们对孩子过于苛求。

有的父母追求十全十美,对孩子过于苛求。而孩子不可能把每件事情都做得尽善尽美,所以就会受到父母的指责。然而,当孩子很难体验到成功的喜悦时,就会逐渐怀疑自己,从而形成自卑的自我评价。

对于这种情况,我们要学会宽容,要允许孩子犯错误或失败,并鼓励他从跌倒的地方爬起来。此外,我们要用全面的、发展的眼光看待孩子,相信他能够越来越好。一旦我们有了这种观念,就不会因孩子一时表现欠佳而大发雷霆了。

第三,我们不懂得尊重孩子。

很多父母不知道孩子的心理承受底线,经常采用简单、粗暴的教育方式,或是指责、挖苦、打骂他,或是在他人面前训斥他,或是经常拿他的缺点和别的孩子的优点比较……这些都很容易伤害孩子的自尊心,使他在众人面前抬不起头。慢慢地,他就会产生自卑情绪。

对此,我们要学会尊重孩子,帮助他建立良好的自我形象。首先,我们要摒弃一切伤害孩子自尊心的做法,比如经常讽刺他,当众批评他,等等。其次,我们不要老盯着孩子的缺点,而是要多关注他的优点,赏识并放大他的优点。再次,当孩子在某些方面表现地较为出色时,我们要及时给予肯定和赏识,激励他朝更高的目标努力;当孩子在某些方面做得不好时,我们要及时给予鼓励和支持,不要让他灰心丧气。久而久之,孩子就会变得自信起来。

第四,我们对孩子包办代替。

一般情况下,孩子的自卑心理与他的能力密切相关,能力强的孩子就会比较自信,而能力差的孩子就很容易产生自卑心理。很多父母对孩子的事情包办代替,即使是一些孩子力所能及的事情,也不让他做。那么,当孩子走进集体之后,就会发现自己什么都不会,从而低估自己的能力,不敢在公共场合表现自己。

面对这种情况,我们要学会适当放手,为他创造更多的锻炼机会,让他做一些力所能及的事情。同时,我们也要有意识地让孩子参与一些家庭事务,与他讨论一些家庭中的事情,从而让他感受到我们对他的信任。

第五,我们本身就有自卑情绪。

有的父母本身就有自卑情绪,遇事就说"我不行",看到别人比自己好就说"我实在是太差劲了"。如此一来,孩子就会认为"我爸妈都说不行,说都自己太差劲,我就更不行了,就更差劲了"。

因此,我们首先要克服并纠正自己的自卑情绪,增强自信心在困难面前要毫无畏惧,要相信自己的能力。唯有这样,我们才能培养出不怕困难、自信的下一代。

当然,孩子产生自卑的原因不只以上几点,我们要多观察孩子在日常生活中的举动,一旦发现他存在自卑情绪,就要反思自己的教育方式,从中找到教育的缺陷和漏洞,然后对症下药,帮助孩子树立自信。

24. 关注孩子的心灵成长

俗话说:"孩子的心情就像六月的天气,说变就变。"的确,孩子的脸就像一张晴雨表,喜怒哀乐都会在脸上淋漓尽致地表露出来。如果我们没有留意孩子的异常表现,没有读懂他的心思,他就会感到无助,甚至绝望。

一些父母可能会认为:只要让孩子吃好、喝好、玩好,他就会感到快乐和幸福,哪还有什么烦心事啊!事实并非如此。孩子的情感世界是丰富而敏感的,他渴望我们关注他的心灵成长,渴望我们读懂他的心。

一位妈妈讲述了自己的经历:

> 有一次,女儿一连好几天都不太高兴,我也没当回事。过了几天,女儿变得更反常了,回家就直接进自己的房间,不和我们主动说话,我给她播放她最喜欢看的动画片,她都没兴趣。
>
> 于是,我找女儿谈心:"宝贝,你最近怎么了?"
>
> 女儿吞吞吐吐地说:"我这几天过得不快乐,我以为您和爸爸会关心关心我,没想到你们……所以我很失望。"
>
> 我的确是疏忽了孩子,但是又不想让孩子知道我们没有在乎她,便说:"妈妈早就看出你最近不快乐,没有关心你,是希望你能够学会调整自己。"
>
> "真的吗?我还以为你们都不爱我了呢!"
>
> "不会的,妈妈和爸爸都非常爱你!"
>
> 随后,女儿把她前几天发生的事情讲给了我听。原来,她和好朋友之间出现了一点小误会,还好已经解决了。女儿恢复了往日的快乐,我暗自庆幸及时找孩子谈心了。
>
> 从那天开始,无论我工作多么忙,都会从女儿的表情、动作、语言中探

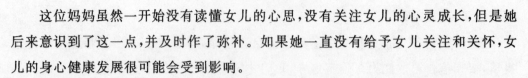

究她心里在想什么，以便随时给予开导和安慰。

这位妈妈虽然一开始没有读懂女儿的心思，没有关注女儿的心灵成长，但是她后来意识到了这一点，并及时作了弥补。如果她一直没有给予女儿关注和关怀，女儿的身心健康发展很可能会受到影响。

苏联著名教育家苏霍姆林斯基曾经说："我们的教育对象的心灵绝不是一块不毛之地，而是一片已经萌生着美好思想道德的田地。"因此，我们要关注孩子的心灵成长，给予他更多的心灵关怀，从而塑造他健康、美好的心灵。

读懂孩子的心思，知道他在想什么

我的孩子到底在想什么？这也许是我们最为感兴趣而又为之困惑的问题。因为，我们只有了解了孩子的心思，知道他都在想什么，才能有的放矢地教育他。

一般来说，当孩子有烦心事的时候，他往往会有一些异常表现，比如，突然变得沉默不语了；会因一点小事儿而发脾气；即使是他最喜欢的事情，他也没有心情和兴趣去做……

一旦我们发现孩子有类似的异常表现时，就要耐心地坐下来和他沟通。一开始的时候，我们要通过拉手、拥抱、抚摸、拍肩膀等方式安抚他受伤的心灵。等孩子的情绪稍稍稳定之后，我们再引导他把心事说出来，让他释放内心的烦闷，从而帮助他解开心结，并找到解决问题的方法。

给孩子的心灵补充营养

孩子的成长主要包含两方面的内容，一是身体的成长，二是心灵的成长。孩子的心灵和他的身体一样，都需要营养元素的摄入。概括来说，孩子的心灵成长需要五大营养：爱、自由、梦想、肯定、宽容。

爱，是孩子心灵成长的"润滑剂"；自由，是孩子心灵成长的"水分"。我们要给予孩子足够的爱，让他在充满爱的环境中快乐成长。同时，我们也要懂得放手，给他自由的空间和时间，让他自主地安排自己的学习和生活。

梦想，是孩子心灵成长的"阳光"。只要孩子的心中拥有梦想，他就会生活在希望中，并不断创造生命的奇迹。也许，孩子的梦想很荒唐，很不切实际，但梦想就是童心上长出来的幼苗，我们要给予呵护，从而让它成长为一棵参天大树。

肯定，是孩子心灵成长的"蛋白质"。孩子渴望得到肯定的心理需求比我们更迫切，所以我们要在孩子的"心理期待期"给予他肯定，满足他的心理需求，这是对他的一种强有力的心理支持。不过，肯定孩子也是要讲究技巧的，最好不要肯定他聪明、有能力，而是肯定他的努力、认真、踏实。

宽容,是孩子心灵成长的"氧气"。因为宽容是一种无声的教育力量,如果我们懂得宽容孩子,就会比批评、指责、打骂更容易让他理解、接受,也更容易促使他改正错误、弥补不足。

教孩子学会心理自助

　　孩子在成长过程中,肯定会遇到不如意,遇到挫折和失败。如果孩子幼小的心灵承受不了日积月累的压抑情绪,很可能会导致心理问题甚至疾病的发生。因此,我们要教孩子学会心理自助,让他随时释放压抑在心头的情绪。

　　首先,我们要引导孩子认识到,每个人生活在这个世界上,不仅会拥有鲜花、掌声、快乐、幸福等一切美好的东西,还会遭遇孤独、困难、挫折、失败。当孩子对此有一个客观的认识之后,他就会积极地调整自己,勇敢地面对它们。

　　其次,我们要指导孩子在不伤害自己和他人的情况下,采用合理的方式释放内心的烦闷情绪。

　　最后,我们要安抚孩子受挫的心情,给他一些积极的心理暗示,并帮助他分析这些挫折、失败是如何产生的,应该如何克服、避免,从而让他对挫折和失败有更深入的认识,进而努力改变目前的现状。

25. 鼓励孩子说出内心的想法

　　有的父母总是把孩子当成小孩子看,凡事替他安排,从不主动询问孩子的想法,结果他的想法还没有表达出来就被我们扼杀在了萌芽状态。或者,每当孩子说出略显稚嫩的想法时,我们总是没有耐心听下去,甚至打断孩子的话,使他无法畅所欲言。结果,我们越是压制他的想法,他就越会以不正当的行为来反抗我们。

　　其实,孩子能够勇敢地表达自己的想法,是一种自信的表现,也是拥有独立意识的表现。对此,我们应该主动给孩子创造表达想法的机会,并鼓励他说出自己的想法。

　　　妈妈看到周围的家长都给自己的孩子报兴趣班,不免有些心急,害怕女儿落在人后。于是,妈妈就报兴趣班的事情主动询问了女儿的想法。

　　　女儿吞吞吐吐地说:"您来决定吧!"

　　　乍一听,妈妈还挺高兴。转眼一想,那女儿到底是怎么想的呢?于是,妈妈耐心询问道:"这是你自己的事情,你是怎么想的呢?说来听听。"

　　　"其实,我对那些才艺不感兴趣。"

"现在的女孩子都应该掌握点才艺,如果你什么都不会,到时候和同学在一起就会觉得低人一等。你觉得呢?"

"我不这样认为。如果我想学习某项才艺,是因为对它感兴趣,而不是为了和他人攀比什么。"

"你说得有道理,但是妈妈担心你会因此而自卑。"

"不会的,您放心吧。如果我突然对某项才艺感兴趣了,一定告诉您,让您给我报班。"

"好,妈妈尊重你的想法。"

女儿高兴地说:"谢谢妈妈!"

在要不要报兴趣班的问题上,妈妈没有自行决定,而是主动询问了女儿的想法。当女儿没有表达想法的意愿时,妈妈给予了鼓励和引导。当女儿的想法不同于妈妈时,妈妈没有强迫她必须听从自己的安排,而是尊重了她的想法。

如果我们经常鼓励孩子说出自己的真实想法,孩子独立自主的意识就会得到发展,对我们也会更加尊敬和信任,从而更愿意与我们分享他的想法。因此,我们应该有意识地培养孩子的自主能力,鼓励他说出内心的想法,从而让他快乐、自信、独立地成长。

主动问问孩子"你是怎么想的"

其实,孩子自从有了自我意识之后,他就开始主动思考周围的事情,并逐渐产生自己的想法。这说明,孩子拥有独立思考问题的意识和能力。而我们需要做的就是,用尊重的语气问问孩子"你有什么想法"、"你是怎么想的",并鼓励他表达出来。

我们的询问会让孩子感到被尊重、被重视,从而促使他毫无保留地说出自己的想法。那我们就会知道孩子在想什么,就会为彼此的沟通打下良好的基础。

鼓励孩子勇敢表达自己的想法

有时候,孩子不敢表达自己的想法,尤其是当他的想法和大多数人相悖的时候。对此,我们要鼓励孩子:"有自己的想法就要大胆说出来,只有说出来才能让大家了解你的想法。而且,有时候想法本身没有对错之分,因为每个人的思维方式和所站的角度都不一样。"当我们及时鼓励孩子,并打消他的顾虑之后,相信他会大胆地表达出自己的想法。

如果孩子还是不敢说出来,我们也不必着急,而是引导他一步步克服内心的恐惧感,随时给予他鼓励和支持。经过一段时间的适应和锻炼,相信孩子会慢慢变得勇敢起来。

不嘲笑、打击孩子的想法

孩子毕竟是孩子，他的思想单纯、简单，可能会说出一些天真、幼稚的想法，我们千万不要妄下结论，不要嘲笑、打击他，更不要忽略、压制他，而是鼓励他勇敢地说出，并耐心聆听他的想法。

在适当的时候，我们要用引导而非强迫、责骂的方式，如讲故事、分析事例等，把正确的道理和想法自然而然地传递给孩子，从而纠正他的错误想法。那么，孩子就会知道如何处理自己的事情了。

别把自己的想法强加给孩子

很多时候，当孩子表达出自己的想法时，我们却往往容易忽视他的内心感受和想法，而总会把自己的想法强加给他，并说一些诸如"你的想法一点儿也不实际"、"听我的没错"、"我还不是为了你好啊"之类的话。我们的这些说辞看似是为了孩子着想，实际上却会让他感到不被尊重和厌烦，因为我们靠的是"权势"强迫他去服从。

因此，我们不要把自己的想法强加给孩子，而是要学会站在他的角度看待、思考问题。即使我们希望孩子听从我们的安排，也应该心平气和地把自己的想法告诉他，从而让他从心底里接受。

26. 教孩子学会冷静和镇定

今天的很多父母遇到事情时容易感情冲动、意气用事，这种表现或多或少地会影响我们的孩子。当孩子遇到一些烦心事时，难免会急躁不安，而越是急躁，事情就越是没有头绪，越理不出事情的头绪，孩子就更加急躁，从而陷入恶性循环。

另外，很多父母爱子心切，什么事情都替孩子代劳，导致孩子养成了胆小怕事的不良习惯。那么，当孩子遇到一些意想不到的事情时，就很容易惊慌失措，不知道应该怎么办才好。这是极不利于孩子今后的成长和发展的。

事实上，遇事冷静、镇定是良好心理素质之一，可以让孩子保持处变不惊的姿态，有利于他理智地思考并解决问题。

2012 年 1 月 16 日，福建省安溪县发生一起绑架案。当天下午，一个 11 岁和 12 岁的孩子在路边玩，一名男子以买烟不认路为由，把他们骗上车，并带到了坐落在山上的某茶厂的废弃工房。后来，男子给他们的家里打去了电话，让家里人准备 10 万元。

随后，男子用透明胶带绑住两个孩子的手脚，便自己出去买东西吃了。两个小孩非常冷静，趁机用嘴将手上的透明胶带咬开，立即跑出去求救。而且，他们非常聪明，为了怕碰上绑匪，他们往相反的方向跑去。当民警找到他们的时候，他们看上去很镇定。

当这两个孩子遇到突发事件的时候，没有惊慌失措，而是沉着冷静地应对，最终趁机逃出了绑匪的"魔掌"。这就说明，遇事越能够保持冷静、镇定的孩子，越能够保障自己的人身安全。

当然，我们也应该认识到，这两个孩子虽然是好心帮不认路的男子，但是却给自己埋下了安全隐患。对此，我们要教给孩子处理这类问题的方法，比如，不随便跟陌生人走；可以给陌生人指路，但最好不要带路；可以让不认路的陌生人请求他人，例如警察的帮助；等等。这样一来，孩子就不会给自己埋下危险的种子了。

事实上，但凡在事业上有所成就的人，遇到事情都能保持冷静、镇定，即使是遇到了挫折和逆境，他们也不会慌慌张张、不知所措，而是会随时捕捉扭转乾坤的机会，从而更好地解决当前的困境。

因此，我们要教育孩子学会冷静和镇定，并告诉他，无论在生活中或学习中遇到了什么事情，千万不要乱了阵脚，要尽量冷静下来，从而找到解决问题的方法。那么，我们具体应该如何去做呢？

让我们自己先冷静下来

儿童心理研究发现：孩子的冲动行为不仅是性格使然，往往与他生活的环境有直接关系。我们是孩子行为的引导者，如果我们能够遇事保持冷静、镇定，就会给孩子树立一个好榜样，从而促使他跟着我们学习。

另外，当孩子表现得比较冲动、急躁的时候，很多父母就会情绪激动、态度粗野，甚至用打骂的方式压制孩子。这样做既不利于培养孩子遇事冷静的心态，也不利于维护我们在孩子心中的形象。

因此，当遇到这一类的问题时，我们首先要保持冷静，然后用自己的冷静换取孩子的沉稳、镇定。当孩子的情绪恢复平静之后，我们再对他进行有情、有理、有据的引导和教育，从而促使他学会自我反省，并改正错误。

告诉孩子，遇事三思而后行

当孩子凭着一腔热血、一时冲动去处理事情的时候，往往会对事情失去判断能力，即便是很认真地去做，也很难把事情处理好。其实，在这个时候，孩子最需要的是冷静、慎重，在经过全方位思考的基础上再作决定，也就是"三思而后行"。

因此,我们要告诉孩子:无论做什么事情,都要保持冷静和理智,不要不经过思考就莽撞蛮干,而是要通过思考更透彻地了解事情的本质,然后再采取行动。如果按照常理无法解决问题,可以试着让思路转变个方向,从另一个角度去思考,然后再着手去做。

教孩子遇到"突发事件"镇定自若

孩子缺乏经验,很可能会遇到突发事件而不知所措。对此,我们要有意识地引导孩子思考处理突发事件的方法,从而让他冷静应对。

首先,我们要告诉孩子,当突发事件不期而至时,不要慌张,要镇定自若,然后再想办法解决。其次,我们要在生活点滴中教孩子掌握一些应对突发事件的方法。比如,我们可以给他讲一些发生在身边的真实故事,也可以带他看媒体上一些法制栏目中播放的鲜活事例,然后和他一起分析和讨论,看看从中有什么经验可以借鉴。如此一来,当孩子遇到类似的突发事件时,就会在脑海中搜索到具体的处理方法,从而最大限度地减少伤害。

有针对性地培养孩子沉着冷静的心态

平日里,我们可以采取一些有效措施,培养孩子沉着冷静的心态。比如,通过一些特定的娱乐方式或互动游戏培养孩子的耐心和韧性,如下棋、练书法、画画、拼图等。再比如,我们可以指导孩子学会调控自己的冲动、浮躁等情绪,具体可以教孩子进行自我暗示,如让他常常告诉自己"不着急"、"凡事都要保持冷静"、"坚持就是胜利"等等;也可以引导孩子用"1+3+10"的方法训练自己,"1"是告诉自己要冷静,放松;"3"的意思是深呼吸3次;"10"指的是慢慢地从1数到10。只要孩子坚持不断地进行训练,就会慢慢学会冷静、镇定。

27. 用心体会孩子的情绪和感受

孩子自从进入小学之后,不仅要面对学习、劳动等很多事情,还要处理和老师、同学、朋友的关系。在这个过程中,孩子会不断得到成长和锻炼,也会伴随着困惑、烦恼和痛苦。这时候,他最渴望的就是和我们说一说心中的想法,最希望我们能够用心体会他的情绪和感受。那么,我们应该怎么做呢?

美国情绪管理训练创始人约翰·戈特曼博士,曾经在长达36年的时间内,针对3 000个家庭进行了研究和调查,之后又针对儿童进行了10年的跟踪研究。经过长时间的研究,戈特曼博士把父母分为了两种类型:一种是"情绪抹杀型",另一种是"情绪管理训练型"。

"情绪抹杀型"的父母无法感知孩子内心的情绪,更无法容忍孩子的负面情绪。比如,当孩子以哭泣来宣泄自己的情绪时,这些父母或是呵斥"哭什么哭,有什么好哭的",甚至吓唬"你再哭,我就让大灰狼把你叼去",或是用奖励的方式诱导他转变情绪,如"只要你不哭,妈妈就给你买冰淇淋"。

而"情绪管理训练型"的父母会包容孩子的负面情绪,努力去了解孩子的内心感受,试图理解导致孩子情绪不稳定的原因,并帮助他认识自己正在经历何种情绪。

由此可见,"情绪抹杀型"的父母表面上虽然暂时控制住了孩子的情绪,实则是压制了他试图释放的情绪,极容易使他变得急躁、消极、悲观,甚至会助长他的逆反心理;而"情绪管理训练型"的父母不仅让孩子感受到父母很重视他的情绪,还帮助他宣泄了情绪,这样做有利于他学会管理自己的情绪。

所以,我们要努力做一个"情绪管理训练型"父母。平日里,我们要慢慢走近孩子的情感世界,懂得洞察他的情绪变化,一旦发现他的情绪出现了反常、低落,就要用心体会他的感受,并及时帮他调整,让他以快乐、积极、乐观的心态投入到生活和学习中。

站在孩子的角度体会他的情感世界

我们与孩子的思维方式有所不同,对待情绪和感受的方式也各不相同。所以,我们要学会站在孩子的角度体会他的情绪和感受。只有这样,我们才能走进孩子的情感世界,他才会乐于袒露自己的心声。

比如,孩子会因为把心爱的玩具弄坏了而伤心落泪,这时候,我们千万不要笑话他没出息,而是问问自己"如果我是孩子,我的心情会如何"。在我们看来,一个玩具弄坏了没什么大不了,但是在孩子的"家当"中,玩具也许算是最贵重、最心爱的了。

当我们持有"情绪和感受没有大小之分"的想法时,就能体会到孩子的情绪和感受。那么,孩子也会愿意主动和我们说说心里话。

让孩子知道我们在乎他的情绪和感受

事实表明,孩子最喜欢和我们分享他的喜怒哀乐,最需要得到我们的重视、安慰和关爱。因此,我们要通过语言、肢体动作等方式,让孩子感受到我们在乎他的情绪和感受。

比如,孩子第一天上小学难免有些不适应,可能会向我们倾诉他内心的感受。

这时候，我们首先要认真地倾听，并用简单的词语回应他的感受，如"嗯"、"哦"等。然后，我们可以这样对他说："第一天上学，不仅要熟悉学校环境，还要认识老师和同学，肯定会有些不适应，妈妈能够理解你的心情。"另外，我们也可以通过抚摸、拉手、拥抱等方式，向他传递"我很在乎你的情绪和感受"的信息。

当孩子感受到我们很在乎他时，就不会陷在负面情绪中不能自拔了，而是会渐渐使自己恢复平静。

在接纳孩子情绪、感受的基础上，给予他引导

当孩子向我们倾诉他的情绪和感受时，我们不要急于说教，而是要学会揣测他的心理，引导他把内心的情绪和感受完全发泄出来。当孩子倾诉完之后，我们先不要管他的情绪、感受是否合理，而是先去接纳，然后再想办法给予他引导和帮助。

就拿上面的例子来说吧！当孩子倾诉完他第一天上学的感受之后，我们先以认同的方式表示接纳，然后再引导他明白类似"刚到一个陌生的环境难免都会不适应，我们需要去克服和熟悉，你可以先和同桌建立友谊，然后再慢慢向外扩展"的道理。当然，我们也可以讲一讲自己到一个新环境的感受，以及是如何克服这种不适应和紧张情绪的。这样一来，孩子就会勇敢地面对，并逐渐适应学校生活了。

28. 做孩子最好的"听众"

英国著名教育家赫伯特·斯宾塞曾经说："孩子在想什么？面临怎样的问题？孩子的内心世界就像一个藏满秘密的盒子。在这个盒子里，有动物，有人物，有梦境，有情绪，杂乱无章地塞在里面。如果不经常打开来看看，有一天当你不经意地打开时，也许会从里面跑出来一只老鼠，吓你一大跳。"

的确是这样，可能有些父母对此也深有体会。那么，我们应该如何走进孩子的内心世界，打开那个"藏满秘密的盒子"呢？这就需要我们与孩子之间建立一种良性的沟通方式。而倾听是沟通的关键和纽带，也是打开孩子心扉最好的钥匙。可以说，孩子的成长需要忠实的"听众"。

然而，遗憾的是，很多父母不愿意做孩子的"听众"，只希望做一个"指挥者"。面对孩子的倾诉，有的父母会不耐烦地说"没看到我正忙着吗？自己一边玩去"；有的父母没有耐心听孩子把话说完，就急着下结论，甚至劈头盖脸地对孩子一顿教训……久而久之，孩子就不愿意向我们吐露心声了，那我们和孩子之间就会形成沟通的壁垒。

8岁的男孩早晨起床后，兴奋地对妈妈说："妈妈，您猜我昨晚上梦到什么了？"

妈妈说："先不说了，赶紧洗漱、吃饭，不然一会儿上学就要迟到了。"

男孩一听，就把到嘴边的话咽了下去。

等男孩放学回来后，又想起了昨晚上的梦，便对妈妈说："我昨晚上梦到我长了一对翅膀，在天空飞啊飞啊，看到了……"

还没等男孩说完，妈妈就打断他："好了好了，我知道了，赶紧进屋写作业吧！"

"今天的作业不多，一会儿就能写完了。我先给您讲讲我的梦吧，特别有意思！"

"梦都是虚幻的，不真实的东西讲出来有什么意思啊！你还是省省工夫，赶紧先写作业吧！"说完，妈妈就进厨房做饭了。

发生了几次类似的事情之后，男孩再也不愿意主动和妈妈倾诉了。久而久之，男孩好像和妈妈之间越来越没有共同语言了，关系也越来越疏远了。

如果这位妈妈让男孩自由诉说，不去故意打断他，而是耐心地倾听他的心声，做他最好的"听众"，也许母子之间原本良好的关系就不会遭到破坏了。回想一下，我们在与孩子相处的过程中，有没有发生过类似的事情呢？如果有的话，就请马上停止吧！

因为，当我们能够做孩子最好的"听众"时，不仅可以分享他的快乐、痛苦，还可以了解他的真实想法，才有可能为他提供合理的引导和帮助。最重要的是，通过倾听，我们可以传递给孩子最大的支持和理解，让他感受到他父母的爱。

给孩子倾诉的机会和时间

如今，现代父母最大的特点就是"忙"、"急"。爸爸担负着养家糊口的重任，由于忙碌而常常忽视对孩子的关注和教育；妈妈在事业与家庭的交织中变得异常焦虑、着急，每天都在催促孩子赶快这样，或指责孩子不能那样。父母这样一忙、一急，哪还有时间和心情好好听孩子倾诉呢？结果，孩子在我们面前把自己"包裹"了起来，不愿意向我们敞开心扉。

所以，我们无论多忙、多急，都要找出时间和孩子聊天，给他倾诉的机会和时间，做他最忠实的"听众"。同时，在"听"的基础上，我们还要营造轻松愉悦的交谈气氛，解答孩子的疑问，并适时地给予他引导。

对孩子的谈话内容表示出兴趣

孩子是否乐于向我们倾诉，主要看我们是否乐于倾听。因此，当孩子主动向我们倾诉的时候，我们一定要对他的谈话内容表示出兴趣。

具体说，在孩子倾诉的过程中，我们要放下手中的事情，用眼睛注视着他，不时加上一些语言，可以用一些带有肯定语气的词语回应他的感受，如"嗯"、"哦"、"原来如此"等，也可以用简单的语言鼓励他继续说下去，如"这样啊，那然后呢"、"发生了什么事情"、"你打算怎么办"等。当我们表现得如此感兴趣的时候，孩子自然会敞开他的心扉。

不打断孩子，耐心地听他诉说

我们在倾听孩子心声的时候，最重要的就是要尊重他。而尊重孩子，最基本的原则就是在孩子倾诉的过程中不打断他，而是耐心地听他诉说。

由于有时我们和孩子对事物的认识和判断会有不同，所以我们应该理解这种差异，不要以成人的思维方式去判断孩子的想法，而是要耐心地听他诉说，了解他的真实想法。

另外，当孩子向我们倾诉他的不快乐时，我们一定要安静地陪在他的身边，倾听他表达的同时，还可以用一些肢体语言传达对他的关心和安慰。在此基础上，我们再引导孩子的思想和行为，这样，沟通效果会更好。

善于听出孩子的"潜台词"

随着孩子慢慢长大，他通常不会直接表达出自己的真实想法，而是把它藏在话中，同时伴随着相应的表情和语气，并期望我们能够明白。因此，一个会倾听的父母一定善于听出孩子的"潜台词"。

比如，孩子突然对我们说"妈妈，您今天要不要去逛超市啊"时，他也许是想试探我们是否能带上他一起去逛超市，或者是他很想去超市购买早已看好的东西。当我们听出了孩子的"潜台词"之后，就要予以相应的回应，或尽量满足他的合理需求，或作出其他有针对性地引导。

29. 与孩子建立起"心"的连接

春秋时期的曾子年少时，家境非常贫困，所以要常常上山砍柴，以接济家用。有一天,曾子又上山砍柴去了,他的朋友千里迢迢出行路过这里,想要拜访他。曾子的母亲不知他何时才能回来,担心让人家等得太久,便用牙咬了一下手指。

这时,正在山中砍柴的曾子突然感到心中一阵剧痛,便知这是母亲在呼唤自己。于是,他迅速从山上跑下来,气喘吁吁地返回家中,跪在母亲面前,询问情况。

母亲解释说,自己并无大碍,只是希望曾子可以早点回来招待客人,不要让人家等得太久。于是,曾子接见了客人,并以礼相待。

这个故事叙述得似乎有些玄妙,但是却真实地反映了慈母和孝子之间的"心灵感应"。当母亲咬破自己的手指之后,曾子之所以能够感受到剧痛,是因为他与母亲早已建立了"心"的连接。

很多人可能都有这样的感受,当家里出现什么大的变故时,我们就会突然觉得一阵心慌。这种感受是靠灵性和直觉而来的,而灵性和直觉是靠感情作为基础的。换言之,我们的心中只要始终装着对方,就有可能与对方产生"心灵感应"。

事实上,当我们把孩子带到这个世界上,我们之间不仅具有以血缘为纽带的亲子关系,还具有心灵相通的能力。当我们与孩子建立起"心"的连接,孩子就能体会到一种归属感,并能够体味到成长的快乐。

作为父母,我们是否曾放慢自己的脚步和节奏,是否曾静下心来,与孩子建立起"心"的连接呢?如果没有,那就请从现在开始吧!

承担起教育孩子的责任

随着社会生活节奏的加快,很多父母的工作越来越繁忙。于是,他们就把孩子全权交给老人照顾,"隔代教育"就此应运而生。由于孩子长期生活在祖父母身边,缺少父母的陪伴与关爱,所以就很难与父母建立"心"的连接。

因此,如果我们有时间和条件的话,就应该承担起教育孩子的责任,把孩子留在身边,陪他一起成长。如果我们平日真的很忙,也可以请老人帮忙带孩子,但是无论工作多么忙,都要多抽时间和他在一起,多关心他的生活和学习,多与他进行心与心的沟通,及时解决困扰他的问题,从而让他感受到来自父母的爱。

建立"亲密有距"的亲子关系

如今,一些父母给了孩子过度的关爱,从而无意间做了孩子的靠山和拐杖。这些父母认为,给孩子过多的关爱就可以和他建立"心"的连接。其实不然,过多的关爱很可能会束缚孩子的成长,让他感受到压抑,自然不会实现与他心灵上的互通。

对此，我们必须明白"关系"的两个要素：爱和分离。一方面，我们要给孩子营造一个充满爱和温馨的成长环境，给予他足够的爱，让他在充满爱的氛围中茁壮成长。另一方面，我们要懂得与孩子保持距离，注重培养他的独立性和自主性。比如，凡是孩子力所能及的事情，我们都要放手让他去做；让他学着自己处理生活或学习中遇到的问题；把选择权交给他，让他自己决定一些事情；等等。

如此一来，孩子既可以感受到我们的爱，又可以享受到独立带来的快乐，就很容易与我们建立"心"的连接。

建立连接应该循序渐进

如果我们与孩子之间的连接不够紧密，如果我们想要恢复和孩子"心"的连接，那就要采用循序渐进的方式。

我们先来看看下面事例中这对父母是如何做的吧！

> 记得我们刚把6岁的女儿从公婆那里接到身边时，她宁愿和洋娃娃玩也不愿意和我们玩，这让我们不知道应该怎么办才好。后来，我们决定采取"迂回策略"，先拿她平日里最熟悉或最喜欢的玩具哄她，然后再和她一起玩玩具。慢慢地，她愿意和我们在一起了，而我们也拿到了通往她心灵的"通行证"。

如果我们与孩子之间的连接已经变弱了，但我们又一下子对他特别热情，这种"突然袭击"很容易使孩子无法适应和接受。那么，我们不妨借鉴这对父母的做法，先从孩子最熟悉的地方入手，然后慢慢与他建立"心"的连接。

这个过程可能是辛苦、漫长的，同时也是充满幸福、快乐的。我们只要与孩子建立起"心"的连接，就会在教育孩子的问题上有一种"柳暗花明又一村"的感觉。

30. 孩子青春萌动，重在疏导

当孩子进入小学高年级之后，就慢慢进入了青春萌动期。一般来说，孩子可能有如下几种表现：情绪变得烦躁不安，有时会感到孤独、苦闷、忧虑；看到异性会脸红心跳，会为了对方而特意打扮自己；很想和对方说话，但又没有勇气，或一时不知道说什么；等等。

虽然青春萌动是孩子由不成熟向成熟转化过程中的正常现象，但是由于他还没有形成正确的人生观、价值观、爱情观，很难把握与异性交往的度，所以很容易因过度交往或不适当交往而给自己带来烦恼，进而影响正常的学习和生活。

面对青春萌动的孩子，压与堵都不是良策，明智的做法就是疏与导。如果我们旁敲侧击地引导孩子，也许能够给他留有更多的思考余地，从而让他从心底里接受我们的话。

最近，12岁的女儿总是把自己关在房间里打电话，妈妈觉得她有些奇怪。后来，妈妈从班主任那得知，女儿和班上的一位男生关系比较亲密，好像是早恋了。

妈妈假装无意地对女儿说："我今天和你们班主任聊天，听说你们班有人谈恋爱了，是真的吗？"

"对啊！我看他们在一起还挺快乐的。"女儿答道。

"快乐也许只是暂时的，如果两个人恋爱不能建立在自爱的基础上，是无法很好地发展下去的。"

"什么是自爱？"

"一个人只有真正懂得爱自己，拥有健康的身体、快乐的情绪、正确的人生观，才会引起他人的欣赏。如果一个人不懂得自爱，身体很差，精神颓废，人品也不好，你会欣赏、喜欢他吗？"

女儿摇摇头，说："我怎么会喜欢那样的人呢？"

"所以说，真正的爱是建立在自爱的基础上。"

女儿听了妈妈的话，一副若有所思的样子，妈妈知道她在认真体味这些话，在重新思考自己面临的情感问题。

面对女儿的早恋问题，这位妈妈没有当面质问她，而是从侧面作出评论，并让她认识到"爱是建立在自爱的基础之上的"道理。

总之，一旦孩子进入了青春萌动期，我们就要充分了解他在这一时期的生理、心理发育特点，用平和的心态、科学的方法引导他顺利度过这个躁动不安的时期，让他留下一份属于自己的美好回忆。

尊重而非镇压孩子的情感

当我们发现孩子有早恋的苗头时，很多父母都会"如临大敌"，阻止孩子与异性朋友的正常交往，甚至采取过激的举动，伤害他的自尊心。结果，"罗密欧与朱丽叶效应"很可能会在孩子身上上演。

所谓"罗密欧与朱丽叶效应"，就是当两个人的爱情遭到了外在力量的极力阻碍时，反而会使他们爱得更深、更强烈，使恋爱关系变得更牢固。

所以，我们一定不要镇压孩子的情感，而是要尊重他的情感，用他易于接受的方式给予引导。比如，我们可以和孩子聊聊自己在这一年龄段时的所思所想，适当和他聊聊自己的恋爱情况；也可以和他讲讲一些伟人、名人是如何处理青春期的情感和学业之间的关系的。在交流的过程中，我们要引导孩子明白，青春萌动属于正常现象，而恋爱是责任的开始，同时也要让他意识到早恋的不成熟之处和各种危害。如此一来，孩子就会更深刻地认识青春萌动期的情感问题。

另外，我们要鼓励孩子多交朋友，多参加集体活动，从而开拓他的生活空间，发展他的兴趣爱好，一方面可以使他过剩的"青春能量"得到有效利用，另一方面可以消除他对异性的神秘感。同时，我们还要教孩子与异性相处的基本礼节，从而提高他与异性交往的能力。

及时向孩子传递正确的恋爱观

无论孩子是否早恋了，我们都应该寻找合适的机会，及时向他传递正确的恋爱观。我们要让孩子明白，美好的爱情绝不是情感的冲动，而是在经历了"相识、相知、相惜、相爱"的过程之后建立的在一定经济、阅历基础之上的成熟情感。而且，真正的爱情不是无节制的索求，而是一种发自内心的付出，是彼此理解、鼓励、支持、包容。

同时，我们还要告诉孩子：你目前的状况不足以承担起爱情、家庭、生活的重任，不妨把这份美好的情感珍藏在心底，等到青春的翅膀变硬了，青春的肩膀更宽了，再让它发芽、开花、结果。

当孩子建立了正确的恋爱观之后，相信他会对此有所思考和感悟。

给予孩子足够的关怀和爱

孩子会因为各种原因在青春萌动期发生早恋，而最重要的一个原因就是他无法从我们这里得到关怀，便只好去别处寻找温暖。尤其是在夫妻关系不和或亲子关系紧张的家庭，孩子更会把情感寄托投向外界。

对此，我们要给孩子营造温暖、和睦的家庭氛围，和他建立亲密的关系，及时满足他的精神需求，让他感受到被尊重、被理解。只要孩子能够在家庭中得到温暖，能够在我们这里得到关怀和爱，早恋的几率自然会大大降低。

第四章　放下架子，
"蹲下来"做父母

我们对待孩子,都是"含在嘴里怕化了,捧在手心怕掉了",简直比自己的生命还重要。然而,很多父母虽然爱孩子,却放不下做家长的"架子",以致与孩子的沟通十分困难,事倍功半。要知道,教育关乎孩子的一生,比所谓的做家长的"架子"要重要得多。让我们试着放下架子,站在与孩子同等的高度,引导他更健康、快乐地成长。

31. 放下我们做父母的架子

如果你的上司整天端着架子对你指手画脚,每天不是批评就是责骂,你会尊重和信服他吗?答案肯定是不会。我们面对孩子的时候也是一样,如果他因为我们的架子而不得不听话,不得不低头,那我们的教育就是失败的。孩子的这些"听话"、这些"低头"都只是暂时对我们"权威"的屈从,并不是真心实意地信服和听从。

> 雨婷上小学 2 年级了,妈妈要求她每天晚上都得看一个小时的书。
> 有一天,雨婷像往常一样坐在桌子旁心不在焉地翻书,耳朵却听着客厅电视里传出的动静。后来,雨婷实在忍不住了,就跑到客厅和妈妈一起看电视,妈妈见了很不高兴,说:"去去去,你回房看书去,看什么电视啊!不许看了啊!"
> 雨婷表面上答应了妈妈,心里却很不服气:"就知道对我摆架子,不许干这、不许干那的。凭什么你可以看电视,我就不能看?而且我作业都做完了,也不让我休息一下。哼!我偏不看书,不让我看电视,我就看漫画!"
> 于是雨婷拿了本漫画看起来。

看看,我们想用自己的权威逼孩子就范,结果却让孩子学会了"阳奉阴违"。也许有的父母认为:孩子是我生的,是我给他提供了优越的成长环境,他凭什么不听我的?于是,我们像高高在上的"统治者"一样,无视孩子的尊严,不管他是否理解,是否心悦诚服地接受，强行把自己的想法加诸在他身上。

这样的"不平等"教育方式又怎能让孩子尊重我们，对我们心服口服？要想让孩子发自内心地尊重我们，我们首先要做到理解、尊重、关爱和宽容孩子。而强行端起父母的架子，不仅达不到教育的效果，还会对孩子的成长造成不利的影响。

德国教育家黑尔加·吉尔特勒说过："如果你放弃权力，放弃你的优越感，那么你得到孩子的信任和尊敬的机会就更大！"我们如果能放下架子，主动和孩子站在同一条水平线上，而不是高高在上、板着脸说教，就一定能得到孩子真正的尊重，而不是表面的屈服。

别再对孩子大吼大叫

很多时候，我们总是不能自控地对孩子大吼大叫。要求孩子做一件事的时候，我们大声地命令他；孩子不听话的时候，我们大声地斥责他……孩子虽小，但是也有自尊，我们这样不管不顾地一通责骂，只会让孩子更加反感。

这种方式或许一开始能让我们对孩子的教育收到成效，因为孩子迫于我们的权威，不得不低头。但这只是暂时的，久而久之，孩子不再理会我们的大声责骂，对我们的命令也视若无睹。这时，我们开始觉得束手无策，不知道该怎么教育不听话的孩子。既然这样行不通，我们何不换一种教育方式呢？

当我们想要孩子做某件事时，放下我们那高高在上的架子，用柔和的语气问问孩子："你愿不愿意帮我做那件事？"这可以让孩子抵触和逆反的心理有所降低，有利于我们的沟通。当孩子做错时，我们可以试试用心平气和的语气批评孩子，因为，这不仅可以集中孩子的听力，还能降低孩子的反抗情绪。而大吼大叫不仅不能让孩子认识到错误，反而会引起孩子更剧烈地反抗。

既然不吼不叫也能达到我们的教育目的，同时还能保持和孩子之间的良好关系，我们为什么还要用那种伤害孩子自尊的方式呢？

平等、真诚地对待自己的孩子

孩子不愿意向我们吐露心声，喜欢和我们对着干，在我们责备孩子不听话的时候，应先想一想自己是不是总摆着一副长者的姿态动辄训人。孩子虽然年龄不大，但也有自尊心，如果我们总是居高临下地责骂他，就永远也跨不过横在我们和孩子之间的那道鸿沟。

现在的孩子更希望我们能平等、真诚地和他交流。而我们，只需要放下自己的架子，在孩子玩耍时，蹲下身子和他们一起玩耍，一起快乐；在孩子不开心时，仔细聆听他的烦恼；在孩子获得进步时，分享他成功的喜悦……当然，我们有烦恼也可以拿出来和孩子一起商量，你会发现，孩子很乐意为我们排忧解难。

只要我们能放下架子，平等、真诚地对待他，就能逾越那道鸿沟，走进孩子的心灵。

放下架子不等于放弃尊严

在街边，一位妈妈正揪着孩子的耳朵诉着苦："我辛辛苦苦把你拉扯大，供你读书，我容易吗？你不感激就算了，还到处惹事，你到底想怎样啊？算我求你，你别给我添麻烦了……"

妈妈不停地在骂孩子，后来甚至给孩子跪了下来，哀求孩子一定要争气。过路的人们纷纷劝解，可那个孩子却无动于衷，依然把手插在裤兜里东张西望。

我们要放下架子和孩子平等相处，这没有错，但很多父母矫枉过正，什么都迁就孩子，甚至放弃了自己的尊严。就像案例中的那位妈妈，也许有的父母会觉得那孩子太没良心，但我们有没有想过，如果我们自己连起码的尊严都没有，又怎能祈望得到孩子的尊重呢？

因此，虽然我们不能在孩子面前摆架子，但起码的尊严还是要保持，要让孩子懂得什么是对，什么是错，什么该做，什么不该做。

32. 不要总是在孩子耳边唠叨

"唠叨"一词，在《新华字典》中的解释是："说话写文章啰嗦，不简洁。"我们认为自己的唠叨倾注了对孩子的爱，却不知道，没完没了的唠叨只会让孩子觉得心烦。最后不但起不到教育的效果，反而产生了很多负面影响。我们与其成为一个唠唠叨叨的"碎嘴婆子"，不如改变一下自己的方法，将唠叨改为对孩子的引导，一定能起到更好的作用。

每天早上，妈妈总是为陈宇准备好早餐，并准时端上餐桌，然后开始一遍又一遍地叫陈宇起床。而陈宇总是拖了快半小时才懒洋洋地爬起来。当陈宇匆忙洗漱完后，就开始以最快的速度吃早餐。这个时候，妈妈又开始唠叨："看看你，把什么都弄得乱七八糟，老是让我跟在你屁股后面收拾。"

陈宇默默地低头扒着饭，没理会妈妈的唠叨，于是妈妈又说开了："每次说你都爱听不听,早上起床也要喊破喉咙你才动。看看,饭凉了吧?还吃那么快,小心噎着了。要是你一早听我的,还用得着这么狼吞虎咽吗?要不是我叫你,你一准儿得迟到……"

陈宇对妈妈的话是左耳进,右耳出,同时加快了自己进食的速度,然后抓起书包赶紧往外跑。妈妈追在身后喊着:"别着急啊,吃这么点怎么行啊?一会儿上课该饿了。东西都带齐了吗?没落下什么吧?哎,怎么越走越快啊,慢点走……"

相信我们很多家长都在无意中成为了那让人厌烦的"唠叨婆",每天不断地叮嘱、提醒,甚至抱怨孩子;每天总是将类似的话重复很多遍……就像一只苍蝇,一直盘旋在孩子的耳边。孩子被我们折磨得焦躁不安、心烦意乱,这样又如何能进入到正常的学习状况?

其实,我们每天的叮嘱无非都是些陈词滥调:"吃饭别太快了"、"上课要认真啊"、"不要和同学吵架"……我们这么"唠叨"就是为了让孩子听进心里,接受教育,然而这样反反复复说着同样的话,只会让孩子产生厌烦的心理,变得更不在乎,根本不会将我们的话放在心上。那我们这样的"唠叨"又有什么意义呢?

因此,我们不要只怪孩子不听话,而是应该静下心来想一想,如何才能真正教育好孩子。

给孩子自主选择的权利

我们总是会强硬地给孩子下个命令,然后靠不停地唠叨来督促孩子完成,我们以为这样"耳提面命"孩子下次就能做好这件事,可下一次孩子依然如故,仍然需要我们的督促。我们不妨换一个方式,给孩子自由选择的权利。

比如,当我们想让孩子自己收拾房间的时候,有的父母习惯直接命令:"你必须把房间收拾好!"这么说孩子通常都充耳不闻,仍然做自己的事情。但是如果我们对他说:"晚上有空,就把自己的房间收拾一下,好吗?"这样说,就能给孩子喘息的空间,让他不那么反感,以致产生逆反心理。

当我们适当放手后,就会发现孩子自觉自愿做的事情,积极性和兴趣都会很高,根本不需要我们跟前跟后地提醒和督促。

"叮"要"叮"在点子上

对于孩子的事情,我们总是事无巨细地反复强调,恨不得把嘴牢牢"叮"在孩子身上,就像案例中的妈妈一样,起床、吃饭、走路、睡觉等等,什么都要叮嘱。话说的虽多,但都没说到点子上。孩子理解不了,而且说得多了,他会有厌烦、叛逆的心理。

我们白费了那么多口舌,却一点成效都没有。

其实有的事情我们没必要反复叮嘱,比如按时起床这样的问题,孩子迟到受到老师批评后,自然会自己想办法解决问题。我们要做的是尽量用孩子能听懂的、不至于厌烦的简单话语,告诉他事情的前因后果,让自己斟酌着做这些事。

这样,孩子不仅能听进我们的话,还能提出自己的意见和见解,并快乐地去按"自己的意见"实施。

做孩子安静的避风港

就快要期末考试了,因此晓芸最近的学习都很紧张,每天都要做很多习题。

一天放学后,晓芸拖着疲倦的身体回到家,刚往沙发上一坐想休息一会儿,结果被妈妈看到了。妈妈不分青红皂白就开始说她:"一回来就坐那儿,还不赶紧把作业给做了,还有你的功课,复习了吗?这都快考试了,也不见你着急,我看你能考出个什么成绩!"

晓芸听了无奈地坐到了书桌前,拿出了自己的课本,妈妈这才停止了唠叨。其实,晓芸并不是不想写作业和复习,只是太累了,想安静地休息一会儿。可她却没把这些告诉妈妈,因为她怕引起妈妈更多的唠叨。

试想一下,如果我们在孩子学习的时候,不停地说:"作业得赶紧做,不然写不完"、"课本一定要认真看,不然考不好"、"一会儿休息一下,劳逸结合"……尤其是孩子快考试的时候,有的父母更是操心,围着孩子唠叨个没完。这样孩子能好好学习吗?

虽然我们的出发点都是为了孩子,但是唠叨得越多,孩子的抵触情绪越大。因此,我们应该少说多听,当孩子最好的倾听者,还他一个安静、轻松的学习环境。

33. 允许孩子给父母指错

儒家经典《孝经·谏诤》中有这么一句话:"父有争(同'诤')子,则身不陷于不义。"就是说如果孩子能指正父母的错误,父母就不会陷于不义之中。如果孩子能直言指出我们的错误,我们为何不敞开心胸接纳劝谏呢?这既能让孩子更加信任、尊重我们,也能让我们在人生的道路上免于行差踏错。

一位妈妈牵着八九岁女儿的手站在十字路口,妈妈左右看了看,发现路上没什么车,于是牵着女儿准备过马路。可是女儿站在原地不动,还拉着妈妈不让她过马路,原来,现在是红灯。

　　女儿对妈妈说:"妈妈,老师都告诉过我们不能闯红灯。"

　　"没关系,现在路上没车呢,走吧!"

　　女儿义正词严地告诉妈妈:"您这样是不对的,'红灯停,绿灯行,交通规则要记清',书上都是这么写的。"

　　看到周围的人都望了过来,妈妈脸都红了,但是,她还是停了下来,而周围准备闯红灯过马路的几个人也停住了脚步。

　　也许这位妈妈当时会觉得很没面子,但想通了后一定会感谢女儿,因为每年都有很多人因为不遵守交通规则而丧生。试想一下,如果妈妈当时没有接受女儿的批评,而是硬拉着女儿闯红灯,会有什么后果呢?可能这一次不会发生交通事故,但女儿以后可能也会像妈妈一样闯红灯,也许某一次就会发生意外。

　　而案例中的妈妈接受了女儿的批评,并且改正了自己的错误,这样做会让女儿也效仿妈妈对待错误的正确态度。正如《弟子规》中的一句话:"善相劝,德皆建,过不归,道两亏。"也就是说,如果我们能允许孩子给我们指错,那么我们和孩子的德行都会随之提升,如果我们不接受孩子对我们的批评,那我们和孩子的德行都会有缺失。

　　因此,我们不仅要允许孩子指出我们的错误,还要勇于接受并改正。

不要责骂给我们指错的孩子

　　当孩子对我们说"妈妈,您做得不对"、"爸爸,您不可以这样做"的时候,我们大部分做父母的第一反应都是恼羞成怒,接着开始大声责骂孩子:"你才多大,自己的事情还没解决就来管我!""一边儿去,小孩子家的懂什么!"……

　　也许父母的这些话是为了掩饰自己的羞恼或是维护自己在孩子心中的形象。但这样的指责无疑是在告诉孩子:"我们永远都没有错,错的是你,就算我有错,也轮不到你来批评。"我们这样做,又怎能教育孩子呢?

　　也许我们一时无法接受孩子的指正,觉得他的指正让我们很丢面子,但我们不要因此而大声责骂孩子,也不要立刻反驳孩子。即使我们不确定孩子的指正是否正确,无法立刻接受孩子的指正,也不要狡辩,因为如果孩子是正确的,那么我们的狡辩就会误导他的判断力。

　　这种情况下,我们可以保持沉默,或者告诉孩子:"也许你说的是对的,我会好好思考一下。"这远比直接反驳和狡辩要有效得多,而且这样做才能赢得孩子的尊敬。

虚心接受孩子的批评

正所谓"福在受谏",一个人如果有雅量去接受别人的劝谏,不管对方是七旬老者,还是三岁儿童,都能虚心接受,那么他一定是个有德行、有福气的人。因此,对于孩子的劝谏和批评,我们一定要虚心接受。

当孩子正确地指出了我们的错误时,我们应该对他说:"谢谢你,是我做得不对,下次我一定会注意的。"当然,孩子的指正不是每次都正确,当他对我们有误会时,我们应该先认真地听孩子说完,然后再和他一起分析、讨论其中的道理。这样做能让孩子有更清晰的是非观,同时也能让我们赢得孩子的信任。

教孩子正确的劝谏方法和态度

《弟子规》中说过:"亲有过,谏使更,怡吾色,柔吾声。"父母有错,孩子要为其指出来,但是一定要注意方法和态度。人们通常很难接受别人大声吼叫、傲慢无礼的劝谏方式,所以要教孩子用"怡吾色,柔吾声"的方式劝谏,也就是教孩子在劝谏的时候态度要和颜悦色,语气要轻柔。

要让孩子做到"怡吾色,柔吾声"地劝谏,首先我们自己在平时说话的时候要注意保持温和的态度,只有在这样的语言环境中,才能让孩子做到柔和地劝谏我们和他人,这也有利于孩子人际关系的发展。

要注意的是,如果别人没接受孩子的劝谏,我们要引导他不能因此而有怨言,要告诉孩子:"正己而不求于人,则无怨。"意思是说,端正自己而不苛求别人,就不会有抱怨了。如果孩子能努力地管好自己而不苛求别人,他就不会对别人有怨言。而且,这未尝不是一种很好的劝谏方式,因为身教比言教更有效。

34. 做错了也要向孩子道歉

我们常常教育孩子:做错了事情要勇于承认,还要知错能改,这才是好孩子。孩子做到了,可我们自己呢? 在我们错怪孩子、失信于孩子的时候,我们有没有跟他说声"对不起"? 相信很多父母都不会对孩子承认错误,甚至还会自己辩解,掩饰错误。我们在乎的是自己的面子,还有所谓的家长尊严,而孩子在乎的只有我们对他的态度。

张涛家买了个新鱼缸,里面养了两条小金鱼,张涛没事就围着鱼缸转。

一天,妈妈回家发现鱼缸被打破了,鱼缸里的小金鱼也不见了。妈妈认为是张涛打破的,他平时那么好动,又老围着鱼缸转,不是他是谁?于是劈头盖脸地骂了张涛一顿。

可是张涛一直不承认,妈妈一气之下打了张涛,这下张涛更是委屈得大哭起来。晚上爸爸回家见张涛低着头坐在椅子上,也不理人,觉得奇怪,平时一回家他就冲过来开门的,今天怎么这么安静?一问原因,爸爸赶紧跟妈妈解释:"你误会了,鱼缸其实是我今天早上拿东西的时候不小心弄破的,根本不关张涛的事。"

妈妈一听,还真是错怪了张涛,可是她又拉不下面子向张涛道歉,就对他说:"虽然这次不是你打破的,你平时可没少搞破坏,以后可要多注意了。"没想到她说了这句话后,张涛很长时间都没再和她说过一句话。

"己所不欲,勿施于人",我们在被人冤枉、误解的时候都会觉得很痛苦,为什么现在却要将这份痛苦施加在孩子身上呢?其实孩子需要的仅仅是一句:"对不起,我错了!"《左传》中说过:"人非圣贤,孰能无过! 过而能改,善莫大焉。"犯错并不可怕,可怕的是错了却不肯承认,还不断地掩饰。

美国心理学家罗达·邓尼说过:"父母做错,或违背自己许下的诺言时,如果能向孩子说一声'对不起',可以帮助孩子建立自尊,同时也能培养孩子尊重他人的习惯。"如果我们坚持不向孩子道歉,也许维护了一时的"尊严",却让孩子受到了莫大的伤害,也失去了孩子对我们的信任和敬重。

可见,我们犯不着为了自己的面子而因小失大,让孩子的人生变得灰暗。只是一句简单的"对不起",换回来的却是孩子的快乐,我们为什么不试一试呢?

学会对孩子说"对不起"

爸爸早上赶着上班,一时没注意,把欣欣给撞倒了。欣欣撅着嘴说:"爸爸,你撞到我了。"爸爸说:"我不是故意的,你看,爸爸正赶时间呢!"

"可是爸爸,你确实撞到我了,你看看我的额头,都被你撞疼了。"

爸爸一看,欣欣的额头真的磕红了,于是抱了抱欣欣:"对不起,是我太不小心了。"

欣欣听了笑着对爸爸说:"爸爸,我没事了,不疼了,您去上班吧。"

看看,如果我们真的做错了事,那么辩解在孩子面前完全起不到作用,反而给孩子树立了逃避错误的坏榜样。事实上,孩子更乐于接受我们简单的一句"对不起",这让孩子看到了我们的歉意,也看到了我们对他的尊重。可见,一句"对不起"胜过千万句辩解。

向孩子道歉要有诚恳的态度

有的时候,我们虽然是在向孩子道歉,却言辞含糊、轻描淡写,试图将事情草草揭过。孩子从我们这种态度中只能感受到不真心、不诚恳,这和没有道歉又有什么区别呢?

因此,当我们意识到自己的错误时,一定要及时、诚恳,心平气和地向孩子道歉,让孩子感受到我们的真心和诚意,这样才能让孩子获得最大的宽慰。

道歉要落实到行动上

如果我们对孩子说过"对不起,我下次不会再这样",那么就一定要落实到行动上。试想一下,如果我们在错怪了孩子后给他道歉,并告诉他下次不会再冤枉他,可是再次遇到同样或类似的问题时,我们仍然没改变自己的态度,那对孩子是多大的伤害啊!甚至给孩子做了"说话不算数"的反面榜样。

因此,我们一定要说到做到,将道歉落实到行动上,否则我们的道歉就没有任何意义。

不要毫无原则地向孩子道歉

我们能勇于向孩子承认错误是好事,但也不能毫无原则地向他道歉。有的父母为了取悦孩子,让孩子情绪稳定,就没有原则地自我否定:"对不起,都是妈妈的错,别哭了!""对不起,是爸爸太笨,忘了给你买故事书。"……

明明我们没有做错,却不停地对孩子道歉。这样只会丧失我们在孩子心中的威信,让我们在孩子面前显得软弱无能,这将导致我们无法开展对孩子以后的教育。因此,我们道歉也要有的放矢,要让孩子在道歉中感受到我们对他的尊重,同时明白为人处世的道理。

35. 尝试宽容犯错误的孩子

在孩子的成长过程中,难免会犯错误,法国作家罗曼·罗兰曾说过:"人生应当做点错事。做错事,就是长见识。"世上没有不犯错就能成长起来的人。孩子的成长过程其实是不断犯错又不断改正的过程,而我们要做的,就是多给孩子一些宽容和理解,引导他一步步从错误走向正确,走向成功。

陆晨的爸爸花了十几年积蓄，终于在市中心买了一套新房子。装修完后，一家人欢天喜地地搬进了新家。

　　有一天，陆晨上完绘画班回家，看到家里白光光的墙壁，突发奇想：墙壁上什么都没有，真难看！如果我在上面画一幅画送给爸爸妈妈，他们见了一定会很高兴。想到就做，陆晨拿出了他的绘画工具，认真地在墙壁上画起来。

　　爸爸下班回到家，看到新墙壁被陆晨画得乱七八糟，心里别提有多心疼了。他一怒之下，顺手拿起一把椅子狠狠砸向了陆晨。等爸爸恢复理智时，陆晨已经头破血流地倒在地上……

　　当陆晨在医院的病床上醒来后，怯怯地看着爸爸说："我知道错了，我只是想把那幅画送给你们当礼物，我以后再也不敢了。"

　　爸爸看着陆晨的头部，听着他童稚的话语，后悔得失声痛哭起来……

　　这个事例真是让人觉得万分心痛，孩子一个小小的错误，竟换来这么大的代价！墙壁可以重新粉刷，可孩子纯洁的心灵呢？很多时候，孩子的一些犯错都是出于一片好心，可是好心办坏事，这并非他所愿。

　　孩子并不明白自己的好心也许会给我们造成伤害，但是，我们却不能宽容对待孩子这种没有恶意的失误，甚至严厉得责罚他。这对孩子而言，无疑是一种很大的伤害。

　　当孩子犯错的时候，如果我们一味地批评和责骂，只会让他感到恐惧，却并不知道反省，甚至还会用撒谎的方式隐瞒我们，以逃避责罚。

　　古人云："攻人之恶勿太严，要思其堪受。"意思是，对待别人的过错不可过于严厉，要顾及对方是否能承受。因此，对待孩子犯的错误，我们要保持宽容的心态，这样不仅可以宽慰孩子的心，还能让他在我们的宽容中吸取经验和教训，同时也能避免他养成说谎的坏习惯。

给孩子一个解释的机会

　　我们"望子成龙"、"盼女成凤"，因此对孩子总是过分严厉，要求他必须做到事事完美。一旦孩子犯了哪怕一丁点错误，等待他的是劈头盖脸的责骂，孩子甚至连解释的时间都没有。就像案例中陆晨的爸爸一样，如果他当时能冷静地听一听孩子的解释，就会知道孩子的初衷是好的，他做错的事情其实是情有可原的。

　　我们总是在错怪了孩子后埋怨他："怎么不早说呢？早说我就不会错怪你了。"可是我们想没想过，自己究竟有没有给过孩子解释的机会？相信很多父母都是直接用责骂和惩罚堵住了孩子的解释。时间长了，孩子就会对我们产生不信任感，甚至什么事都和我们对着干。

因此,在看到孩子犯错时,请先给孩子一个解释的机会,让孩子把事情的经过说清楚,我们再来下定论,不要一开始就给孩子"定罪"。只有这样,才能避免错怪孩子,才能让孩子心悦诚服地接受我们的教育。

学会在错误中发现孩子的优点

妈妈发现形形总是在学习的时候低头画着什么,每次走过她身边总是遮遮掩掩,不想让妈妈看她画的是什么。有一天,妈妈拿起形形的画,发现画中的人物正是龇牙咧嘴的自己。妈妈很生气,这不是对自己无声的抗议吗?

正准备发火,却发现形形害怕地看着自己。妈妈转念一想,要是责骂只会让她更害怕自己。于是妈妈忍住了火,笑着对形形说:"画得不错,如果再加工加工,一定会更形象。"形形听了很高兴:"妈妈,我真的画得很好吗?""是啊,不过如果你能在学习之余画就更好了。"形形听了兴奋得直点头。

从那以后,形形再也没在学习的时间画画,而是在学习过后才画,她不仅各门功课都学得很好,画也画得越来越好。

可见,我们对孩子的评价和态度至关重要,他是在我们的肯定或否定评价中认识自己,并寻找方向不断前进的。如果我们像案例中的妈妈一样,在孩子的错误中发现并赏识他的优点,就能让孩子获得愉快的心理体验,并产生激励的作用。

我们平时总能很容易看到孩子的错误,却很难从错误中发现孩子的优点。因此,我们要对孩子的犯错过程进行了解和分析,如果发现孩子是出于好意,那么就要赏识他良好的初衷;如果发现孩子在错误中显露出的优点,也不要吝啬自己的夸奖和鼓励。

这样才能让我们的孩子在愉悦的氛围中改正自己的错误,不断走向成熟。

宽容孩子不等于纵容孩子

对孩子的错误,我们要抱以宽容之心对待,但宽容也要有个度,如果我们对孩子犯的错误不闻不问,那不叫宽容,而是纵容。

我们所说的宽容,是指在孩子做错事后,以一种宽大的胸怀接纳孩子的过失,虽然不去计较追究,但一定要及时给孩子引导和提醒,并启发他找到改正错误的办法。而纵容则是对孩子的错误和不良习惯不加批评、制止,让孩子渐渐变得失去控制、一

怎样让孩子快乐成长

成长

错到底,这实际上是对其错误和不良习惯的鼓励。我们究竟该如何做,才能宽容而不纵容地对待孩子呢?

比如,我们看到孩子沉迷于电脑游戏时,不要对孩子不管不顾,也不能第一反应就打骂孩子,禁止他玩电脑。而是要耐心地告诉孩子事情的危害性,并和他一起制订用电脑和学习的时间,让他渐渐学会自我约束和自我控制。

凡事都有度,我们在教育孩子的时候,一定要宽严相济、松紧有度,对孩子的错误不能毫无原则地纵容,而是要以宽容的心态去引导他改正错误。

36. 不要对孩子一味地指责

我们总是为孩子的不听话而大伤脑筋,不明白为什么自己严厉的批评非但没有使孩子改正错误,朝着自己预期的方向健康成长,还让他渐渐变得叛逆、不服管教。孩子为什么会变成这样呢? 关键在于我们对孩子所持的态度。

如果我们不管碰到什么事情,都只会对孩子严加指责,肯定达不到自己想要的教育效果。教育孩子并不是只有"指责"这一种方法,只有在孩子接受的情况下,我们才能取得良好的教育效果,否则我们一切的指责都只是白费力气。

有一天,爸爸发现家里的金鱼都翻肚皮了,而且鱼缸里的水也变得又白又稠。爸爸觉得诧异:这是怎么回事? 早上出门的时候鱼还好好的,怎么现在都成这样了? 他闻了闻鱼缸里的水,有股牛奶的味道,他想,这肯定是程晨这臭小子干的,看我怎么收拾他!

爸爸把程晨叫了过来:"这鱼缸是怎么回事? 是不是你弄的?"程晨看爸爸严厉的样子,吓得躲在了妈妈身后,轻声说:"我把自己的牛奶给金鱼喝了,我……"

程晨还没说完,爸爸就骂了起来:"你怎么这么不省心啊? 家里的鱼你都不放过,你就不能消停一天吗? 天天给我找麻烦!"

妈妈瞪了爸爸一眼,让爸爸先别骂了,然后蹲下身问程晨:"告诉我们,你为什么要这么做?"程晨委屈地说:"您不是说牛奶有营养吗? 我想给小金鱼增加营养,让它长得更快。"

妈妈说:"你真有爱心,为了让金鱼长得更好,把自己的牛奶都让了出来。可是,小金鱼不爱喝牛奶,你在不知道的情况下就自作主张地给它喂牛奶,所以这些小金鱼都死了,是不是很可惜?"

程晨红着脸对妈妈说:"我错了,我不应该给小金鱼乱喂吃的。"妈妈拍了拍他的头,给程晨解释了不能喂小金鱼喝牛奶的原因。

由此可见,要让孩子认识到错误,并不只有责骂这种方法。如果我们像案例中的爸爸一样一味指责,不仅无法让孩子认识到错误,还会让他觉得我们不理解他。这样一来,我们和孩子的沟通自然无法进行下去。

研究表明,与肉体的处罚相比,我们对孩子动不动就破口大骂,更容易让他产生压力、心情紧张,甚至造成严重的心理问题。

因此,我们对待孩子应该多一分理解,多一分耐心,多一份关心,多一份尊重。这样,我们就会发现,每个孩子都有自己的"闪光点",只要我们懂得欣赏这些"闪光点",那么,我们和孩子之间的交流将会进行得更加顺畅,也更加愉快。

给我们的批评裹上一层"糖衣"

就像上述案例中的妈妈,在批评孩子之前先表扬了孩子的爱心,让他先尝到甜头,然后再恰当地指出孩子的错误,他会乐意接受这种带"甜味儿"的批评。因此,我们在批评孩子之前,先冷静下来,把将要出口的批评咽回去,不要急着发脾气,先给我们的批评裹上一层"糖衣",然后再给孩子讲道理。这时,我们会发现孩子变得越来越听话,也越来越优秀。

向孩子说明过失的后果

我们通常一见到孩子犯错就开始激动,不分青红皂白就开始数落孩子。这样一来,孩子的注意力就会全部集中在如何对抗我们的批评上,根本不会考虑自己的对错,也不会反思自己的行为。

与其这样,我们还不如向孩子说明过失的后果,调动他的情绪体验,让他明白自己究竟错在哪里。比如,当孩子把别人的书本弄破了,我们可以对他说:"如果别人把你心爱的故事书弄坏了,你会不会难过?"这样就能唤起孩子的同情心,同时也能让他开始反思自己的行为和过错,并渐渐改正。这样既不会伤害孩子,又能达到我们的教育目的,何乐而不为呢?

允许孩子偶尔有"出格"行为

孩子都有着强烈的好奇心,他对自己生存、成长的环境,乃至整个世界都充满了好奇,他总是突发奇想,有意无意地做出一些"出格"的事情。而我们通常用"越轨"、"搞破坏"等词来定义孩子的这种"出格"行为,并加以责备和限制。

我们不知道的是,孩子的这些"出格"行为往往是主动性和创造性的体现,而我们的限制行为无疑将孩子的创意扼杀在了框框里。因此,在面对孩子偶尔的"出格"行为时,我们要在批评他的同时因势利导地调动他的积极性和创造性,培养孩子面对挫折的勇气。

只要我们能走进孩子的心灵,对他进行正确的引导,那么"出格"的孩子也能成为人才。

用温和的建议代替粗暴的责骂

大多数孩子都惧怕我们的斥责,听到我们的高声责备,他也会变得态度强硬,蛮不讲理。但如果我们试着用和蔼的态度征求孩子的意见,并温和地开导与说服他,就能发现孩子会更自觉自愿地接受我们的教育。

因为温和的建议会让孩子获得心理上的安慰,孩子情绪稳定了,自然更乐意接受我们的教诲。可见,温和的建议比粗暴的责骂更有教育效果。

37. 注重身教,给孩子做榜样

英国教育家托马斯·阿诺德说过:"父母的言行就是无声的老师,自觉或不自觉的榜样,强有力地发挥着潜移默化的作用。所以要想取得理想的教育功效,父母一定要以身作则,时时、处处、事事都严格要求自己,成为孩子人生的好榜样。"

孔子也说过:"其身正,不令而行;其身不正,虽令不从。"也就是说,我们如果自身端正,做出表率,那么不用下命令,孩子也会跟着行动;相反,如果我们自身不端而要求孩子端正,那么即使是三令五申,孩子也不会服从。

外交部前部长李肇星的儿子李禾禾从小成绩优异,在 2001 年更是以年级第一的成绩从美国宾夕法尼亚大学毕业,后来又被哈佛大学工商管理学院录取。对于李禾禾所获得的成功,妈妈秦小梅女士认为身教的力量非常大。

在李禾禾 5 岁的时候,有一次,朋友给秦女士打电话,哭诉自己遇到的重大挫折,秦女士安慰朋友说:"别哭了,擦擦眼泪,没有解决不了的问题。"李禾禾看在眼里,记在心上。

一次,班上的小朋友哭闹着要回家,李禾禾想起妈妈对朋友说过的话,就走上去劝人家:"不要哭了,马上就星期六了,你很快就能回家见到爸爸妈妈。"一边劝,他还一边给小朋友擦眼泪。

还有一次,秦女士与朋友交谈时,多次提到了"谢谢"一词。第二天,当秦女士给李禾禾顺手递东西时,他认真对秦女士说了声"谢谢"。

通过这两件事,秦女士意识到了父母的言行对孩子有多么重大的影响。她认为,孩子很善于学习和吸收新东西,如果我们做父母的"行得正,坐得端",孩子就会很好教,甚至根本不需要我们特意去教。

确实是这样,就像孔子说的,只要我们自身端正,就算不用命令,也能让孩子行动起来。俗话说:"龙生龙,凤生凤,老鼠的儿子会打洞。"虽说世事无绝对,但这句话在一定程度上证明:我们是什么样,孩子也会跟着变成什么样,我们就是孩子的方向和榜样。

正如俄国文学家列夫·托尔斯泰所说:"教育孩子的实质在于教育自己,而自我教育则是父母影响孩子最有力的方法。"我们是孩子一生的老师,只有我们以身垂范,才能给孩子做出人生的好榜样,教育孩子才能变成一件很简单的事情。

在孩子面前,一言一行都要注意

我们总是埋怨自己的孩子不讲卫生、不讲礼貌、乱花钱……这时候我们有没有想过:自己让孩子看到的是什么?我们让孩子看到的是自己乱丢垃圾,随地吐痰;对别人斤斤计较、破口大骂;把钱都花在服饰、美食、玩乐上,极尽奢华……

我们连自己都无法做到那些标准,又怎么去苛求孩子做到呢?所以从现在起,我们对自己的一言一行都要加倍注意,一定要严于律己,约束自己的行为,尤其是在孩子面前。

我们与其将钱花在吃喝玩乐上,不如带着孩子一起做做力所能及的慈善;平时与别人交往的时候心平气和,不要动不动就和人吵架……只要我们时刻注意自己的一言一行,一举一动,并及时调整,就能潜移默化地影响孩子,让孩子成为我们所希望的样子。

注重自己的内在修养

我们想让自己的孩子成为内外兼修的人,但孩子似乎总是差强人意,不是这里做得不好,就是那里做得不够。其实,我们应该先反省一下自己:当我们要求孩子积极上进时,我们做到了吗?当我们要求孩子勤俭自律时,我们做到了吗?当我们要求孩子成为一个品德高尚的人,我们做到了吗?……

其实要提升我们的内在修养并不难,一句话:"勿以善小而不为,勿以恶小而为之。"这句话概括了做人的道理:不要认为好的小事就不去做,不要认为坏的小事就去做,坏事再小我们也不能去做,而好事再小,我们也得去做。

如果我们能坚持这么做,其实就是对自己内在修养的提升。久而久之,孩子看到的就是"坚持不懈、顶天立地"的爸爸、"品格高贵、勇敢坚强"的妈妈。在孩子的眼中,我们是有着很多闪光点、值得尊敬和爱戴的好父母,孩子以这样的父母为荣,自然愿意向我们学习。而我们这种积极向上的精神风貌,也会让孩子学到了做人的真谛。

帮孩子树立正确的人生观

有一个孩子和妈妈一起坐在公交车上,突然,他发现有个小偷正在掏别人的钱包,孩子赶紧告诉妈妈:"妈妈快看,那个人在偷别人钱包!"妈妈瞟了眼小偷,慌张地对孩子说:"别胡说,那个叔叔正跟人家闹着玩儿呢。"

案例中的妈妈因为害怕小偷的报复,完全混淆了是非、善恶的观念,这也将导致孩子是非、善恶不分,甚至走上歧路。这对孩子的人生造成了多么恶劣的影响!

在孩子的成长过程中,对于好坏、是非并没有清晰、明确的概念。如果我们说谎,他也不会成为一个诚信的人;如果我们不孝顺父母,也别指望他将来孝顺我们……孩子的人生观和价值观完全是从我们的言行中获得的。

因此,要让孩子有正确的人生观,首先我们自己要树立正确的人生观,这样才能帮助孩子明辨是非。

38. 一诺千金,说话要算数

孟子曾说:"车无辕而不行,人无信而不立。"一个人如果没有信用,就无法在这个社会上立足。可见,诚信关乎着一个人的未来。《弟子规》中也提到"凡出言,信为先",就是告诉我们,凡是开口说话,就要讲信用,自己说出来的话要放在心上,答应他人的事也一定要办到。尤其是对于孩子,我们一定要做到说话算数。如果我们轻易地答应孩子的要求,事后又做不到,甚至忘得一干二净,就会失去孩子对我们的信任,同时还会给孩子树立一个不良的示范。因此,我们在对孩子作出承诺的时候,一定要谨言慎行、量力而为。

菲菲想出去找小伙伴玩耍,妈妈说:"把作业做完,你就可以出去玩了。"菲菲听了妈妈的话,开始认真做起了作业。好不容易把作业写完,菲菲刚要站起来,妈妈又说:"等等,你还没复习呢!复习完再出去玩。"

这下菲菲生气了:妈妈不是答应过她作业写完就可以出去玩了吗?我

都认真写完作业了，怎么又给我派新任务了啊？于是她冲着妈妈嚷道："不行！我现在就要出去玩，你都答应了我的，怎么这会儿又变卦了？"

"我什么时候答应你了？快去复习去！"

"妈妈，你不守信用！我下次再也不会相信你了！"

菲菲气冲冲地跑回了房间。

古人云"君子一言，驷马难追"，这不仅是对孩子的要求，更是对我们的要求。我们总是要求孩子说话要算数，可我们自己是否恪守了这个要求呢？是不是像菲菲妈妈这样，对孩子的请求随便答应？或者干脆搪塞过去？

这种具有欺骗性的承诺，会让孩子不再信任我们，甚至他以后也做不到诚信待人。孩子会觉得自己答应我们的要求，认真做好也没用，反正我们不会兑现承诺。长此以往，孩子会学着我们的样子，说到却做不到，养成说谎或言而无信的坏习惯。

因此，我们答应了孩子的事情，就一定要做到。如果因为特殊情况无法对孩子履行承诺，也一定要道歉并说明原因，同时还要找机会弥补这次缺憾。这样我们才能获得孩子的信任和敬重。更重要的是，我们给孩子树立了一个诚信的好榜样。

不要随口答应孩子的请求

我们常常认为孩子还小，什么都不懂，所以为了让孩子达到某个目标，就随口答应孩子的请求，甚至有时候根本没听清楚孩子的请求，就一口答应，事后却忘得一干二净。我们没把自己说过的话放在心上，但孩子却不会忘记。

孩子经过一番努力达到了我们所订的目标，而我们却没有实现当初的承诺，这样的做法又怎能不引发他对我们的"信任危机"呢？甚至还会让孩子为了报复我们的"不守信"行为而不再好好学习。

因此，对待孩子的要求，我们应该先考量一下自己的能力和兑现的可能性。如果是超过了我们能力范围，没办法兑现的事情，那么就不要轻易答应孩子，如果答应了，就一定要兑现。比如，我们答应了周末带孩子去公园玩，就一定要去，别把孩子不当回事。

不要随便哄骗和吓唬孩子

还有，我们也不要随便哄骗和吓唬孩子。平时为了制止孩子不听话的行为，我们总是会使用一些哄骗、吓唬的语言。比如，"你要是听话，我就给你买遥控汽车。""你要是不听话，我就把你丢到深山里自生自灭。"……我们真的打算给孩子买遥控汽车吗？只是哄哄他而已。我们更不会把孩子丢进深山，那不过是恐吓的手段。

不要小看这些小细节，如果我们经常这样做，就会丧失我们在孩子心中的诚信。

但是如果我们平时能多注意，不轻易说出这些哄骗、恐吓的话语，就能在无形中帮孩子建立诚信的意识。

如果无法兑现承诺，要向孩子道歉

因为我们的承诺，孩子克制了自己想出去玩的心思，费了一番努力，终于达到了我们的要求。如果这时我们无法兑现承诺，对孩子是个很大的伤害，他付出的努力越多，受到的伤害就越大。因此，我们要放下手中的事情，立即去兑现对他的承诺，尽量不要拖延。

如果因为一些特殊原因，实在是无法兑现，那么一定要向孩子道歉，并耐心给他讲明原因，获取孩子的谅解。而且，我们要在第一时间弥补对孩子的亏欠，这样才不会让孩子觉得失落，他在以后才会信任我们。

适当增加精神许诺的比例

我们对孩子的许诺有物质上的，也有精神上的。但是要注意物质许诺要尽量少用，因为这会滋长孩子虚荣、自私的不良习性。所以，我们应该尽可能地增加精神许诺的比例。比如，我们可以多许诺给孩子买书，带孩子看画展，带孩子去参观博物馆、科技馆，等等。这样的许诺既可能开阔孩子的视野，又能调动他学习的积极性，同时也能丰富他的精神世界，提升他的内涵，这样一举多得的好方法，我们为什么不积极去用呢？

言传身教，在孩子心中植入诚信意识

我们对孩子最好的教育方式就是身教，用我们平时的一言一行去潜移默化孩子。所以我们平时答应了别人的事，要及时兑现；做不到的事情绝不应承；与别人约会一定要守时，不要迟到……

此外，我们还要做到表里如一，不能做一个虚伪的人，当面一套，背后一套。这样不仅能让我们的人品得以提升，人生更轻松，也能让孩子学到我们好的为人处世态度，进而拥有快乐的人生。

39. 站在孩子的角度看问题

我们在与孩子沟通的时候，总是习惯将自己的观点强加到孩子身上，很少顾及孩子的想法。其实，孩子的世界与我们成人的世界截然不同，他对待事物的看法也

和我们不一样。因此,我们要想和孩子顺利沟通,就要站在他的角度考虑问题。这样,我们才能走进孩子的心灵,了解他的真实想法和需求。

一个周末的早上,妈妈一起床就对孟婷喊道:"婷婷,快起来,我带你去姨妈家玩儿。"喊完她就自己洗漱去了。可等她洗漱完,做好早饭,孟婷还没起床。妈妈着急了,都快到和别人约好的时间了,孟婷怎么还没起来啊?

于是妈妈赶紧去房间叫孟婷,见她还蒙着被子睡觉,就匆忙过去拉她:"快起来,我们要迟到了!"孟婷被妈妈拉出了被窝,不高兴地说:"妈妈,您还是自己去姨妈家吧,我不想去。"

"为什么啊?姨妈家多好玩啊,快起来,别任性了。"

"妈妈,我已经和同学约好了今天一起去买书的。"

"那你赶紧和同学说一声,下次再一起去。"

孟婷听了很生气:"妈妈,您为什么非要我去姨妈家啊?而且您又没有事先问一下我的意见,今天早上突然就要求我和你一起去,您有没有考虑过我的感受?"

妈妈听了顿时哑口无言……

我们平时在决定一件需要孩子一起参与的事时,是不是也直接下"临时通知",不管孩子有什么意见和想法,先独断地作出决定?虽然孩子扮演的是子女的角色,但他也需要我们的认同和尊重,需要我们平等地对待。我们只有把自己放在一个平等的角度和孩子交往,才能与他在沟通上产生共鸣。

正如美国教育家塞勒·赛维若所指出的:每个人观察、认识问题,都会有自己的视角和立足点。身份、地位不同,所得出的结论就不同。父母与子女间的年龄悬殊、身份各异是影响相互沟通的重要原因。若父母能站在孩子的立场上思考,一切都将迎刃而解。

多考虑一下孩子的感受

一天放学后,程楚气呼呼地跑回家中,把书包一放,对妈妈抱怨说:"今天陈伟把我的书给弄坏了,真是气死我了!"

妈妈说:"他弄坏了你的书,我想你现在一定很难过。"

"对啊,那可是您前两天才给我买的新书,我还没看完呢。"

"妈妈理解你的心情,不过,你也别太难过,我想陈伟不是故意的。书撕坏了我们还可以粘起来,但如果因为这件事破坏了你们之间的友情,那可就不好弥补了。"

程楚低头想了想，说："妈妈，我知道该怎么做了。"

当孩子受到了委屈，他最想得到的是我们的认同和理解。如果我们一开始就武断地下结论，认定孩子做得不对，不仅得不到他的信任和尊重，还会引起他的反感。

因此，我们不妨像案例中的妈妈那样，首先考虑孩子的感受，然后在认同和理解他感受的基础上给予他引导和帮助。这样才能收到更好的教育效果。

用心去了解孩子的世界

只有先用心地了解孩子的世界，我们才能站在孩子的立场去思考问题。然而，很多父母并不了解自己的孩子，不了解他的想法，也不了解他的做法，只是想当然地让孩子按自己的命令行事，替他作决定。这样我们又如何能找到孩子的立场和角度？更不用说站在他的角度去看问题了！

因此，当我们想要孩子做某件事前，不妨先听听孩子的想法。我们可以问问孩子："你是怎么想的？说出来听听。"只有先学会了倾听孩子的心声，我们才能走进孩子的内心，否则，我们对孩子的教育只能是盲目和无效的。

当然，我们高高在上的姿态是无法让孩子完全敞开心扉的，而我们也难以真正了解孩子。只有当我们放下居高临下的姿态，"蹲下来"认真听听孩子的想法，才能完全了解孩子。而且这种做法不仅能让孩子感到受重视，也能迅速拉近我们和孩子的心灵距离。

抛弃成人的主观偏见

成人有成人的世界，而孩子也有孩子的世界。我们的世界充满了很多世俗的观念，而孩子的世界则是简单而纯洁的。我们习惯于将简单的事情复杂化，但这一套成人的做法显然并不适合对待孩子。

如果我们非要用成人的眼光和观念去对待孩子，一定会造成我们与孩子之间的沟通困难，影响我们之间的关系。因此，我们一定要放下自己的成见，试着用孩子的眼光和观念去看待问题，这样才能让我们更加理解孩子的一些想法和做法。

第五章 用沟通打造
和谐的亲子关系

沟通是一门艺术,要讲究方法和原则,而亲子沟通,则更需要多点智慧、多些技巧。良好而有效的亲子沟通,有利于我们走进孩子的内心世界,知道他在想什么,从而使我们与孩子之间的关系更亲近、更和谐,也对孩子的健康、快乐成长更有益处。

40. 尽可能多抽点时间陪孩子

在孩子的眼中,我们是他最有力的依靠,是他的天和地,他只有头顶蓝天、脚踏大地,心里才会觉得安全、踏实。所以,孩子会非常渴望我们的爱与陪伴,渴望能多与我们在一起做做游戏、聊聊天……

可是,我们平时却忽视了孩子的渴望和心理感受,常常因为工作、应酬等各种原因,而没有时间多陪陪他,甚至还经常将他一人放在家里。这会使孩子感到孤独和彷徨,没有应有的安全感,在家里也感受不到快乐。对于这种情况,有的孩子会木然接受,但却变得越来越孤僻,越来越不好沟通;有的孩子会想尽办法向我们提出请求,想让我们能多陪陪他……

曾经看到过这样一个发人深省的故事:

小男孩的爸爸工作很忙,每天都早出晚归,小男孩经常会连续几天都看不到他的身影。

这天,虽然已经很晚了,但小男孩还是坚持着没有睡觉,等待着爸爸的归来。当爸爸回到家后,他向爸爸问道:"爸爸,您工作一小时能赚多少钱?"

爸爸听后,很纳闷,但他还是认真地回答说:"20美元。"

男孩继续问道:"爸爸,您能借给我10美元吗?"

爸爸一开始以为男孩想要钱买玩具,没有答应他。于是,男孩沮丧地回了自己的房间。爸爸被男孩失望的神情打动了,他走进男孩的房间,给了他 10 美元。这时，男孩一下子兴奋了起来。他从枕头低下拿出了一团皱巴巴的零钱，连同爸爸刚给他的 10 美元，一起交到了爸爸的手中。

他天真地对爸爸说道："爸爸，这里一共有 20 美元，我能不能买您一个小时的时间来陪我？明天请早点回家，我想和您一起吃晚餐。"

小男孩的懂事既令人感动，也让人心酸。我们这些做父母的人，应该从这位忙碌的爸爸的身上查找一下自己的影子，看看自己是否也曾这样因为其他一些原因而冷落了孩子，没有尽到我们的应尽的责任。

我们是孩子最亲的人，是他心中不可替代的精神支柱。孩子无论是悲伤还是高兴，他都会在第一时间内想要和我们共同分享，同时，他也期待着能得到我们的安慰、同情、肯定、夸奖……这些语言和情感上的交流，可以令孩子感到无比的幸福和快乐。

而且，现在的孩子大多数都是独生子女，他们平时在家本来就缺少能沟通、交流的人，缺少别人的陪伴，如果我们再不重视这个问题，再不多陪陪他的话，他在孤独中又怎么会有快乐可言呢？

孩子的童年一去就不会再来，错过他的成长，将是我们一生都无法弥补遗憾。我们的忽视和冷落，将会给孩子的心灵造成伤害，使他离我们越来越远，我们与他之间的关系也会变得越来越脆弱。

所以，我们无论多忙，无论有多少事情，最好都要尽可能多抽出点时间陪陪孩子！

充分利用闲暇时间陪伴孩子

如果我们的工作很忙，没有办法抽出大段的时间陪伴孩子，就请珍惜和充分利用平时的闲暇时间，多跟孩子在一起吧！

比如，我们可以利用饭后的一点时间跟孩子聊一聊他一天的学习和生活情况，认真倾听一下他的"心里话"，或是陪他散散步、听听音乐；我们也可以在孩子睡觉前，给他讲个小故事，或者低声地唱首歌，哪怕我们什么也不做，只是默默地在他的床边陪他一会儿，都会让孩子感到我们对他的重视和爱意。

如果我们只是因为要出去应付一些不太重要的应酬，而耽误了陪伴孩子的时间，就请合理地调整一下自己对事情的安排吧！毕竟，孩子才是最需要我们陪伴的人。

不要用金钱和物质弥补对孩子的亏欠

我们与孩子之间的可贵亲情，用金钱和物质是交换不来的，这种亲情需要我们用真心的陪伴和真诚的爱来培养和浇灌。所以,当我们因为没有陪伴孩子而对他产生了愧疚感时,请不要用金钱和物质来弥补我们对他的这种亏欠,否则只会让我们替自己开脱,找到不能陪伴孩子的理由,只会让孩子成为物质富足但得不到家庭温暖的人。

我们应该真心地向孩子道歉,请他谅解我们以前对他的疏忽,应该更加珍惜我们与孩子在一起的时间,更加努力地为孩子多抽出一点时间,使他能成为内心强大、精神富足、快乐开朗的孩子。

陪伴孩子的时候一定要用心

当我们陪伴孩子时,要用心地与孩子打成一片,这可让我们与孩子一起拥有轻松和愉悦的时光。因此,我们要以一种平和而专注的心态陪伴孩子,多替他着想一下,用心感受他真正的需求,认真地与他在一起玩游戏,真诚地与他谈天说地,耐心地倾听他的倾诉,等等。总之,不要试图推开总想与我们亲近的孩子,不要动不动就用我们的权威来压制和批评他,更不能毫无耐心地对他又吼又叫,或是心不在焉地打发他……否则,孩子将在我们面前关闭他的心房,不会再愿意与我们沟通,也不会再愿意接受我们的陪伴。

向孩子敞开我们的心扉

在我们陪伴孩子时,他也常常会用心来感受我们的心,所以,我们不能在孩子的面前隐藏自己的真心,而是应该向他敞开心扉,让他有机会更加了解我们的工作和生活,理解我们的内心世界。这样,不但会让我们与孩子共同度过的时间更加有意义,也会让孩子更加体谅我们的忙碌。

比如,我们可以向他表达自己的真实想法,也可以让他知道我们的疲劳与辛苦,还可以大方地向他承认自己的错误,更可以与他谈谈我们的工作和人际关系,等等。

当孩子知道我们也有很多难处和不得已的地方时,他就不会因为我们不能时常陪伴他,而对我们有意见,或产生怨恨感,与我们之间的关系也将更和谐。

41. 与孩子一起分享喜怒哀乐

在成长过程中,孩子会遇到许多事情,不论是快乐的事,还是悲伤的事,他都希望能有机会向人倾诉,把他的喜怒哀乐与他人一起分享,从而能得到他人的同情与理解,特别是能得到我们的认同、支持与引导。

当我们与孩子一起分享他的喜怒哀乐时,他心中必须要释放的各种情绪就会慢慢地宣泄出来,而他的情绪也就能渐渐平静下来了。这有利于他对现实情况的接受,有利于他适应各种客观条件的变化。

尤其是当孩子有一些负面情绪时,我们更应该及时地帮他宣泄出来,给予他必要的安慰和鼓励。否则,这些负面情绪在他的心里积压久了,会使他感到非常苦闷、孤独,进而变得总是沉默寡言,没有精神,做起事来心不在焉。孩子一旦出现这种情况,就会变得很难沟通,与我们的关系也越来越疏远,甚至还可能会产生更为严重的后果,如离家出走等。

晓婷的父母平时很严肃,在晓婷面前从来都不苟言笑,更别提要和她一起分享喜怒哀乐了。家里压抑的氛围,让渐渐长大的晓婷也变得越来越沉默。

一天,父母下班后,在家里没有看到像往常一样先回到家的晓婷。起初,他们并没有在意,可是后来,天色渐晚,晓婷却还没有回家。

他们去晓婷所在的小学去接她,可学校早就放学了,她根本就没有在学校。这下父母可着了急。正当他们四处打听不到消息时,他们接到了一个电话。

原来晓婷放学后,去了她的好朋友家,对方父母下班后看她不愿意回家,就给她的父母打来了电话。当天夜里,晓婷的父母将她接回家后,生气地问她:"放学之后为什么不回家?为什么想住在别人家?"晓婷回答说:"我好朋友的爸爸妈妈可好了,他们爱和我们聊天,爱听我们说话,我喜欢在她家待着。"

由这个案例我们可以看出,我们如果能与孩子一起分享喜怒哀乐,就可以与他保持良好的沟通,有利于创造和谐的家庭氛围,有利于孩子更加快乐地成长。反之,则会让孩子感到压抑,对我们、对我们的家庭产生反感,进而做出一些我们不愿意看到的事情。

所以,为了防止这些不良状况的发生,我们一定要给孩子倾诉他的喜怒哀乐的机会,要给予他理解、尊重和认同,用心体会他的感受。除此以外,我们也要向孩子说说心里话,让他对我们的喜怒哀乐也有所了解。在这样的互动之后,我们的亲子关系会得到长足的发展,会变得更加和谐,孩子也会变得更加快乐。

那么,我们具体应该怎样做呢?

鼓励孩子将心事讲给我们听

如果我们能做孩子最忠实的倾听者,他就会愿意把心里的话讲给我们听。因此,我们平进可以特意创造一些机会,找一些他感兴趣的话题,主动与孩子聊聊天,引导或鼓励他多讲一讲心里话。比如,在吃晚饭时,我们可以问问他在学校有没有什么遇到什么有意思的事情;在和他一起做运动时,我们可以问问他最喜欢哪些运动,为什么喜欢;等等。

此外,在听孩子倾诉心声时,我们一定要有耐心,不能不把他的话当回事,也不能随意打断他,更不能凭着他的只言片语就提前下结论。否则,我们不但会伤害孩子的自尊,使他不愿再与我们沟通,也会让孩子内心的想法和感受得不到完整的表达或宣泄,这样,也就达不到要与他分享喜怒哀乐的目的了。

认同和尊重孩子的情感

当孩子向我们倾诉他的喜怒哀乐时,他最需要的是我们对他情感的理解、认同和尊重,而不需要我们对此加以评断。所以,此时,我们最好能站在孩子的角度上想问题,与他产生"共鸣",而不要以强硬的态度去干涉他的情感。

比如,当孩子对我们讲出他的某些伤心事时,我们可以温柔地对他说"我理解你,要是我,我也会跟你一样难过的"、"真替你感到遗憾"、"不要怕,我们就在你身边"、"想哭就哭吧,我们陪着你"等类似的话。

当孩子感到自己的情感受到了我们的尊重和理解后,他心里就会变得很舒服,也会很快再重新快乐起来。而且,他也会因此而愿意继续跟我们沟通、交流,从而把心里的想法进一步表达出来。

要与孩子做情感上的交流

如果我们能与孩子一起畅所欲言,共同分享彼此间的喜怒哀乐的话,我们和孩子都会感到身心愉快。所以,我们平时最好能在家中营造出适合与孩子沟通、交流的气氛。比如,在家里放一些舒缓的经典音乐;给孩子多一点微笑;主动与孩子聊聊天;等等。

而且,当孩子向我们表达他的喜怒哀乐时,我们要与他有眼神上的交流,有身体上的接触,如拥抱、抚摸、握手、拍肩膀、击掌等等,还要对他所说的话进行积极的回应。这些能使孩子感受到我们的真诚,可以让他在我们面前畅所欲言。

此外,我们也不要在孩子面前故作坚强,可以将自己心中的喜悦、悲伤、愤怒等情感心平气和地讲给孩子听,使他可以更加了解我们,更加能体会我们的心情,并可以从我们的经历中吸取到经验,从而更愿意与我们进行情感的沟通。

42. 注意跟孩子说话的语气

说话的语气很重要，它有很大的感染力，可以起到表情达意的作用，决定着沟通双方的谈话效果。

一次，一位波兰女明星到美国演出时，有位观众请她用波兰语讲一下她的台词。于是，女明星开始用流利的波兰语念起了台词。

虽然观众都不懂她在念些什么，但被她愉悦的语气所感染，大家也都听得很愉快。渐渐地，女明星的语气开始变得悲伤起来，念到最后，她更是慷慨激昂、万分悲伤，而台下的观众也都随之沉浸在悲伤之中。

突然，一个男人的爆笑声从台下传了出来，而他就是这位女明星的丈夫。原来，这位主导了观众情绪的女明星，嘴里念的只是波兰语的九九乘法表。

由这个故事我们可以看出，语气有着不可思议的巨大魅力，它甚至可以颠倒语意，控制交谈对象的情绪。

因此，我们在与孩子进行沟通交流之时，一定要注意我们自己说话的语气，不能因为我们语气的不当而使孩子的心灵受到伤害，使他不高兴，甚至排斥再与我们进行沟通与流，进而影响到我们亲子关系的和谐与发展。

那么，我们平时应该如何注意跟孩子说话的语气，以达到我们与他沟通的目的呢？

用商量、提议的语气跟孩子谈事情

没有人喜欢被别人命令、训斥，孩子也不例外。当我们用指责、训斥、命令等不好的语气对孩子说话时，他的自尊心受到了伤害，他会感到难受和不安，有些孩子还会因此而产生强烈的逆反情绪。

所以，我们不能因为孩子小而忽视了对他独立人格的尊重，尤其是在与他说话、谈事情时，最好能用商量、提议等委婉柔和一些的语气与他沟通，这更有利于我们亲子关系的发展，也可以令孩子感到快乐。

比如，我们想让孩子倒垃圾，可以有两种说法：一是"你去倒一下垃圾！"二是"你帮我倒点垃圾，好吗？"前者语言生硬，命令性很强，孩子听了心里肯定会不舒服，而且很可能因此而不愿意按照我们的命令去做；后者语气温柔委婉，孩子听后知道我们是在与他商量,也就不会想要逆着我们的话去做事情了。

此外,如果我们在让孩子做事时使用的是提议的语气,孩子会更易于接受。比如,我们想提醒孩子在吃饭前洗手,如果我们说:"去洗一下手!"就不如说:"去洗一下手吧!"一个"吧"字,使我们的语气一下子就柔和了起来,而我们与孩子之间的关系,也会因为这小小的不同而更显和谐。

尽量不用反问的语气和孩子做沟通

反问的语气常常会透露一种责备、训斥之意,没有一个孩子愿意听到我们用这样的语气去命令他。

比如,当我们说:"你难道就不能把字写得规整一点吗?"这句话听在孩子的耳中,意思就是我们在批评他字写得不好。如果孩子叛逆一点的话,他很可能就顺着我们的语气回答说"不能",而他的这种回答肯定会使我们很生气,觉得他不听话、不听管教,于是,我们与孩子之间的争吵也就在所难免了。

可见,我们平时还是最好不要用反问的语气跟孩子谈事情、做沟通。

与孩子说话时,要保持平和的心态

跟孩子说话时,我们的心态很重要,只有心平气和,我们都会说出温柔委婉、让孩子容易接受的话。所以,我们在与孩子说话前,如果心里不是很舒服,或是正处于生气的状态,最好先给自己一些有益的心里暗示或者深呼吸一下,让自己的气顺了,心态平和一些,再与孩子做沟通。

如果我们很难将脾气压下去,应暂时停止与孩子的沟通去做些其他的事情,转移一下自己的注意力,调整好自己之后,再去与孩子谈话。

43. 千万不要说伤害孩子的话

古语有云:"利刀割体疮犹合,恶语伤人恨不消。"意思是说,用刀子伤人,只要过段时间伤口就能恢复。但用尖锐的言语对待他人,这种心灵上的伤害可能一辈子都无法平息,还会引起他人对自己的仇恨。

由此可见,伤人的话,千万不能轻易说出口,因为它们比刀子还要伤人。我们这些有着丰富人生经验的成年人,尚且接受不了别人言语上的伤害,更何况是心理脆弱的孩子呀!

可是,有些父母在跟孩子交流时却百无禁忌,总是会在有意无意间说出一些伤害孩子的话。

比如，"你真是个没用的东西"、"别哭了！你还有脸哭"、"我说不行就不行"、"看你那没出息的样"、"都怎么就不如人家懂事呢"……类似这些贬低、强制、质疑、讽刺、威胁的话，不但起不到任何教育和引导孩子的效果，还在我们与孩子之间形成一堵无形的墙，使我们的亲子关系发生危机。

谁都有犯错的时候，孩子更是在不断的犯错、改错的过程中才成长起来的。如果我们不能正视这个问题，总是用恶劣的态度对待犯了错的孩子，经常说些伤害他的话，很可能就会给孩子的心灵留下永久的伤痕。

虽然小娟已经 10 岁了，但她还是害怕一个人在家。在她的潜意识里，她总觉得这是被父母遗弃的现象。

原来，小娟以前只要一不听父母的话，她的父母就会说："我们再也不管你了，你就自己一个人在家好了。"这句话在小娟的心里留下了阴影，使她认为，自己一个人在家不是好事，是被父母遗弃的结果。

小娟不敢一个人在家，是出自她的心理问题，而这个心理问题正是最爱她的父母造成的。而在我们之中，还有很多人还在重复着与小娟父母同样的错误——对孩子施加着语言伤害的"软暴力"。在我们带有侮辱性的称谓、有贬低意味的评价和有责备、轻蔑之意的责骂声中，孩子的自尊心、自信心都受到了伤害，他又何谈有快乐可言呢？

所以，请嘴下留情，停止对孩子的语言伤害吧！否则，孩子可能会因此而坠入痛苦的深渊，并且无法自拔。

那么，我们怎样才能有效避免说出伤害孩子的话呢？

要允许孩子犯错

我们之所以会说出伤害孩子的话，是因为他犯了错，或做了什么让我们不满意的事情。其实，孩子在童年所犯过的错误，很可能会成为有益于他一生的经验，我们应该正视他的错误，并允许他有"吃一堑，长一智"的机会。因此，我们对孩子要多些包容的心，少些苛求和责备，这样我们就不会因生气或不满意而说出伤害他的话了。

当然，我们包容孩子，允许他犯错，并不是要纵容他，更不是要对他的过错视而不见，而是应该给予他适当的提醒和引导。

比如，如果是孩子由于失误而犯了错，我们可以提醒他反省自己的失误，并从中吸取经验和教训，避免下次再发生同样的失误；如果是孩子因为不知道怎样去做事而发生了错误，我们在指出他的错误的同时，还要教给他相应的做事方法……总之，从正面入手，积极地帮助孩子改正错误，教给孩子必要的知识，比对他说一些只会伤害他的话要有意义得多。

不要给孩子贴上有贬低、讽刺意味的"标签"

社会心理学认为：每个人的自我形象，部分取决于个人对他人反应的理解。而对于敏感的孩子来说，这种现象尤为突出。如果我们不注意，总是说孩子"笨"、"没有用"、"不如别人"等具有贬低、讽刺意味的话，不但会伤害到他的自尊心，还会使孩子对自己产生怀疑，认为自己真的很笨、没有用、不如别人……进而失去了自信，失去了前进的动力。所以，我们不能动不动就给孩子下不好的定论，并以此来刺激他。

当我们生孩子的气或对他不满意时，为了控制住我们的脾气，我们不妨试一下"停、想、教"三个原则。即在说孩子时，我们要先将负面的语言停下来，然后想一想我们这样说会不会给孩子造成什么负面影响，最后再心平气和地教她应该怎样去改过，以争取进步。这样，我们就可以避免因不够冷静而对孩子说出伤害他的话了。

不要强迫孩子做他不愿意做的事

孩子的兴趣并不以我们的意愿为转移，而且很容易发生改变。如果我们不够尊重孩子的意志，总是要将我们的想法和希望强加给他的话，我们就会常常面临失望，进而会不自觉地说出一些可能伤害到孩子的话。

所以，当孩子不听我们的话，有了自己的选择和决定时，当他的想法又有了新的变动时，我们不要着急，更不要为此而说一些难听的话刺激他，只要顺其自然，适当引导就好了。

比如，孩子可能刚开始喜欢弹琴，但他可能过段时间之后就对此感到厌烦了。此时，我们最好不要再强制他继续练琴，但要要求他在原本应该练琴的时间里做些其他有意义的事情。如果他对弹琴果真从此不再感兴趣，说明他很可能不会在这方面有所发展，我们就更不能强迫他了。

认可孩子的努力和进步

当孩子有了一些小进步，满怀希望地想要得到我们的认可时，我们一句"就这样，你就翘尾巴"、"这么点成绩，有什么好炫耀的"等类似的话，会将孩子内心中的喜悦和渴望全部打消掉，并使他失望和伤心起来。

所以，对于孩子的点滴进步，对于他所付出的努力，我们一定要给予必要的认可和赏识，这样才能激励他继续进步。

44. 什么时候都不要嘲笑孩子

苏联教育家马卡连柯曾经说过："嘲笑，如讽刺挖苦一样，会使人失去自尊，没有自信。孩子正处于培养自尊和自信的关键时期，父母在任何时候，都切忌嘲笑自己的孩子。"

是呀，半大不小的孩子，心灵非常敏感、脆弱，自尊心又很强，有时候，就连我们没有在意的一笑，或只是在脸上露出一些"好笑"的表情，都有可能会伤害到孩子，使他认为自己被嘲笑了，从而不愿意再与我们沟通。

一天，小然跟随父母到亲戚家参与家族聚会。一大家子人从楼下有说有笑地进了电梯，把电梯挤得满满的。小然被爸爸抱起，挤在电梯的最里面，他情不自禁地说了一句："哎呀！我的天呀！"

家人们相互之间很久都没有见面了，现在一下子都挤在了一起，倍显亲热，所以心情都很好，又听到小然这样一句天真的童言，大家不自觉地都大笑了一声。

可小然却不理解家人们笑声中的涵义，以为自己的一句话被嘲笑了，心情一下子就不好了。到了亲戚家里，他什么也不说、不做，把自己闷在了墙角里。

爸爸看他不对劲，上前小声地问道："小然，你怎么了？"没想到，小然听了他的话后，竟然委屈地掉起了眼泪，而且不管他怎么问，就是什么也不肯跟他说。

在我们成人看来，小然好像在无理取闹。可是，对于小然来讲，他从来没有想到过，自己的一句无心之语竟然可以引来包括父母在内所有家人们的大笑。所以，面对此种情景，小然慌了、乱了，以为自己说了什么不该说的话，受到了家人们的嘲笑。而且，他因此暂时封闭了自己，什么也不肯再说、再做。

我们成年人理解力高，对自己思想情绪的调解能力也比较强，即使在真得被他人嘲笑了的情况下，也不会手足无措。但是，对于孩子来说，他还分不清、理解不了我们"笑"的背后所隐藏的涵义。因此，只要他感觉受到了他人的嘲笑，不管这种嘲笑是不是真的，也不管是何种类型的嘲笑，即使是善意的、无害的、开玩笑的……他可能也接受不了，会产生畏缩倒退的心理，进而影响了他的快乐成长。

那么，我们应该怎样做呢？

对孩子也要讲礼貌

我们不能因为孩子小，就无视他的自尊心，不把他的话当回事，更不能随意嘲笑他的言行，对他也要讲礼貌。

因此，我们不能随意地就说出对他带有贬损意思的语言，像"傻瓜"、"笨蛋"这样的话更不能对他说。当他说出了什么让我们感到惊讶、好笑的事情时，我们最好不要打断他，也不要急着去嘲讽他，一定要让他把话讲完，将事情的前因后果以及他的意思讲清楚。这样，我们才能更好地探索和理解孩子的内心世界，进而不再会产生想要嘲笑他的想法。

当然，我们有时可能因为没有注意到，而让孩子误认为我们在嘲笑他，就像上述案例中的情况。此时，我们要及时向孩子解释我们之所以笑的真正原因，如果有必要的话，我们最好还要正式地向他道歉，并请他谅解。

不嘲笑孩子的"白日梦"和幻想

每个孩子在成长过程中都会有一些离奇的幻想，做一点"白日梦"，而这些正是孩子思想中的闪光点，是他们的奇思妙想，是他们想要去追求和实现的人生目标，应该得到我们的理解、尊重和支持。

可是，我们中有些父母，却常常因此而嘲笑孩子，"就你这样的还想开飞机"、"一看你就没多大出息，将来也就是个捡破烂的命"、"整天就知道想些用不着的，你就拿这些当饭吃吧"……大多数父母说出这样的话，一般是抱着恨铁不成钢的心理，想以此来激励孩子去争取进步。

但是，我们可曾想过，我们这样嘲笑孩子，是在否定他对自己未来的想象、规划，是在打击他的自尊心、自信心，这根本起不到激励孩子的效果，反而会让他觉得灰心丧气，进而失去了斗志。

所以，当孩子兴致勃勃地与我们讲他的"白日梦"和各种离奇的幻想时，请耐心地听他诉说，请尊重他的奇思妙想，并引导他将幻想与现实联系起来，以激励他在生活和学习当中努力进取，为早日实现他的奇思妙想而奋斗。

把握好玩笑的尺度

曾经看过这样一个案例：

一位40多岁的男士到心理诊所求医，他说他不管做什么，都觉得别人在嘲笑他。当心理医生与他交流时发现，这名男子小时候经常被父亲开玩笑式地取笑。他的父亲从来不喊他的名字,总是冲他喊"小笨蛋"、"小傻瓜",这给他造成了难以磨灭的心理阴影。

我们中有些父母在平时与孩子沟通的过程中,也像这位男士的父亲一样,喜欢以嘲讽的语气与孩子开玩笑,而且觉得这样做没有什么,只是随便说说而已,并不是真的要嘲讽孩子,也不会给他造成什么影响。

可是,孩子却并不像我们这样认为,他还理解不了这样夸张的"幽默",只是觉得受到了伤害。所以,我们平时在与孩子开玩笑时,一定要注意尺度,不能太过分,更不能伤害到他的自尊心。

45. 说点让孩子心花怒放的话

我们的思想常以一种不可思议的力量控制着我们的语言和行为,如果我们细心一些,就会发现,我们经常想的事,常挂在嘴边的话,往往会变成现实。所以,我们以一种什么样的心态去面对生活,生活就会反馈给我们什么,我们对孩子说过什么样的话,孩子就会变成什么样子。

比如,如果我们每天都夸奖孩子干净利落,他的思想中就会有要保持干净利落的印象,进而自觉地形成良好地个人卫生习惯。但如果我们每天都说他不卫生,他对此很可能就会听之任之了。

所以,如果我们要想让孩子快乐成长,要想让他与我们相亲相爱,就要多对他说些能使他感到温暖,让他心花怒放的话,这样,他才会每天都高高兴兴的,并且和我们的关系越来越亲密。

> 妈妈每天在惠惠临出家门时,都会说上一句:"闺女,妈妈爱你!你今天要快快乐乐的呀!"虽然惠惠天天都能听到这句话,但她从来也没有觉得厌烦过,而且每次听完后,她都能心情愉快地去上学。
>
> 后来,突然有一天,当妈妈对要出门的惠惠说完这句话后,惠惠笑眯眯地回过头来,对妈妈说:"妈妈,我也爱你!也祝你今天有个好心情!"就完,她向妈妈挥了挥手,上学去了。
>
> 站在门口的妈妈愣了一下,眼睛渐渐有点湿润了,她面带微笑,小声地自言自语地说道:"长大了!懂事了!"

惠惠每天出门时的好心情,来自于妈妈暖如春风的话,她的懂事,来自于妈妈长期坚持下来的爱心教育。试想，如果妈妈每天在惠惠出门前都不停地唠叨她、催她、抱怨她，她是否还会这样快乐、懂事呢？恐怕到时候，她只会表现得很不耐烦、逆反了，而不会像现在这样与妈妈互表爱意、亲密无间了。

那么，我们又怎样才能让孩子感到温暖，心花怒放呢？

多对孩子说些温暖、充满爱和理解的话

我们中有些父母说话习惯不好，也不注意，好话到了他们嘴里，说出来也会让人觉得别别扭扭；还有些父母，生性木讷，不善表达，虽然知道要对孩子说好话，说能让他们高兴的话，可就是嘴里吐不出莲花。为了解决这类问题，我们在这里列举一些我们经常可以对孩子说的，能使他心花怒放的话，我们不妨熟练地背下来，并在生活中灵活地加以应用。

(1)我爱你！

(2)我们真的都很喜欢你！

(3)你能这样做，我们真是太高兴了！

(4)孩子，不要怕，我们永远支持你！

(5)你真是个了不起的孩子！

(6)你做得太漂亮了！

(7)你太棒了，我们为你感到自豪！

(8)我们相信你，你一定能做到！

(9)我们知道，你可以的，你能行！

(10)没关系，我们知道你已经尽力了！

……

当我们对孩子说这类话时，请注意我们的眼神、表情、语调和动作，一定要将之与语意默契配合起来，让孩子可以感受到我们的真诚，这样才能真正起到作用，达到让孩子心花怒放的目的。

长期坚持对孩子说好话，切忌反复无常

"和风化细雨，润物细无声"，我们对孩子的爱心教育不是一朝一夕就能完成的事情，也做不到立竿见影马上就能有效果，而是要长期坚持，慢慢地、一点一滴地将爱和快乐渗透到他的心田。所以，我对孩子的态度和对他所说的话，不能反复无常、出尔反尔，否则，很可能会让孩子觉得我们不可理解、前后矛盾，以至于不愿意按我们所说的去做。

因此，我们不但要在高兴时、满意时对孩子说好话，说能让他心花怒放的话，在情绪不佳、对孩子不满意时，也要坚持说能让他感觉到舒服和温暖的话，这样孩子才会受到感动，才不会继续让我们感到失望。

为孩子提供快乐而温馨的成长环境

和谐、温暖、快乐的家庭氛围，能使孩子性格温顺、开朗。所以，我们除了要对孩子说好话，说能让他心花怒放的话以外，对家人，尤其是对我们的配偶，我们也要互相关心和爱护，遇到事情要商量，和声和气，决不能苛刻以对，相互抬杠，甚至耍横斗狠、蛮不讲理。

让孩子心花怒放，不等于奉承和纵容他

我们说让孩子心花怒放的话，并不等于要用好话奉承和讨好他，更不等于要纵容他错误的行为，而是说要用我们宽容的心、温柔的话语、真挚的情感和无限的智慧，去感动、温暖、鼓励和引导他，使他能改正错误，不断进取。

46. 与孩子一起欢笑，一起游戏

我们常说要给孩子一个快乐幸福的童年，但怎样给他，用什么东西给他，是值得我们认真思考的问题。有些父母此时可能会回答："给他好吃的、穿好的、用好的、玩好的，他自然就快乐幸福了。"还有的父母可能会说："我们多顺着他点，别老他干涉和阻止他，他就快乐了。"……

富裕的生活、宽松的管教，确实能博得孩子暂时的欢笑和快乐。可是，请不要忘记，孩子最需要的，并不是丰富的物质生活，也不是我们对他的不加干涉，而是我们真心的陪伴、用心的引导，需要我们能与他一起欢笑，一起游戏。这既是孩子的精神需要，也是我们建立与孩子之间和谐、亲密的亲子关系的需要。而且，只要我们细心观察就会发现，那些父母经常陪着一起玩、一起笑的孩子性格更开朗、活泼，也更机灵、可爱。

可是，现在，我们中有些父母，不是忙得不见人影，就是在孩子面前板起面孔，要不就是一脸的不耐烦，很少甚至从来没有与孩子一起欢笑、一起游戏过。而这既是孩子的损失，也是我们巨大的损失。孩子因此缺少了很多在童年应该得到的欢乐和亲情之爱，而我们则丧失了很多能与孩子亲密互动、沟通情感、共享天伦的好机会。而当我们的年华逐渐逝去，再想回头寻找亲子之爱、天伦之乐时，我们会发现，这种遗憾竟然无法弥补，这将是一生的错过。

所以,在孩子的童年,我们陪他一起欢笑,一起做游戏,不但有利于孩子的健康快乐成长,有利于我们建立和谐的亲子关系,还可以给我们留下足以回味一生的快乐回忆。

那么,我们怎样做才能做到与孩子一起欢笑,一起游戏呢?

放下架子,与孩子共同享受生活

放下我们做家长的架子,与孩子共同感受生活、享受生活,我们才能做到与他一起欢笑。因此,我们平时在家里时,可以与他一起看他喜欢的动画片,听他喜欢的欢快音乐,也可以与他一起做运动、聊天等等。当然,我们还可以带着孩子外出旅游,一起去看碧海、蓝天,共同沐浴着阳光奔跑在沙滩上,或者带着他去看儿童话剧,共同欣赏精彩的演出……

当我们言笑晏晏地与孩子在一起时,当我们与他之间真正做到了亲密无间时,我们自然也就可以和他一起发出欢声笑语了。

做有幽默感的父母

我们适时而恰当的幽默可以缩短孩子与我们之间的距离,增进亲子之间的交流,可以培养孩子的乐观精神,使他变得更加活泼、开朗,更可以"寓教于乐",让孩子在欢笑中有所感悟。

所以,当孩子有了过失时,我们可以用幽默的语言代替严厉的斥责或空洞的说教;当他情绪不佳时,我们也可以用幽默转移他的注意力,使他破涕而笑;当他高兴时,我们更可以用幽默增加他的快乐感……这就要求我们,要时常保持乐观的心态,并用心体会和感受生活。

当然,我们的幽默应该是自然而然流露出来的,是文雅的,是积极向上的,绝不是生搬硬套,不能带有低级趣味,更不能是对孩子的冷嘲热讽。

积极参与和孩子的互动游戏

著名教育专家孙云晓老师曾经说过:"玩游戏是最适合儿童的认知方式和娱乐方式,玩游戏的过程就是学习的过程和成长的过程,其意义犹如在孩子的心里埋下创造的种子和幸福的种子。"可见,游戏是孩子学习知识和获取成长经验的重要渠道,与他的智力发展有着密切的联系,是他的童年生活不可或缺的一部分。

可是,现在的大多数孩子都是独生子,在家里缺少玩伴,自己很难做起游戏来。所以,他需要我们,需要我们与他多做一些可以互动的亲子游戏,这样他才能更加快乐地成长,而我们也要以借此与他进一步沟通交流,以促进亲子关系的发展。

因此，我们平时最好能以一颗平等的心，并且抱着积极的态度，与孩子一起多做些游戏。比如，捉迷藏、过家家、买东西、看医生、猜谜语、做手工等等，都是孩子们乐此不疲的游戏方式。

47. 掌握点批评孩子的艺术

苏联教育家马卡连柯曾经说过："批评不仅仅是一种手段，更应是一种艺术，一种智慧。"可见，批评，作为家庭教育的重要手段之一，并不是空洞的说教，也不是简单的训斥，更不是粗暴的打骂，而应该是我们智慧的结晶，是我们用丰富人生经验教养、引导孩子的有效方式。

如果我们将批评这种教育方式运用好了，就能和孩子心灵相通，使他可以发自内心地认识到自己所犯的错误，并自觉地加以改正，就可以使他扬长避短，少犯错误，少走弯路。相反，如果我们使用了不正确的批评方法，很可能会打击到孩子的自尊心和自信心，从而引起他的悲观情绪和自卑感，甚至是逆反的情绪。这会使他作出某些偏激的行为，如偏执叛逆、不好沟通、离家出走等等。

放学了，可明宇却在校园中徘徊着。原来，期中考试的成绩下来了，他的成绩很不好，他害怕父母像以往一样严厉地批评和打骂他，所以迟迟不肯回家。

正当他发愁没处去，不知道该怎么办时，一位高年级的学长走过来对他说："嗨！小同学，想不想去游戏厅玩一玩？"

虽然明宇并不认识这位学长，但他想反正没处去，不如和学长一起去玩会儿。于是，明宇就同意了学长的提议，和他一起去了游戏厅。

那天晚上，明宇很晚才回家，等待他的，却是一场更为严厉的责问和打骂。

当明宇哭泣着躺在床上时，他没有反省自己的考试成绩，也没有认识到晚回家的错误，而是后悔自己回了家。

如果明宇的父母没有意识到自己批评孩子的方式有问题，继续使用粗暴而简单的批评手段，我们不敢想象明宇将来会怎样，他有可能变得胆小而懦弱，也有可能会变成一个叛逆少年，还有可能最终承受不了父母的责罚，而真正离开出走……可不管其中哪一种结果，相信都不是明宇的父母愿意见到的，都不是他们教育孩子的目的。

由此可见，不讲究方法，没有理智的批评，并不是教育和帮助孩子的有效手段。相反，它是对孩子肉体和心灵的一种双重伤害，只会将孩子的心推得离我们越来越远，不利于我们亲子关系的发展，也不利于孩子的健康快乐成长。

所以，我们在教育孩子的过程中，掌握点正确批评他的艺术和技巧，是非常必要的！

让孩子知道受批评的原因

我们中有些父母在批评孩子时，抓不住重点，分不清主次，过于唠叨，并且总是在翻孩子的旧账。这样的批评会使孩子弄不清自己到底为什么挨批评，认识不到自己所犯的错误，更不会自觉地改正错误了。

所以，我们在批评孩子时，一定要明确地告诉他我们为什么会批评他，让他明白自己做了什么错事、错在了哪里，以便使他可以真正认识和反省自己的错误。

此外，我们还有必要教给他改正错误的方法，或者正确的做事方法，这样，他才能有所收获和进步，而不会白白挨了我们的批评。

批评孩子时，对事不对人

我们在批评孩子时，切记要对事不对人，否则，很可能会导致孩子对自身水平和能力的怀疑，进而失去自信心，产生严重的自卑感，不肯或不能努力进取了。

所以，当孩子做事没做好或者犯了错时，我们最好不要对他进行人身攻击，批评他"笨"、"蠢"等，而是应该抱着平和的心态，用平缓的语气，引导他去认识和反省错误，这样，孩子才能真正地总结到经验、吸取到教训，才能在错误中成长起来。

避免当众批评孩子

美国教育家斯特娜夫人曾经说过："在他人面前揭露孩子短处的父母，不配做父母。"的确是这样，因为孩子和我们一样，也有自尊心，如果我们为图一时之快，不顾他的感受，不考虑他的名誉，随便在别人面前当众批评他的话，会使他感到很没有面子、无地自容。在这种情况下，孩子很可能会破罐破摔，表现得更加逆反，坚决和我们对着干。

因此，在别人面前或在一些公共场合，如果孩子犯了错，我们应该为他保留一份尊严，不要大声地批评他，而是应该给他一个严厉的眼神或是一个严肃的表情，让他知道自己做错了，进而能自觉地收敛或停止他的错误行为。当然，回到家后，我们应该理智地帮孩子总结一下他的表现，指出他的错误，并告诉他我们希望他能自觉地加以改正。

批评不等于训斥和打骂

我们中有些父母对待犯了错的孩子，态度过于简单、粗暴，除了大声地训斥他，有时还会对他进行打骂。这种做法会给孩子的心灵造成了巨大的伤害，使他对我们产生恐惧感，不敢和我们亲近，从而严重破坏了我们的亲子关系，也不利于孩子的快乐成长。

所以，我们不能将训斥和打骂孩子理所当然地视为正常的批评他，而是要用心去学习和体会批评教育孩子的技巧，从而能真正帮助孩子改正错误，逐渐成长起来。

48. 掌握点表扬孩子的艺术

恰如其分的表扬可以激发孩子的自信心，发掘出他的潜在能量，促使他不断进步，但不恰当的表扬则会使孩子变得过分虚荣，争强好胜。所以，表扬孩子和批评孩子一样，也要讲究方法和技巧。

陈飞不论做什么，只要稍有一些好的表现，妈妈就会对他说："你太棒了！"这使陈飞对此有些麻木，渐渐地不把这种表扬放在眼里了。

一天，他将得了95分的数学考试卷子交给了妈妈，妈妈一看，习惯性地表扬道："不错呀！你真棒！"

陈飞听后，不耐烦地回答道："真棒什么呀！我们班有好几个同学都得了100分呢！得了我这种成绩的同学有好多呢！妈妈您以后别总是真棒、真棒地说我了，能不能说点别的！"

妈妈听后，一下子愣了，她从来也没有想到过儿子对自己的表扬居然如此不屑一顾。

这位妈妈有要经常表扬孩子的意识很好，但她的表扬至少存在着三个主要问题：一是她表扬的语言太空洞，没有具体内容，致使孩子根本不明白自己有什么需要表扬的；二是，她的表扬太频繁，过于重复，没有任何新意，就像再好吃的菜总吃也会腻一样，过多、过于雷同的表扬，同样会引起孩子的反感；三是，她的表扬并不符合实际情况，以致孩子认为这太虚假，难以接受。

其实，我们中很多父母在表扬孩子时，都或多或少地出现过像这位妈妈一样的失误，致使我们表扬的效果大打了折扣，也使我们与孩子之间的亲子沟通出现了一些问题。

现在,大多数的父母已经意识到了表扬孩子的重要性,但对于具体应该怎样表扬他,表扬他时需要注意哪些地方等这类问题却知之甚少,所以,我们才会在表扬孩子时频频失误,无法使表扬这一良好的教育方法真正焕发出魅力来。

那么,我们表扬孩子,到底需要掌握哪些艺术和技巧呢?

不要给孩子过多、过度的表扬

我们的肯定和表扬,可以为孩子增强信心,使他获得成就感、满足感。但是,当我们过于频繁的表扬孩子时,或者没有根据实际情况,过度地表扬了他时,就已经不自觉地陷入了家庭教育的误区,并且有可能会误导孩子。

他有可能会对我们的表扬产生依赖性,也有可能因此而失去自我,失去辨别力和判断力,误认为他做事的目的就要讨我们欢心,更有可能会因为我们夸大的表扬而变得狂妄自大,瞧不起他人,过度地重视名利等。

所以,我们平时最好注意控制一些想要事事表扬孩子的冲动,使我们对他的表扬变得珍贵起来。而且,我们在表扬孩子时,一定要先了解一下实际情况,以使我们对他的表扬符合事实,恰如其分。这样,孩子才会在我们的表扬声中真正获得成就感和满足感。

表扬孩子的语言要有内容、有新意

我们表扬孩子时,最好要根据具体情况指出他什么地方做得好,哪些方面是值得表扬的,这样即可以丰满我们的表扬语言,还可以使我们的表扬富有新意,避免雷同。

比如,当他帮我们做了家务时,我们可以表扬他的勤劳和有一颗帮父母的孝心;当他帮助他人时,我们可以表扬他的善良和助人为乐的精神;当他没有被困难吓倒,努力完成了他能力之外的事情时,我们可以表扬他的勇敢和进取……总之,只要我们用心,能真诚地向孩子表达我们的肯定和表扬之意,我们就会言之有物、不断创新。

不要用金钱和物质刺激作为奖励表扬孩子的手段

我们表扬孩子的真正目的是为了给予他信心和力量,激发他的自觉性,鼓励他不断取得进步。但用金钱和物质刺激表扬孩子的方法,不可能真正激发出孩子内心当中的自豪感与成就感,它只是通过刺激孩子对物质的欲望,暂时激发了他要努力的愿望,当我们不能满足他的物质要求,或不能再给他过多的金钱时,他也就没有了要进取的动力。

而且，经常用金钱和物质表扬孩子，会让孩子变得十分物质化，越来越贪婪和爱慕虚荣，等等，真是得不偿失！

所以，我们要激发孩子的崇高追求，并用精神奖励代替金钱和物质刺激。

比如，我们可以送给孩子一些国学经典，像《弟子规》、《大学》、《中庸》、《论语》、《孟子》等儒家典籍，与他一起诵读，并就有关内容进行沟通、交流。或者，我们给孩子讲一些中外励志故事，丰富他的精神世界，唤起他对崇高理想的追求。

我们还可以通过肯定的语言、赞赏的眼神、爱意的亲吻、温暖的拥抱、满意的微笑……对孩子进行必要的精神奖励。

表扬孩子的勤奋和努力

我们在表扬孩子时，切忌表扬他的先天素质，如聪明的头脑，或漂亮的外表等。因为这会使他产生一种优越感，并且会过分关注这些先天的优势，而放弃了后天的努力。所以，我们平时最好多表扬一下孩子后天的努力、刻苦和勤奋，以激励他不断进取。当然，孩子也会在努力的过程中，在我们真诚的表扬声中，寻找到成长得快乐。

49. 用肢体语言跟孩子达成默契

英国教育家斯宾塞曾经说过："事实证明，如果对自己的孩子多一些拥抱、抚摸，有时甚至是亲昵地拍打几下，孩子在对外交往以及智力、情感上都会更健康。"确实是这样，只要我们细心观察就会发现，那些经常被父母拥抱、亲吻、笑脸以待的孩子，会显得更加聪明伶俐，活泼可爱。

而美国语言学家艾伯特·梅瑞宾通过研究发现：在人与人的交流中，一个信息所含情感内容的55%都是靠肢体语言表达的，其中的38%是通过音调的变化表达的，而只有7%是通过语言内容本身进行沟通的。

所以，当我们与孩子进行沟通时，肢体语言所表达出来的信息非常重要。我们将肢体语言运用好，不但可以增进我们与孩子的亲密度，更可以加深我们与他之间的默契。

　　李凯与爸爸之间的感情非常深，每次爸爸出门时，他都表现得依依不舍。而且，他会与爸爸非常默契地互相抱着轻拍对方背部两下，再互相亲两下彼此的脸颊。这常常让一旁的妈妈感到有些嫉妒。

　　一次，妈妈开玩笑式地对李凯说："儿子，我每天都给你洗衣、做饭，为你收拾这收拾那的,你怎么在我出门时,从来也没有抱抱我、亲亲我呢?"李凯很理直气壮地说:"爸爸每天回家都会抱我、亲我,可您从来也没有这样做过呀!"

李凯的话虽然天真,却让妈妈陷入了沉思当中。

这位妈妈之所以没能跟孩子达成默契,是因为她平时没有重视运用肢体语言来表达她对孩子的爱意,孩子从她那时接收不到这种信息,当然也就不会反馈给她应该的亲密与默契了。而孩子与爸爸之间所表现出的令人羡慕的亲子关系,正是他们之间的肢体语言起到了关键的作用。

所以,我们要想打造和谐的亲子关系,要想让孩子快乐成长,就非常有必要学会用肢体语言与孩子达成默契。

多给孩子些温暖的微笑

著名教育家卢勤老师曾说过:"对孩子来说,爸爸妈妈的面部表情非常重要。微笑能照亮所有看到它的人,它像穿过乌云的太阳,带给人们温暖。"是的,微笑是世界是最通用的沟通方式,也是我们与孩子进行心灵交流所必需的一种肢体语言。

所以,在平日里,请多给孩子一些温暖的微笑吧!在我们的微笑中,孩子会将心里话告诉我们,会将他所有的情感与我们共同分享。当然,他也可以从我们的微笑中,获得安慰、鼓励、支持……当我们用微笑点燃了孩子的笑脸,我们与他的默契也就逐渐形成了。

学会用眼神向孩子表达我们的情感

眼睛是心灵的窗口,我们内心中所有的情感都可以用眼神这种肢体语言表达出来,而要培养我们与孩子之间的默契,我们彼此眼神的交流是必不可少的。

所以,当孩子受了委屈时,我们可以用同情和体贴的眼神去安慰他;当孩子无理取闹时,我们可以用严厉的眼神制止他;当孩子胆怯时,我们可以用坚定的眼神鼓励他……当然,眼神的交流不能是单方面的,在孩子读取我们眼神中的意思时,我们也要读懂他眼神中的含义,这样我们与孩子之间才能进行更好的沟通。

用我们的拥抱拉近与孩子的距离

在我们的怀抱中,孩子可以产生最为强烈的安全感与幸福感,有利于他的快乐成长。因此,请不要对孩子吝啬我们的拥抱吧!当他向我们寻求赞赏时,我们可以给他一个肯定和赞扬的拥抱;当他沮丧或伤心时,我们可以给他一个安慰的拥抱;当他失败时,我们可以给他一个鼓励的拥抱……我们的拥抱,必将拉近我们与孩子之间心与心的距离,必将促进我们亲子关系的和谐发展。

用亲吻和抚摸给予孩子最真挚的爱

亲吻和抚摸都是表达爱的方式,当我们亲吻和抚摸孩子时,他能直接地感受到我们对他的爱护与关怀,从而寻找到心灵上的慰藉与安宁。所以,我们平时最好能多多亲吻、抚摸或是轻轻拍打一下孩子,这会使我们与孩子之间更加默契与和谐。

但此时需要我们注意的是,如果我们本身患有某种流行病,如感冒了,或是患有某种传染病,为了孩子的健康考虑,就不太适合再去亲吻他了。

第六章　教孩子学会自动自发地学习

联合国教科文组织《学会生存》一书中指出："未来的'文盲'，不再是不识字的人，而是没有学会怎样学习的人。"的确，社会已经进入了知识大爆炸时代，每个人都要掌握越来越多的知识。所以，我们必须教孩子学会主动地学习，让他拥有更强的学习力。

50. 给孩子创造良好的学习氛围

家庭是孩子的第一所学校，也是他学习和生活的第一环境。如果孩子生活在一个嘈杂、不安、压抑的氛围中，就会让他觉得透不过气来，哪还有心情学习呢？恐怕还很容易滋长厌学情绪。相反，如果孩子生活在一个安静、温馨、愉悦的氛围中，自然会感到温暖、快乐，也会乐意去学习。

一般来说，学习氛围主要有软件和硬件之分。所谓软件，包括安静的学习环境、浓厚的学习氛围等人文因素；所谓硬件，包括独立的学习场所、整洁的书桌、柔和的灯光、必备的文具等物质条件。无论是软件，还是硬件，都是我们不容忽视的，都应引起我们足够的重视。

那么，我们应该如何给孩子创造良好的学习氛围呢？

一位爸爸的做法值得我们借鉴。

从儿子上学的那一天开始，我就和太太达成了共识：让儿子在良好的氛围之中学习。

比如，儿子放学回到家之后，我们从不急于催促他写作业，而是先让他稍作休息、吃点水果，然后再由他自己安排学习；他学习的时候，我们既不会不断问他作业写完了没有，也不会制造噪音打扰他；我们从不坐在他的身边监督他的学习，而是给他尊重和信任。

当儿子写完作业、复习并预习完功课之后，我们就不再强加给他额外的学习任务了，而会一起做喜欢的事情，如针对某个话题畅所欲言、看有意义或有趣的电视节目、出去散散步、下下棋等。总之，家里始终充满着温馨、和谐的气氛。

如果每个孩子都拥有这样的学习氛围，相信他们都会感到学习是一件快乐的事情，都会主动地学习。因此，我们一定要尽量给孩子创造良好的学习氛围，给他的学习提供有利条件，从而让他静静地体会学习的快乐。

给孩子提供固定的学习场所

如果孩子没有固定的学习场所，一会儿在这儿学习，一会儿又在那儿学习，肯定无法很好地进入学习状态，从而影响学习效果。如果孩子拥有一个固定的学习场所，就会有利于他形成专心学习的心理定势，只要他一走进固定的场所，就会马上投入到学习中。

因此，如果我们住房条件允许的话，就不妨为孩子安排一个单独的房间作为他的书房。如果条件不允许的话，就可以在孩子的卧室开辟出一块区域，摆放他的书桌和书柜，为他营造井然有序的学习场所。总之，无论孩子是否有自己的书房或卧室，他的书桌和书柜一定要固定，这一点我们一定要明确。

合理布置孩子的学习场所

对于孩子学习场所的布置，并不一定要多么美观、漂亮，而是要注重其使用效果，以及房间的布置是否利于他安心学习。

一般来说，我们要注意房间的光线、布局等因素，房间的光线要明亮一些，布局不要太过复杂，墙面上的装饰不要太花哨，最好是悬挂一些具有教育意义的字画或名言警句。

另外，孩子学习用的桌椅不要带有滑动轮，最好选择可以调节高度的，这样就可以随着他身高的增长，随时调动桌椅的高度，从而满足他的学习需求。

别让噪音打扰学习中的孩子

学习是一项脑力劳动，最需要的就是集中精力。如果孩子每天面对一个嘈杂、吵闹的学习环境，耳边萦绕着电视声、争吵声、卡拉 OK 声，甚至是麻将声，他还能安心学习吗？在这种环境下，恐怕连我们都很难专心做事，更何况一个自制力不太强的孩子呢！

所以，当孩子在学习的时候，我们不要在家里打扑克、打麻将；不要把电视、电脑的声音开得太大；夫妻之间不要大声争吵、打闹，而是私下解决问题，并尽量相互尊重与谅解；没有重要的事，不要动不动就去打扰他，更不要一会儿送吃的、喝的，一会儿问他学习得怎么样了；等等。

总之，我们在做某件事情之前，都要想想，这样做会不会干扰正在学习的孩子？如果会，就请先停下来，等孩子学习完毕之后再做也无妨。

尽力为孩子打造学习型家庭

我们经常说："身教重于言教。"的确是这样，如果我们经常和孩子一起学习，家中弥漫着书香气息，根本用不着叮嘱孩子赶紧学习，他自然就会乖乖地学习。

因此，要想让孩子安心学习，我们首先要安下心来，做自己喜欢且应该做的事情，如看书、查看工作材料、钻研业务等，尽力为孩子打造一个学习型家庭。

我们可以想象一下，孩子在书房写作业，爸爸在伏案工作，妈妈在客厅看书，这是一幅多么温馨、和乐的画面啊！这是一个多么美好、幸福的家庭啊！在这种氛围中，孩子怎能不感到快乐？怎能不专心学习？

51. 重视激发孩子的学习兴趣

法国教育家卢梭曾经指出："要启发儿童的学习兴趣，当这种学习兴趣成熟的时候，再教给他学习的方法。"的确，如果我们没有启发孩子的学习兴趣，就教给他学习方法，恐怕很难收到良好的学习效果。

我们常说："兴趣是最好的老师。"孩子在学习的过程中，同样需要"兴趣"这个特殊的导师。在兴趣的驱使下，孩子会自动自发地学习，会感到学习是一件快乐的事情，所得到的收获往往也能达到最大化。

然而，有的孩子一提到学习，就表现出痛苦的样子；有的孩子上课没精神，下课闹得欢；有的孩子用应付、蒙混的态度对待作业，甚至照抄同学的作业……这种种现象都在告诉我们，孩子对学习缺乏兴趣。

作为父母，我们要做的不是抱怨孩子不爱学习，而是要想办法激发他的学习兴趣，让他化被动学习为主动学习，从而为他今后的学习生涯打下良好的基础。

学会吊孩子学习的"胃口"

小泽上三年级了，但是对学习语文一直没有兴趣。妈妈对此有些发愁，便想办法激发他学习语文的兴趣。

有一次，妈妈买了一本《窗边的小豆豆》。当妈妈认真看这本书的时候，经常会被小豆豆的故事逗得大笑起来。小泽觉得很奇怪，禁不住问道："妈妈，您在看什么书呢？"

妈妈心想：这正好是一个机会，先吊足他的"胃口"，然后再视情况而定。于是，妈妈故意没理会小泽，还是津津有味地看书。

小泽的好奇心被激发了出来，他跑到妈妈身边，把书抢了过来，说："我倒要看看这到底是什么书，能让您如此高兴。"

妈妈急忙说："这么好看的书，我还没看完呢，你怎么说拿走就拿走呢？"

"我先看，等我上学去了，您再看。"说完，他就跑到书桌前好奇地看了起来，很快就被书中的内容吸引了。

渐渐地，小泽喜欢上了阅读。在不知不觉中，他的语文成绩有了明显提高。由于他尝到了进步的"甜头"，所以对学习语文产生了兴趣。

对于小学阶段的孩子来说，他正处于好奇心和逆反心理极强的时期，对任何新鲜的事物都充满好奇心，越是被禁止的，或越是具有"挑战性"、"冒险性"的事情，他就越想去尝试。

我们正好可以抓住孩子的这一心理特征，通过"吊胃口"的方式，让他把学习当成是一种乐趣，进而变"要孩子学"为"孩子要学"。不过，我们所说的话、所做的事一定要引起孩子的兴趣，并符合他的认知水平，否则只会使他对学习产生反感。

为孩子制造对学习的"空腹状态"

有人说："教育的最大牵动力就在于'不满足'。"这句话说得不无道理，人们正是由于不满足，才会努力去获取新知识，去探索新鲜事物。

然而，很多父母却经常带着孩子奔波于各种补习班、兴趣班之间，让他整日忙碌于学习之中，结果使孩子很难享受到学习的兴趣。这就如同我们在"饱腹状态"下，对任何丰盛美味的食物都不会产生食欲一样。

因此，我们要为孩子制造对学习的"空腹状态"。比如，不要一下子给他买好多本课外书，而是只买一两本，一来可以防止他出现"一本没看完，就想看其他几本"的情况，二来也可以吊吊他的"胃口"，让他始终保持对阅读的渴望，从而形成良性循环；适时并适量地给孩子增加新鲜感的学习内容，从而使他持续保持对学习的"热度"……孩子一旦对学习有了一种"空腹状态"，就会自动自发地学习了。

借助游戏激发孩子的学习兴趣

对于年龄小的孩子，我们可以采用"寓教于乐"的教育方式，把游戏和学习巧妙地结合在一起,从而激发他的学习兴趣。

比如,我们可以和孩子玩过家家的游戏,开一些诸如"书店"、"水果店"之类的小店,在买卖的过程中让他熟练掌握加、减、乘、除的基本方法;和孩子玩"触摸身体"游戏,我们发号指令,孩子一边做动作一边说身体各部分的英文名称,如我们说"Touch your mouth",孩子就一边指着嘴巴,一边说"This is my mouth"……这样一来,孩子就可以在游戏中找到学习的乐趣了。

慎用奖励激发孩子的学习兴趣

用奖励的方式激发孩子的学习兴趣确实可以取得不错的效果。但是,如果奖励运用得不当,很可能会适得其反。

如今,很多父母习惯用物质奖励促使孩子学习,如常常对孩子说:"只要你好好学习,你要什么,我就给你买什么。"慢慢地,孩子很可能会为了得到物质奖励而学习,这就扭曲了他学习的目的。而且,当物质奖励对他失去吸引力的时候,其作用也就大打折扣或不存在了。

因此,我们应该增加对孩子精神层面的奖励,逐渐减少或尽量不用物质奖励。比如,当孩子学习取得进步的时候,我们可以及时给予肯定、赏识,或者给他一个灿烂的微笑、温暖的拥抱等;也可以给他奖励一本书、学习用品、体育用品等,或者是带他外出游玩……这样做,既可以激发孩子的学习兴趣,又不会产生副作用。

52. 培养孩子良好的学习习惯

教育是什么?著名教育家叶圣陶曾经说:"教育就是要培养良好的习惯。"如果孩子养成了好习惯,就好比往银行里存了一大笔钱,其利息就会使他终生受益;如果孩子养成了坏习惯,就好比欠了一笔高利贷,无论如何努力,都很难还得清,从而使他终生受害。

国内外教育专家曾做过多次研究,结果表明:对于大部分学生来说,学习的好坏,只有20％的原因与智力因素有关,剩余80％的原因则与非智力因素有关。而非智力因素包括习惯、兴趣、性格、信心、意志等因素,其中,习惯因素占据着重要的位置。

天宇9岁了,是一个活泼的男孩子。老师很喜欢他,因为他在课堂上表现得很活跃,总是积极回答问题。但是,他的成绩并不好。

原来,他是个电视迷,每天回到家总是先看电视,然后到了不得已的时候再写作业,有时候还会边看电视边写作业。如果父母强行把电视关掉,他就会大吵大闹,甚至赌气不理父母。对此,父母也没有什么好办法。

天宇的"学习习惯"已经养成了,但养成的却是坏习惯,即回家先看电视、不认真写作业。

不同的学生有不同的学习习惯,不过,他们也有共性内容,如上课认真听讲、认真做课堂笔记、积极回答问题、有疑必问、有错必改、动手实践、细致观察、认真完成作业、善于查阅工具书等习惯。

如果孩子养成了良好的学习习惯,那么他学习起来就会轻松很多,学习质量和效率也会得到提高,而学习所带给他的成就感反过来还会激励他继续努力。在这种良性循环之下,孩子就会拥有快乐的学习心态,学习成绩也会随之提升。因此,我们务必要重视培养孩子良好的学习习惯。

抓住培养孩子学习习惯的最佳时期

有的父母认为学习习惯只是一个小问题,不用急于培养,等孩子长大了,自然就会养成良好的学习习惯。事实上,这种想法是错误的。因为,3~12岁是孩子形成良好习惯的关键期。如果我们没有在此期间培养他的好习惯,那么将来花费再多精力和时间,恐怕也很难做到,正如公式"早期教育花一公斤的气力=后期教育花一吨的气力"中所表明的一样。

因此,我们一定要不失时机地培养孩子良好的学习习惯。也就是说,在孩子刚刚开始学习时,我们就应该着手培养他的学习习惯,如上课认真听讲、积极回答问题、认真完成作业、有错必改、动手实践等习惯。不过,有些习惯则需要等到他上了小学三四年级再开始培养,如认真做课堂笔记、课前预习、上网查找资料等。总之,我们要针对孩子的年龄、能力等特点,抓住培养他学习习惯的最佳时期。

用耐心和信心去培养孩子的好习惯

良好的学习习惯并不是一朝一夕就能养成的,而是贵在坚持。美国科学家通过反复研究,结果发现:一个习惯的养成需要21天,巩固一个习惯则需要90天。当然,这个时间的长短,可能会因孩子的年龄、个性、环境等不同因素而有所差异。

但是,不管怎样,在孩子养成并巩固学习习惯的过程中,我们都要保持足够的耐心、信心,不要心急,不要在引导他的时候带有催促或命令的语气,更不要因他一时出错而大发雷霆,而是通过鼓励、支持促使他不断取得进步。

用"减法"的方式帮助孩子克服坏习惯

在学习的过程中,孩子难免会养成一些坏习惯:上课注意力不集中,坐不住;上课不敢回答问题;写作业拖拖拉拉,一边玩一边写;等等。对此,我们可以采用"减法"的方式,帮助孩子克服他的坏习惯。

比如,孩子在写作业的过程中,一会儿要喝水,一会儿要拿课本,一会儿要上卫生间,一个小时之内要起身四五次。对于这样的孩子,如果我们要求他在学习的过程中一次都不起身,恐怕很难做到,那我们不妨先鼓励他减少一次起身的次数,如此一来,孩子就能轻松做到了。然后,我们再一步步提高标准,直到他能集中精力认真把作业写完。

53. 帮孩子掌握科学的学习方法

在学习方面,有的孩子学得很轻松,有的孩子却学得很吃力。为什么会出现这样的现象呢?其实,这与孩子是否掌握了科学的学习方法有很大关系。

乐乐上四年级,在学习方面很用心、认真,如果平时没事,他也不出去玩。他非常听老师的话,总是按照老师的要求完成学习任务,从不偷懒、应付。但是,他的学习成绩却并不理想。

后来,父母发现,乐乐上课虽然认真听讲,但只是单纯地听老师讲,从没以主人翁的姿态参与其中;他从不及时复习功课,也不会主动预习功课。于是,父母针对乐乐的这种现状,给予了他引导和帮助。

如果孩子没有掌握科学的学习方法,就会在学习中遇到各种各样的麻烦,随之而来的结果就是学习质量和效果不佳,接着他就会对学习失去积极性和主动性,甚至会对学习产生困惑、抵触心理。

对此,我们要先了解孩子目前的学习状况,并对症下药,帮助他掌握科学的学习方法,从而增加他学习的动力和热情,使学习过程变得更加轻松、愉悦、有效,进而使他取得事半功倍的学习效果。

教孩子掌握学习"三部曲"——预习、听课、复习

对于孩子的学习而言,预习、听讲、复习是必要的三个环节,几乎代表了整个学习的过程。无论缺少了其中的哪一个环节,都不会获得理想的学习效果。因此,我

们要教孩子掌握预习、听课、复习的学习方法。

第一，预习。

预习是课前的自学。通过预习，孩子就会对学习内容有一个初步了解，从而找到知识的侧重点，进而提高听课效率。我们可以教给孩子一个有效的预习方法，即一了解、二思考、三动笔。首先，大概了解一下预习的内容；其次，对于一些不太理解或有疑问的地方作初步思考，并整理一下知识脉络，从中找出重点、难点；最后，把不理解或有疑问的地方用笔划出来，记录下重点、难点。

第二，听课。

听课是获取各科知识的中心环节，对孩子的学习起着举足轻重的作用。对此，我们要引导孩子向课堂40分钟要效率。比如，作好课前准备，及时上卫生间，课前不做剧烈运动，把上课用的书本、文具放在书桌的一侧，回忆老师在上节课所讲的主要内容；遵守课堂纪律，不开小差，不随便和同桌说话，紧跟老师的讲课思路，思考并回答老师提出的问题；善于抓住听课的重点内容，认真听老师的开场白和结束语以及老师讲解的新知识，认真看老师的板书；充分调动多种器官，用心记、用耳听、用眼看、用嘴读、用手写；做好课堂笔记，采用笔记本结合课本的方式，记录下老师讲课的重点、难点，以及补充的内容和自己的疑问，但千万别因忙于记笔记而忽略老师讲课的内容。

第三，复习。

课后及时复习是孩子对所学知识进一步消化吸收、巩固强化的过程。按照正确的学习次序，孩子应该先复习后写作业。我们可以让孩子闭上眼睛，像过电影一样，把今天所学的内容在脑海中过一遍；引导他理解、背诵教科书上的知识点，争取把教科书弄懂、吃透；引导他整理课堂笔记，把没时间记录的内容补充完整，把记得不清楚、不准确的地方更正过来。

如果孩子能够掌握预习、听课、复习的学习方法，并肯在这些方面下工夫，那么他的学习会变得轻松很多，也会收到良好的效果。

帮助孩子合理安排各科学习的次第

对于安排各科学习次第的问题，很多孩子容易犯这样的错误：哪科成绩不好，就狠补哪科。有的父母可能会感到不解，孩子懂得重点弥补自己的弱势科目，这是孩子上进的表现，怎么反倒是错误呢？试想，当我们花大部分时间去做一件自己并不感兴趣的事情时，我们有何感受？可能不会感到快乐，反而会觉得度日如年。

其实，只要孩子在安排各科学习次第的过程中，讲究科学的方法，既不会耽误其他科目的学习，又可以提高弱势科目的成绩，从而实现全面发展的目标。

我们不妨帮助孩子做这样的一个安排：首先学一会儿感兴趣的科目，把学习的情绪调动起来,然后学习弱势科目,最后再学习感兴趣的科目。也就是说,孩子可以把弱势科目夹在自己感兴趣的科目中间。这样的学习效果往往比一上来就恶补弱势科目要强得多。

提醒孩子总结适合自己的学习方法

同一种学习方法并不一定适用于每一个孩子,所以我们要提醒孩子学会总结适合自己的学习方法。一方面,孩子要充分了解自己学习的特点,对知识的掌握程度,从而总结出自己的学习方法;另一方面,孩子也可以多和同学交流各自的学习方法,从中吸纳值得借鉴的地方,但一定不要刻意照搬,否则很可能会适得其反。

54. 帮助孩子有效提升记忆力

记忆是一切智力活动的基础,记忆力好也是孩子能否取得良好学习效果的关键条件之一。事实上,每个孩子都具有非常强大的记忆力。据科学家研究表明:一个正常人的记忆容量相当于5亿本书的知识总量,一个人一生能储存一千万亿个信息单位。

几年前,媒体曾报道过一个名叫公丕军的6岁男孩。他的记忆力令人称奇,能够背诵整本《新华字典》,不仅能说出每个字的读音和字意,还可以把同音字按字典上的顺序写出来。

为了验证公丕军的"本领",记者从《新华字典》中找出两个生僻字"饕餮",告诉他读音是"tāo tiè"。结果,他不仅写出了这两个字,还解释了词语的意思是凶恶、贪婪。

据公丕军的爸爸介绍,在他4岁那年,爸爸带他到街上买字画,他好奇地问字画上的字怎么念,爸爸就告诉了他,他就自语了几遍,到了晚上临睡前,他竟然准确地背诵了出来。后来,爸爸就买了一些字画教他识字,他都能轻松地记住。爸爸发现他的记忆能力和模仿能力很强,便买来一本《新华字典》。没想到,他只用了11个月的时间,就神奇般地把字典上的所有汉字都背过了。

虽然公丕军是个特例,但可以说明一个人的记忆能力是非常强大的。对于小学阶段的孩子而言,他正处于记忆力最好、求知欲最旺盛的时期。只要我们采用正确的方法开发孩子的记忆潜能,帮助他有效提升记忆力,他也可以像公丕军一样成为

"记忆神童"。

消除孩子对记忆内容的恐惧感

面对较多、较难的记忆内容,大部分孩子都有畏惧心理,觉得自己没有能力背诵过。所以,他们的大脑就会发出抵触记忆的信号,从而造成精神不集中,进而降低记忆效率。相反,如果孩子在放松的状态下去记忆,就会提高记忆效率。

因此,我们要消除孩子对记忆内容的恐惧感,让他有强大的自信心。如此一来,孩子的"大脑储存功能"就会得到充分利用,他的记忆效率就会有所提升,从而形成良性循环,使记忆力越来越强。

引导孩子运用多个感官进行记忆

有位心理学家曾经做过这样一个实验:

用3种不同的方法让3组同学记忆一幅画的内容。对于第一组同学,他只告诉他们画上的内容,却不给他们看画;对于第二组同学,他只给他们看画,却未告诉他们画上的内容;对于第三组同学,他一边给他们看画,一边讲述画上的内容。

一段时间之后,这位心理学家分别问这3组同学记住了画上的多少内容。结果,第一组同学只记住了60%的内容,第二组同学记住了70%,第三组同学记住了86%。

由此可见,只听不看的孩子记住的内容最少,只看不听的孩子记住的内容稍多一些,又听又看的孩子记住的内容最多。这充分说明了,当孩子运用多个感官进行记忆时,有助于提高记忆效率。正如《弟子规》中讲到的:"读书法,有三到。心眼口,信皆要。"

因此,在开发孩子记忆力的过程中,我们要引导他充分发挥感觉器官的作用,运用多个感官进行记忆。比如,孩子在记忆英语单词的时候,就可以让孩子用眼睛看单词,大声把单词读出来,用手把单词拼写出来,那么耳朵就会听进去,心也就记住了。

提醒孩子及时复习知识

即便是记忆力再好的孩子,也几乎不可能一次性记住某项内容之后就一辈子不忘了,肯定不可避免地会出现遗忘现象。所以,复习已学的知识是非常必要的。

德国著名心理学家艾宾浩斯,绘制了著名的"艾宾浩斯遗忘曲线"。我们可以从中得知,遗忘速度最快的区段是 20 分钟、1 小时、24 小时,遗忘率分别是 42%、56%、66%;2 天至 31 天的遗忘率就会稳定在 72%～79% 之间。

也就是说,复习的最佳时间段是记忆后的 1 小时至 24 小时之间,最晚不要超过 2 天。只要孩子每隔一段时间就复习一遍,并达到一定的复习次数,就能实现永久记忆。

另外,记忆的黄金时间段是睡前和醒后。所以,我们要提醒孩子利用睡前的一段时间,主要复习白天或以前学过的内容;利用醒后的一段时间,记忆新内容或再复习一遍前一天晚上的内容。只要孩子能够利用这两个最佳时间段记忆,就能收到事半功倍的效果。

帮助孩子安排记忆内容的顺序

加拿大的一位学者曾做个一项实验,绘制出了关于记忆的"U"形图,被称为"系列位置曲线"。也就是说,人们最容易记住的是记忆内容的开端和结尾。

对此,我们可以根据记忆内容的重要程度、难易程度等,帮助孩子安排记忆内容的前后顺序。比如,孩子需要记忆 20 个英语单词,我们就可以帮助他把那些比较难记的单词放在开头和结尾记忆,把比较容易记忆的单词放在中间,这样一来就有可能达到最佳记忆的效果。

55. 协助孩子订立合理的学习计划

儒家经典《中庸》曰:"凡事预则立,不预则废。"无论做什么事情,如果事先有计划,往往会取得成功,反之则有可能事倍功半,甚至失败。

同样,孩子的学习也是如此。如果孩子订立了合理的学习计划,他就明确了学习目标、学习内容和时间的安排,自然会主动地学习。否则,孩子就不知道自己在什么时间应该做什么,也不知道自己正在做的事情与学习目标有什么关联,久而久之,孩子就会丧失学习兴趣。因此,我们一定要协助孩子订立合理的学习计划。

妈妈要求上 6 年级的明浩订立一份学习计划。很快,他就把制定好的学习计划拿给妈妈看,内容是这样的:

星期一:复习英语

星期二:复习语文

星期三:复习数学

星期四：复习英语

星期五：复习数学

星期六：复习英语

星期日：复习数学

妈妈觉得这个计划不太具体，便对明浩说："你能够多安排一些时间复习自己的弱项，这点做得不错。如果你能够把计划制定得再具体一些，就更好了。"随后，妈妈协助儿子订立起了学习计划。

在母子俩的合作下，一星期的学习计划都订立好了，每天的安排都很具体，其中一天的学习计划是这样的：

早上6：20—7：50：朗读英语第二单元"Where is the science museum"课文，识记hospital、cinema、post office等单词和短语；

晚上6：30—7：30：写家庭作业；

晚上7：30—8：00：休息；

晚上8：00—8：40：复习数学第二单元《分数乘法》——分数乘分数的运算，做配套练习册；

晚上8：40—9：00：预习语文第5课《詹天佑》。

有了如此具体的学习计划，明浩也有了学习动力和劲头。慢慢地，他不再需要妈妈的协助，就能订立合理的学习计划了。

如果孩子订立的学习计划不够具体，那么他在执行的时候就没有针对性，自然不会有真正意义上的收获。在妈妈的协助下，明浩的计划订立得非常具体、明了，不仅便于实际操作，还有利于增强孩子的学习积极性。

总之，我们要协助孩子订立合理的学习计划，并督促他积极地执行。那么，我们具体应该如何做呢？

注意订立学习计划的几个原则

我们在协助孩子制订学习计划的时候，一定要注意以下几个原则：

第一，计划要有针对性，符合孩子的实际情况。也就是说，我们要考虑孩子的学习水平、学习特点、接受能力、专注力，以及是否与目标相应等问题，从而协助他制订学习计划。

第二，计划要参照学校的教学进度，与孩子的学习内容相匹配。比如，孩子今天在学校学习的重点内容是"有余数的除法"，那就应该把这部分安排为计划的主要内容。

第三，计划内容要明确、具体，不要含糊不清。在一份学习计划中，只有时间和科目是不够的,还要列出具体的学习内容,就像明浩后来订立的那份计划一样。

第四,计划内容要突出重点。每个孩子的学习情况是不一样的,学习内容的安排就应该突出重点。所谓重点,一是不同科目知识体系中的重点内容,二是孩子学习中的弱项。我们要帮助孩子合理安排学习内容的比例,让他把有限的时间和精力用在"刀刃"上。

第五,计划要"劳逸结合"、"张弛有度"。在制订计划的时候,要做到劳逸结合,把休息、娱乐、体育锻炼等方面的内容安排在计划中。《弟子规》中提到:"宽为限,紧用功。"也就是说,学习计划的总体时间要尽量安排得宽松一些,真正执行时就要抓紧时间。

只要我们能够考虑以上几个原则,就会协助孩子订立合理的、真正适合他的学习计划。

督促孩子积极执行计划

孩子的自控能力相对较弱,一遇到困难就容易放弃执行学习计划。这时候,我们要督促孩子积极执行计划,但这种督促并非强制性的,而是要讲究技巧。

比如,孩子在执行计划的时候,想要延长休息的时间。如果我们一直拒绝他,可能会让他慢慢丧失执行计划的积极性。那么,我们不妨先拒绝他,然后再通过小幅度的变动满足他。我们可以这样对他说:"计划一旦制定了就要执行,如果你能保质保量地完成下面这段时间的学习任务,妈妈就允许你延长后面的休息时间。"不过,我们要把握好尺度,不要动不动就变动计划的内容,而是要视情况灵活处理。

提醒孩子定期检查计划的执行情况

在孩子执行计划的过程中,我们要提醒他定期检查执行的情况,比如,可以每天思考10分钟:今天做了什么、是否完成了今天的计划、有没有遇到问题等;也可以定期写一写总结日记:是否按计划执行了、有没有不合理的地方、执行过程中有没有遇到困难、有何体会和感受等。如此一来,孩子就能及早发现计划中的漏洞和存在的问题。

帮助孩子及时调整学习计划

当孩子执行计划一段时间之后,我们就要帮助他根据执行效果、学习情况等内容调整计划。

比如,如果孩子因为时间安排得过紧而没有完成计划,那就要适当调整时间;如果孩子还有一些重点内容需要掌握,那就要把这部分内容纳入计划之中;如果孩子的计划和老师的安排发生了冲突,就要先保质保量完成老师安排的学习任务,在行有余力的情况下,再安排自己的学习任务……

总之,学习计划一定要真正符合孩子的实际情况,使计划在孩子的学习中发挥积极的作用。

56. 不要把分数当成孩子的"命"

如今,在这个崇尚高分数、高学历的时代,很多父母只看重、也只关注孩子的分数,甚至把分数作为衡量孩子的唯一标准。于是,孩子喊出了这样的口号:"考考考,老师的法宝;分分分,学生的命根。"

结果呢?有的孩子因追求高分而失去了无忧无虑的童年生活;有的孩子除了学习,什么都不会做;有的孩子因成绩好而变得自傲自大,经受不住一点儿挫折、打击;有的孩子因成绩差而变得自卑、消极,甚至一蹶不振……总之,这些孩子因为纠结于分数,而变得不快乐。

教育家卢勤经历了这样一件事情。

一个考上北京某高校的女孩向卢勤诉说了心中的苦闷。

这个女孩的学习成绩一直很优秀,在班级排名第六,但是她却非常自卑。原来,她是在父母的打骂中长大的,只要她的成绩下降了,爸爸就会让她脱掉裤子,用皮带抽打她,甚至会打到流血,而且还不允许她哭。最恐怖的一次,妈妈变成了帮凶,捂着她的嘴巴,让爸爸打她。所以,她的心中充满了恨意。

这些事情在女孩的心中留下了很深的阴影,导致她内心一片灰暗,心中没有阳光和温暖,所以很难体会他人的感觉,经常和同学发生冲突。由于她考上了一所高校,妈妈感到很骄傲,而她却告诉父母自己很压抑。妈妈让她忘掉过去的事情。但是,她却觉得,过去的经历像一块大石头一样压得自己喘不过气来。于是,内心脆弱的她经常用小刀割自己的手腕。

看到这里,可能很多父母都会感到痛心。但这也折射出了一种现象:一些父母对孩子分数的关注已经超过了孩子本身。只不过,大部分父母没有像这个女孩的父母那么残忍罢了。

事实上,有所成就的人并不一定是考高分的人。华罗庚读初中时,功课并不好,有时数学还会考不及格,但是他却成为了著名的数学家;爱迪生小时候曾被当成是低能儿,被老师称为"笨蛋",但是他却成为了举世闻名的发明家……

因此,我们不要把分数作为衡量孩子学习好坏的唯一标准,更不要把分数当成孩子的"命"。

别将孩子的分数与我们的面子挂钩

自从有了孩子,朋友们聚在一起讨论的焦点更多地落在了孩子身上,如孩子上了哪所学校、成绩如何等。如果孩子学习成绩好,父母就会觉得很有面子,甚至把孩子的成绩当成向朋友炫耀的资本;如果孩子学习成绩差,父母就会觉得没面子,回到家后就会对孩子进行一番说教。

虽然每一位父母都希望孩子成绩优秀、分数高,但是不可能所有孩子都得第一名,都能取得理想的成绩。这时候,我们最需要做的不是顾虑自己的面子,而是及时安慰、激励孩子,为他鼓劲、加油。

因此,我们不要将孩子的分数与我们的面子直接挂钩,而是放下急功近利的心态,纠正自己的虚荣心。这样一来,我们会发现,孩子并没有想象中那么差,他会在我们期待的目光中变得更优秀。

以平常心看待孩子的分数

在生活中,我们常常听到有些父母这样对孩子说:

"如果这次考试你能考进全班前 5 名,你想要什么,妈妈就给你买什么。"

"考了这么一点分,你怎么就怎么笨呢?你看看人家的成绩,我都替你感到丢人。"

结果,学习成绩好的孩子会为了得到奖励而学习,他也许会取得不错的成绩,但是却违背了学习的初衷,还会因此变得傲慢、蛮横;学习成绩不好的孩子因常常受到批评、责骂而陷入自卑的情绪之中,那么取得好成绩就变成了遥不可及的事情。

所以,我们要以平常心看待孩子的分数,既不要因他的分数高而到处炫耀,而是让他看到分数背后的付出和努力,并鼓励他再接再厉,也不要因他的分数低而大肆批评、挖苦,而是帮助他分析分数低的原因,并对症下药,为接下来的学习目标和重点作计划,以争取获得进步。

注重培养孩子的综合素质

如果我们只注重孩子的分数,却忽略了培养他的综合素质,很可能会"培养"出一个高分低能,甚至高分高能却没有德行的人。因此,我们要把培养孩子的综合素质放在家庭教育的首位。

对此,我们要注重培养孩子的孝心、爱心、感恩心、同情心、包容心等,为他拥有良好的品德打下坚实的基础;鼓励他做一些力所能及的事情,锻炼他的做事能力;让他照顾自己的生活起居,教他学会洗衣、做饭、整理房间等;督促他进行体育锻炼,让他拥有强健的体魄。总之,对于孩子而言,综合素质的培养与学知识、长本领是同等重要的,那我们就要把他培养成一个德才兼备的人。

57. 用心呵护孩子珍贵的好奇心

好奇心,是一个人对新鲜事物进行探究的一种心理倾向。在好奇心的推动下,人们会积极地观察周围的事情,会主动地进行思考、创造。

孩子从呱呱坠地开始,就用好奇的目光东张西望,打量着这个陌生的世界;从会说话开始,就爱问这问那,经常会提出一些稀奇古怪的问题。孩子因"不知道"而产生好奇心,同时又因"想知道"而激发求知欲。可以说,好奇心是孩子探求知识的"发动机",是启迪孩子智慧的火花。

小时候的爱迪生是一个淘气的孩子,经常会搞一些小破坏。

有一次,爱迪生发现,青草不会被点燃,而枯燥却会被点燃。他感到很好奇,想做个试验。于是,他跑到仓库,用火点燃了干草堆。没想到,酿成了火灾,还把父亲囤积的草料全都烧光了。

对此,母亲并没有责备、惩罚爱迪生,而是在得知他的行为动机之后,为他找了很多实验器材和化学书籍,让他充分认识燃料,以及燃料被燃烧时发生的化学现象。从此之后,爱迪生对各种化学、物理现象产生了极大的兴趣。

面对爱迪生的破坏性行为,母亲不仅没有责备、惩罚他,反而呵护了他的好奇心,并为他提供了探索、学习的条件,从而使他走上了创造、发明的道路。

其实,很多孩子都像爱迪生一样,具有一定的破坏性,尤其是男孩子,而这都是由他们的好奇心引起的。所以,我们要了解孩子行为背后的真正原因,看到他的真实需求和动机,并针对他的破坏性行为进行正确引导,从而使好奇心成为他主动学习的动力。

总之,我们要用心呵护孩子的好奇心,增强他的求知欲,并因势利导、循循善诱,让他在探求知识的过程中体会到快乐。

不要以成人的思维束缚孩子

孩子对周围的事物有着无穷的好奇心，总会产生一些奇思妙想。这时候，我们千万不要以成人的思维方式束缚孩子的好奇心，更不要嘲笑他的想法，否则会挫伤他探索的积极性和热情。

比如，孩子把自己爱吃的零食埋进土里，等待着"发芽"，希望长出一树的美味食品。这时，我们不要迫不及待地阻止他，更不要说一些打击他的话，而是允许他继续观察，给他发现问题、解决问题的机会，从而使他对所探索的事物有一个正确的认识。

创设满足孩子好奇心的环境和条件

对于孩子而言，日常生活的环境中到处都蕴含着可供探索的资源。而无论哪种资源都可能会引起他的好奇心，都可能诱导他提出各种各样的问题。对此，我们要主动创设可以满足孩子好奇心的环境和条件。

首先，我们要消除环境中的不安全因素，禁止孩子玩弄一些危险物品，尽量把一些存在安全隐患的物品放在孩子看不到、摸不到的地方。不过，我们也不能因过分注意安全问题而什么都不让孩子碰，否则会扼杀他的好奇心，所以帮他建立自我保护意识就显得尤为重要。

其次，我们要积极创设环境和条件，培养和发展他的好奇心。比如，根据孩子的兴趣点提供各种实践材料和工具，放手让他去探索；经常向孩子提出一些诸如生活常识、地理知识、历史典故等方面的问题，激发他的好奇心，促使他去探求答案。

如此一来，孩子就可以在安全的环境中探索自己感兴趣的事物了。

谨防孩子因好奇心而做出危险的事情

孩子天性好奇，而我们又不能时时刻刻都陪在他的身边，所以意外、危险随时都可能会发生。

2012年1月7日，在武汉市江汉区，一个两岁的女孩在客厅看电视，并玩起了碱性电池。突然，在厨房干活的奶奶听到一声爆响，急忙跑到客厅，只见孙女指着喉咙。奶奶让她张开嘴巴，发现电池卡在了她的喉咙里，奶奶伸手拿出了那截黑乎乎的电池，结果奶奶的手被电池烧伤了。随后，女孩被送往了儿童医院。

怎样让孩子快乐成长
成长

看到这样的事情，我们吓得不禁一身冷汗，更不希望类似的事情发生在自家的孩子身上。那么，对于孩子想探索的心情，我们不能"堵"，而是要"疏"、"导"。也就是说，我们要在保证孩子安全的前提下，允许他去探索。

比如，孩子看到电风扇很好奇，想要伸手去碰触正在转动的扇叶时，那我们就可以告诉他风扇运行的原因，以及高速旋转的扇叶的危险性，也可以给他做个试验，如把一张纸伸进运转的风扇里，从而让他亲眼目睹扇叶的威力；孩子想用剪刀剪东西，我们就可以为他准备一个儿童专用的安全剪刀，并教给他使用的方法；等等。这样一来，我们既呵护了孩子的好奇心，还最大限度地降低了发生危险的几率。

58. 培养孩子独立思考的能力

一般来说，智力是由观察能力、记忆能力、思维能力、想象能力、操作能力综合组成的，这五种能力被统称为智力结构的五大要素。其中，思维能力是核心，是衡量一个人智力高低的主要标志。所以，美国成功学大师拿破仑·希尔曾经就说出了这样一句话："思考能拯救一个人的命运。"

然而，很多父母习惯给孩子"指路"，凡事都替他解决，而很少想到应该怎样让孩子去独立思考、去解决。时间一长，当孩子在学习上遇到了困难时，就不愿意自己思考了，而是指望我们帮他解决。

女儿只要在学习上遇到了难题，就会习惯性地向父母求助："妈妈（爸爸），这道题应该怎么做呢？"在她小的时候，父母总会耐心地给她讲解。久而久之，父母发现了一个严重的问题，女儿只要遇到了不会的题目，根本不经过思考就去寻求父母的帮助。如果父母没有给予她提示，她就做不出来。

后来，父母决定改变这种教育方式。每当女儿向他们求助的时候，他们都会说："从现在开始，你要自己动脑筋思考，如果真的解决不了，就可以问我们。"如果女儿经过思考还是没能解决问题，父母也不会像以前那样告诉她答案，而是采用启发的方式，一步步引导她想办法解决，直到她豁然开朗为止。

孩子只有独立思考遇到的问题，才能明白问题的答案是如何得来的，那么再遇到类似的问题时，他就能轻松地解决了。孩子只有通过"思考"和"感悟"而获得的知识，才能被他真正吸收。而"教育"，就是启发孩子去"思考"、去"感悟"，而不是直接告诉他"结论"。

当孩子拥有了独立思考的能力，就会善于发现问题，并通过思考、分析找到答案。这样，他对人生的种种选择也会更具甄别能力，不仅可以在学业方面取得更优异的成绩，还可以在成长的道路上少走一些弯路。

因此，从孩子小时候开始，我们就要鼓励他多动脑、多思考，并对他进行有效训练，从而培养他独立思考的能力。

别让孩子产生"思考依赖"

很多孩子天生就依赖父母，所以每当他遇到问题的时候，第一个念头就是找父母帮助。这时候，我们千万不要"一问就答"，否则就剥夺了孩子动脑思考的机会；也不要给孩子进行过"透"、过"细"的讲解，否则会导致他不爱思考。

为了不让孩子产生"思考依赖"，我们要鼓励他通过自己的思考去解决问题。我们可以这样对孩子说："这个没什么大不了的，你完全可以自己解决。"久而久之，孩子就会形成一个思维定势：困难没什么大不了的，我可以自己去解决。

给孩子创造思考的情境

有人说，问题是思考的起点。的确，当孩子经常面对问题，经常处于被提问的情景中，大脑就会处于积极活跃的状态，就会为找到答案而不断思考。因此，我们要给孩子创造思考的情景，经常向他提出一些问题，从而锻炼他的思考能力。

一位爸爸经常把自己扮演成外星人，然后向儿子提出很多关于地球上的问题，如"为什么会有气候和天气的变化"、"为什么会有白天和黑夜"。在这种提问情景中，儿子学会了思考，也学到了很多知识。

爸爸还经常带儿子去博物馆，先让他阅读一些相关书籍，然后再向他提出问题。对于他无法解答的问题，爸爸就会用浅显易懂的话为他解释。爸爸的提问激发了他的学习热情，他对数学和其他科学知识也产生了极大的兴趣。

这个男孩长大后获得了博士学位，还担任了美国康内尔大学的教授，并于1965年获得了诺贝尔物理学奖。他就是美国著名物理学家理查德·菲利普·费曼。

理查德·菲利普·费曼能够取得如此辉煌的成就，与爸爸对他的教育是密不可分的。平日里，我们就可以借鉴这位爸爸的做法，与孩子一起阅读、看电视、参观博物馆等，并向他提出一个个与之相关的问题，让他在愉悦、没有约束和压力的气氛中思考。

充当孩子的"脚手架"

如果孩子经过思考也没有解决问题时,我们就要充当他的"脚手架",为他提供一个解决问题的框架,给他恰当的提示或指导,并给他足够的时间去解决。比如,孩子遇到了一道数学难题,我们就可以先帮他梳理一下做题思路,然后再让他自己解题。如此一来,孩子独立思考的能力就会得到提高。

多让孩子玩一些益智类游戏

一项科学研究表明:孩子玩一些富有想象力、创造力的游戏,有利于培养他的思考能力。

对此,我们要经常和孩子玩一些益智类游戏,如搭积木、下棋、走迷宫、玩魔方、数字类游戏等;也可以利用节假日开展一些智力竞赛之类的活动,并邀请孩子的朋友来参加。

这样做,不仅可以促进孩子思考能力的发展,还可以促进我们与孩子、孩子与朋友之间的关系,从而让他获得快乐。

59. 在自然和游戏中也能学习

"让孩子赢在起跑线上"这句话,不知让多少父母绷紧了神经。于是,越来越多的父母重视早教,从孩子会说话开始,就教他识字、学算术、背唐诗、学英语。这些父母如此重视孩子的早期教育,的确是件好事。

但是,由于很多父母不懂得科学的教育方法,只重视知识的灌输,却忽视了接触自然和通过游戏学习等天然、有效的教育渠道,结果使孩子变成了撑得饱饱的"呆鸭子",孩子从中不但没有感受到学习的乐趣,反而觉得学习是一件苦差事,他从此就"伤在起跑线上"了。

事实上,接触自然和游戏是上天赠予孩子的特殊礼物,也是孩子了解世界、认知世界的一种重要媒介。通过接触自然和做游戏这种方式,孩子不仅可以获得快乐,还可以在不知不觉中学会很多知识和本领。

著名儿童文学家严文井打过这样一个形象的比方:玩对小孩子和对小动物同样重要。所有小动物都没有上过学,它们的本领和技能又是从哪里学来的呢?是从玩中学来的。玩能锻炼它们很多本领和技能,而正是这些本领和技能关系到它们日后的生存。小猴子在树上跳来跳去,玩得不亦乐乎。可是有一天,当它遇到围捕时,它必须从一棵树跳到另一棵树上，跳过去就是生，跳不过去就是死。那你说这玩中学到的本领和技能重不重要？玩是不是一种不可缺少的学习呢？

的确，对于孩子的学习来说，并不仅仅是安静地坐在书桌前、拿着书本才叫学习，在玩的过程中一样可以学习到很多知识，而接触大自然和游戏就是最好的两个途径。因此，我们要摆脱"只学不玩"的错误观念，给孩子创造既能玩又能学习的环境，让他在愉悦、轻松的氛围中学到知识。

经常带孩子亲近大自然

奇妙的大自然是孩子成长的快乐园地，也是孩子学习的天然课堂。然而，越来越多的孩子生活在钢筋混凝土构建的高楼里，生活在电视、电脑、电子游戏所制造的空间里，越来越远离蓝天、花草、小动作等大自然因素，自然也就失去了在天然课堂中学习知识的机会。

对此，我们一定要经常带孩子出去走走，多让他亲近大自然。在大自然中，小石头、小树叶、小花小草、小动物都会成为孩子的"玩伴"，而自然资源所呈现出丰富多彩的形、声、色等都可以成为孩子学习的对象。可以说，孩子不仅可以从大自然中获得快乐，还可以学到无穷无尽的知识。

有这样一家人。每到周末，父母都会带着女儿到大自然中走一走。有时候，他们还会有意识地引导她运用各种器官认识自然界。比如，会让她踮起脚尖摸一摸小树的叶子，观察叶子的形状；蹲下来观察一下小动物，尤其是蚂蚁是如何搬运食物的；闻一闻不同的花香，观察花瓣的颜色、形状；听一听流水的声音；等等。在这个过程中，父母还会传授给她一些有关的知识。

在亲近大自然的过程中，父母不仅引导女儿运用各种器官认识自然界，还给她讲解了相关的知识。在这种环境下，孩子自然会获得学习的乐趣。

心理学家研究发现：人在潜意识中看到的事物可以对大脑产生长久的影响。当孩子处在大自然的丰富环境中时，各种有用的知识就会不断地输入大脑之中，大脑就会在下意识中把这些知识结合并存储起来。对于孩子来说，这样的学习毫不费力，而且很有效果。

切记，我们不要刻意给孩子传递各种知识，而是让他尽情地玩，引导他在玩中学，从而达到一种寓教于乐的良好效果。

引领孩子在游戏中快乐学习

苏联著名教育家马卡连柯曾经说："游戏在孩子生活中具有极重要的意义，具有与成人活动、工作和劳动同样重要的意义。"的确,游戏是孩子认识生活、认识人际关系的一种独特方式,也是发展智力、获得知识不可缺少的一种活动。

有时候,孩子看似只是在摆动玩具,其实小脑袋在不停地转动,他会想,小陀螺为什么会转个不停?不倒翁为什么会不倒呢?玩具狗为什么会叫、会走呢?积木为什么能垒得很高呢?这些问题都可以提升孩子的思考力、想象力和创造力。

因此,我们要尽量为孩子创造轻松愉快的良好环境,与他开展有益的游戏,这不仅可以在潜移默化中开发他的智力,发掘他的潜能,而且能让他保持对学习的持久热情,从而提高学习的自主性、自觉性。

60. 让孩子感觉学习是快乐的事

孔子曰:"学而时习之,不亦说乎。"古人也说:"书中自有黄金屋,书中自有颜如玉。"这足以说明,学习是一件快乐的事情。

其实,对于刚刚接触学习的孩子来说,外界环境就像一个充满了新鲜感的学习天地,他们总会很快乐地接触、探索一些新鲜事物。当他第一次在空白的纸上写下自己的名字时,当他第一次可以自主阅读故事书时,当他第一次算对一道数学题时,当他第一次被老师在全班表扬时,当他第一次考了满分时……他们都会感到快乐。

然而,不知从什么时候开始,孩子感觉不到学习的快乐了,看到"学习"这两个字就头疼,甚至想尽一切办法来逃避上课和写作业。

> 两个女孩结伴回家,其中一个女孩说:"我真想大病一场。"
> 另一个女孩先是一愣,然后问道:"为什么?"
> "我每天除了要做老师布置的作业之外,还要做我妈给我买的练习册。
> 周末的时候,我还要上各种补习班,根本没有玩的时间。如果能得场大病,
> 我就能好好休息休息了,再也不用每天面对学习了。"
> "让你这么一说,我也想大病一场。"
> ……

孩子每天都忙碌在学习中,除了学习,还是学习,又怎能感到快乐呢?当孩子感觉不到快乐的时候,即使学习内容再简单、再有趣,在他看来也是索然无味的。而且,如果孩子长期被动学习,学习就会变成他的一种负担,甚至会导致他滋生厌学情绪。

我们要想让孩子感受到学习是一件快乐的事情,不妨从以下几个方面入手。

千万不要压迫孩子学习

教育家陶行知在一次作报告的过程中,把一只母鸡放在了讲台上,并说:"它已经3天没有吃东西了,现在,你们看我怎么喂它。"

说着,他抓住母鸡的翅膀强迫它吃米,结果母鸡不吃。他说:"看来,我还要加压。"于是,他按住母鸡的头,使劲让它吃米,结果母鸡还是不吃。他继续说:"这种方法行不通,还是换个方法吧!"说着,他放开了母鸡,捋捋它的羽毛,摸摸它的头。慢慢地,母鸡安静了下来,当它发现前面有米时,急忙冲上去把米吃光了。

看到这里,我们是否有所感触和启发呢?是的,就像起初喂母鸡吃米一样,一些父母总是压迫孩子学习,结果孩子觉得学习是一件非常枯燥无味的事情,即使按照父母的意愿乖乖地坐到书桌前学习了,他的学习效率也会很低。可以说,学习本来是人世间最大的乐事,却在我们的压迫下变质了。

所以,我们千万不要压迫孩子学习,不要对他的期望值过高,不要给他设定过高的目标,更不要过多地向他强调分数、升学等问题,而是让他把学习当成自己的事情,让他自己安排学习内容,让他在学习中体验到喜悦感、成就感。

主动询问孩子在学校过得是否快乐

在生活中,我们经常看到这样的场景:孩子放学回到家,书包还没放好,父母就开始询问:"今天在学校都学到了什么?都学会了吗?"如果我们总是追问孩子在学校的学习情况,很容易让他对学校和学习产生厌烦心理。

相反,如果我们不问这些,而是问他:"今天在学校有什么有趣的事情吗?"那么,孩子就会回忆在学校发生的一些趣事,而这些点点滴滴的快乐很可能会让他爱上学校和学习。不仅如此,孩子所讲述的趣事中很有可能会涵盖自己的学习状况,我们也能从中了解他的学习积极性是否高涨,从而作出正确引导。

所以,我们要主动询问孩子在学校过得是否快乐。当然,这并不代表我们不关注孩子的学习状况,而是换一种方式更全面地关注他。

激发孩子对学习的新鲜感

孩子只有对学习保持一种新鲜感,才不会觉得学习很乏味,才会感受到快乐,从而爱上学习。所以,我们要想办法激发孩子对学习的新鲜感。

比如,当孩子准备学习珠算的时候,我们就可以对他说:"珠算是一种伟大的计算方法,至今已经有2 000多年的历史了,可以锻炼你的思维能力,还可以让你的手脑配合得越来越协调。"如此一来,孩子就会带着神秘感和神圣感去学习珠算,自然不会感到学习是一件枯燥的事情。

帮助孩子调整学习状态

当我们发现孩子学习得不快乐时,帮助他调整学习状态。此时,我们可以与孩子一起寻找快乐,陪他玩他喜欢的游戏,做他喜欢的事情,聊他感兴趣的话题……当孩子的精神状态有了好转之后,对学习就不会那么排斥和厌烦了,就会以比较饱满的热情投入到学习中,学习效率才能提高。

61. 不盲目地替孩子去择校

如今,"赢在起点"成了越来越多父母追捧的名言。谁都不希望自己的孩子输在起跑线上,都希望孩子享受最好的教育。结果,"择校风"愈演愈烈,已经从"初升高"、"小升初"悄然蔓延到了"幼升小",这种风气给很多家庭带来了巨大压力。

每当孩子幼升小、小升初的时候,很多父母就会投入到这场没有硝烟的"择校战"中,到处打听哪所学校好,并亲自去各个学校考察;带孩子参加各种入学考试的培训,为"敲"开名校的大门而"备战";托熟人、找关系、交付一大笔入学费,不顾一切地让孩子入校;更不惜上演现代版的"孟母三迁",为方便孩子上学而举家搬迁。那么,我们辛苦为孩子选择的学校,是否真的适合他呢?

> 儿子到了上小学的年龄,妈妈从6月份就开始到处打听好学校。后来,妈妈听说有一所很有名气的小学,师资力量雄厚,而且从那里毕业的学生成绩大都很好。于是,妈妈就把儿子送进了那所学校。
>
> 但是,当儿子入学之后,妈妈发现他过得并不快乐,刚开始以为他只不过是不适应那里的环境,就没在意。后来,老师向妈妈反映,他上课注意力不集中,学习成绩呈下滑趋势。妈妈不禁怀疑:那所学校真的如别人说的那么好吗?

的确,为孩子选择一所好学校,对他将来的学习和发展会有好处。但是,评判一个学校是否是好学习,并不只看学校名气、师资力量和学生成绩,更重要的是,是否真正适合孩子的发展。如果我们能够为孩子选择一所真正适合他发展的学校,他就会愉快地融入到集体中,就会从学习中获得快乐,并真正在学习中有所收获。

因此,为了孩子的长远发展,我们一定要端正自己的心态,不要盲目跟风,不要武断、急躁,而是要从孩子的角度出发,选择一所真正适合他发展的学校。

不一定非要让孩子进名校

为了让孩子接受最好的教育,很多父母不顾一切地把孩子送进名校,甚至认为,名校就是孩子成才的保证,孩子只有进入了名校,才会有好发展。

不可否认,名校肯定有它的优势。但是,我们也应该冷静地分析一下:正是因为名校,所以人人都想去,学生自然就非常多,当班额太大的时候,老师肯定无法顾及到每一个学生;名校升学率高的原因之一是招收了大批优秀学生,如果我们的孩子成绩不太好,而我们通过关系、金钱把他送进了名校,反而会让他产生自卑心理,甚至会使他的学习成绩一再下降。

所以,我们在为孩子择校之前,一定要理性分析和判断,要权衡利弊,不一定非要把他送进名校,而是为他选择一所适合他的学校。事实上,只要是真正适合孩子的学校,就是独一无二的"名校"。

对学校的考察要尽量全面

我们在为孩子择校的时候,一定要全面考察学校,除了它的教学质量之外,还要考察它是否有稳定的师资队伍,是否为孩子提供了良好的学习生活环境,有没有良好的学习氛围,有没有良好的校风,是否有利于全面培养孩子的各项能力,是否注重对孩子的道德培养,等等。

试想一下,如果孩子从一个学校毕业了,但是除了学习成绩比较优秀之外,不具备各项能力,而且道德素养也比较差,那么他又怎能谈得上有美好的未来呢?我们千万别忘了,未来社会需要的是德才兼备的人才。因此,我们不要盲目为孩子选择学校,而是要对学校进行全面考察,看看是否利于孩子未来的发展。

择校要考虑孩子的自身条件

怡凡到了上初中的年龄,爸爸凭借关系完全可以把她送进一所重点中学,但他并没有这样做,而是询问了她的想法。

怡凡经过一番思考,对爸爸说:"我目前的成绩在班上只是中游水平,如果到了重点中学,同学们的成绩都很好,我很难追得上。如果上一所普通中学,只要我努努力,没准还能名列前茅呢!这样,我就会有自信,就会学得更好。"爸爸尊重了怡凡的想法,并根据她的现状为她选择了一所普通中学。

进入中学之后,怡凡的学习热情非常高涨。一段时间之后,她的成绩处于上游水平,这给了她更大的自信。

孩子是学习的主体,是否能够好好学习、快乐学习,除了自身的因素之外,还会受外界环境因素的影响。如果孩子品学兼优,很有上进心,那我们就可以鼓励他上名校,从而使他更好地提升能力,当然,具体上不上名校,还是要征求并尊重他的想法;如果孩子成绩一般,我们就应该尽量避免让他进名校、重点学校,否则会使他的自信受挫。总之,我们在为孩子择校的时候,一定要考虑孩子的自身条件,让孩子能在适合的学校健康、快乐地成长。

62. 认真对待孩子的每一个问题

当孩子处于探索未知世界的阶段时,他觉得世界是新鲜、神奇的,总会提出各种各样的问题,比如,花为什么是五颜六色的啊? 为什么人不能像鸟儿一样飞呢? 鱼儿会睡觉吗? 面对孩子提出的这些千奇百怪的问题,很多父母都被弄得焦头烂额。

其实,每个孩子都会经历"询问期",即最爱提问题的时期。一般来说,3～4岁的孩子会经历第一询问期,喜欢问一些诸如"这是什么"、"那是什么"之类的问题;4～6岁的孩子会经历第二询问期,喜欢问一些诸如"为什么"、"怎么会这样"之类的问题。

孩子喜欢提问,是认识新事物的一种积极表现,也是智力水平和语言能力发展到一定水平的标志。由于孩子的视觉、听觉、触觉等器官逐步发育,与周围环境的接触也越来越密切,他会越来越渴望认识新事物,所以就会通过"提问"的形式来寻求我们的帮助,从而满足自己的兴趣和愿望,促进自己智力水平和语言能力的发展。

所以,我们要认真对待孩子的每一个问题,不因他提出的问题太简单而敷衍他,也不因他的问题太幼稚而嘲笑他,更不要用粗暴的态度拒绝他,否则会伤害到他那颗渴求知识的心。

如果我们能够认真对待孩子的提问,就会增强他的求知欲,从而使他在提问、学习的过程中体会到快乐。那么,我们应该如何做呢?

积极回应孩子提出的问题

当孩子缠着我们问这问那时,我们不要不理睬他,更不要说一些诸如"怎么这么烦,你就没看到我正忙着吗"、"问这么多问题有什么用啊"、"连这么简单的问题都不知道,真够笨的"之类的话,否则会让孩子放弃对未知事物的探索,使他的好奇心随着年龄的不断增长而减弱。

因此,当孩子向我们提问的时候,我们一定要积极地回应他。首先要放下手头的事情,注视着他,用点头和微笑鼓励他说下去;其次,我们要说一些表示肯定、赞同的语言,如"这个问题问得好"、"这个问题真有意思"、"爸爸(妈妈)小时候也有这样的疑问"等。当孩子发现我们对他提出的问题很感兴趣的时候,自然就会感到快乐,下次还愿意向我们提问。

灵活处理孩子的提问

一般来说,孩子所提出问题的答案包括这样几个类型:其一,孩子能够通过观察、思考得出答案;其二,孩子虽然得不出答案,但我们却知道正确答案;其三,我们和孩子都不知道答案,但是可以通过查找资料找到答案;其四,人类至今还没找到答案。

面对孩子提出的问题,我们首先要明白这个问题属于哪一个类型,然后再根据具体情况灵活处理。

如果是第一种类型,我们就不要急于告诉孩子答案,而是鼓励他开动脑筋,引导他自己去观察、思考,自己查找相关书籍和资料。当孩子通过努力找到了答案,就会产生一种成就感,而这种感觉会促使他进一步提出问题、解决问题,进而走向良性循环。

如果是第二种类型,我们就要根据孩子的年龄、思维发展的情况,尽可能以简明、准确、浅显易懂的方式向他讲解。对于一些不容易理解的问题,我们要尽可能地多采用演示的方式,让他在体验的过程中掌握知识。

如果是第三种类型,我们不要装出一副无所不知的样子,而是如实告诉孩子:"妈妈也不知道这个问题的正确答案,我们一起来查找资料,好不好?"这样做,不但不会使我们丧失威信,反而会让孩子更加尊重我们。

如果是第四种类型,我们就可以这样对孩子说:"这个问题问得好,不过,我们人类目前还没有解决这个问题,希望你长大之后能够找到问题的答案。"如此一来,孩子既知道了学无止境的道理,也会更加主动地去学习。

巧妙地回答孩子的问题

3岁的儿子第一次乘坐大巴车,他感到非常兴奋和好奇。当他看到旁边的汽车尾部冒烟的时候,好奇地问:"爸爸,您看,车子冒烟了,为什么会冒烟呢?"

爸爸想了想,说:"汽车就像人一样,会吃饭、喝水,经过一番运动之后,也会把不要的东西排泄出去。"

"汽车也要吃饭?我怎么没看到它会吃饭啊?"

"汽车和我们吃的饭不一样,我们需要蔬菜、粮食,而汽车需要汽油。汽车要有足够的汽油'吃',它才有力气跑。汽车在开动的过程中,会'吃'汽油,从而变成黑烟从车尾排出来。"

"原来,汽车吃进去的是汽油,排出来的就是黑烟啊!"

"没错。"

面对一个3岁孩子提出的问题,如果我们一本正经地给他讲解汽车的原理,他未必能理解。而这位爸爸的方法非常巧妙,他利用形象、通俗易懂的方式讲给儿子听,让他学到了相关的知识。

我们在回答孩子提出的问题时,一定要考虑他的理解能力,最好多用具体的事例,从他比较熟悉的事物出发,从而使他易于接受。对于一些我们也模棱两可的问题,一定不要敷衍了事,更不要随口瞎说,而应和孩子一起通过查阅资料、请教他人等方式寻找答案。

63. 不要跟风给孩子报学习班

如今,随着社会竞争越来越强,升学压力越来越大,很多父母在让孩子接受学校教育的同时,还给他大搞"课外加餐"——报学习班。结果,原本无忧无虑的童年时光却被各种学习班填满了。

一般来说,父母为孩子报学习班有这样几种情况:第一,父母忙于工作,没有时间照顾孩子的学习;第二,孩子有强烈的学习需求,希望上学习班继续充实自己;第三,孩子在学校的成绩比较差,父母希望通过上学习班提高他的成绩;第四,孩子不愿意上学习班,但父母害怕孩子会落后于他人,便盲目跟风为其报学习班。

事实上,有些家庭上述情况可能兼有,但从统计来看,第四种情况是普遍存在的现象。

下面,我们就一起来看看两位妈妈的心声吧!

一位妈妈说:"以前觉得吧,孩子只要在学校学好了就行了,也不想给他增加负担。但是,周围的同事、朋友都给孩子报学习班,如果不让孩子上吧,又担心他在成绩上落后于其他同学,将来难以适应社会的发展。"

另一位妈妈说:"我也知道,孩子不愿意上学习班。其实,看到她每天奔波于学校、学习班之间,我也挺心疼的。但是,这又有什么办法呢?孩子班里很多同学都报了学习班,万一她跟不上了怎么办呢?"

可以说,我们为孩子报学习班,也是为了他好。但是,这种盲目跟风的做法对孩子的成长非但无利反而有害。

比如,有的孩子要上好几个学习班,几乎没有了可以自由支配的时间,丧失了自主安排学习生活的机会;有的孩子是被迫上学习班的,所以他感到了不被尊重,在心理上有很大压力;有的孩子甚至产生了"上课不听也没关系,反正还有学习班"的心理……总之,跟风给孩子报班,只会增加孩子的负担,让他感受不到快乐。

因此,我们应该在尊重他的基础上,根据他的实际情况,慎重地为他选择学习班,从而使他提高学习能力和学习成绩。

主动征求孩子的意见

儿子上五年级,妈妈看到很多家长都给孩子报学习班,便对他说:"我想给你报个学习班,你看怎么样?"

儿子想了想,说:"我觉得没必要,只要跟上老师的进度,课后多复习、多做题,考个好成绩没问题。"

"但是,你们班很多同学都上学习班,我担心你会被人落下。"

"可别提了,他们是上学习班了,但是有的同学的成绩非但没提上来,反倒降下去了。"

"为什么会这样?"

"有的同学认为学习班的老师会再讲一遍,所以上课就不认真听讲了。"

"这种现象肯定存在。那你的意思是不报学习班?"

"对。"

"那行,妈妈尊重你的想法。"

儿子高兴地说:"谢谢老妈!"

这位妈妈的做法很开明,她没有强迫儿子报学习班,而是主动征求并尊重了他的意见。如果孩子是被迫上学习班的,那么很难收到良好的学习效果。相反,如果孩子想上学习班,那么他就会产生学习的动力和兴趣,自然会收到良好的学习效果。

因此,在是否要报学习班、报哪种学习班等诸多问题上,我们一定要主动征求孩子的意见,耐心地听一听他的想法,并尽量尊重他的意愿。

根据孩子的实际情况报学习班

我们在给孩子报学习班的时候,一定要多一些理性的思考,不要盲从其他人的选择,而应综合考虑自己孩子的实际情况。

其实,孩子只要在课堂上认真听课,课外及时复习巩固知识,考个好成绩就不会有太大问题,也就没必要非得上学习班了。如果我们希望孩子继续"充电",从而提高学习成绩和学习能力,也可以为他报一些提高班,但一定要事先征求他的意见。

如果孩子出现了偏科,跟不上老师讲课的节奏,落下了必须掌握的一些知识点,我们就可以在征得孩子同意后给他报学习班,从而根据他知识掌握的情况进行有针对性的补充和强化。

学习班要"精"不要"多"

如今,有的父母已经不满足于给孩子报一个学习班了,而是给他报好几个。这种不切实际地让孩子满负荷学习的方式,是非常不利于他的学习的。因为,孩子的精力有限,当他每天奔波于各个学习班时,连消化吸收知识的时间都没有了,哪还有成效可言啊!更为严重的是,孩子很可能会对参加学习班产生抵触情绪,进而产生厌学的情况。

因此,我们在给孩子报学习班的时候,一定要"精"而不要"多",抓住孩子感兴趣的一项,或者是孩子的弱项,进行有针对性的提高或补充,这就足够了。

第六章 教孩子学会自动自发地学习

第七章　让孩子的世界充满阳光

我们都希望自己的孩子将来有所作为,但是无论孩子未来的人生是精彩还是平凡,他的健康和快乐才是最重要的。每个孩子都有自己独一无二的世界,而我们的任务之一,就是将浓浓的爱意化作滴滴甘露、缕缕清风,滋润孩子纯洁的心灵,让孩子的世界永远充满阳光,让他的人生更加快乐、幸福。

64. 教孩子学会控制情绪

孩子有各种各样的情绪,有积极的情绪,如兴奋、快乐、激动……也有消极的情绪,如烦躁、绝望、委屈、恐惧……无论哪种情绪,因为孩子年龄小、阅历不足,对情绪的控制能力都显得比较弱。因此,他会时不时发发任性的"小脾气",也会偶尔展现出具有攻击性的偏颇情绪。如果不能控制好,将会给孩子带来不良的影响。

　　林琳是个乖巧的女孩,平时很文静,但最近却总做出一些让父母觉得担心的事情。

　　有一天,妈妈正在厨房准备晚餐,而林琳则在书房写作业。突然,妈妈听到书房传来林琳歇斯底里的大哭声。妈妈赶紧跑去书房,一看,嗬!书全都被扔到了地上,而林琳正趴在桌子上痛哭。

　　妈妈被这情景吓了一跳:"这是出什么事了?哭得这么伤心。"于是她赶紧过去安慰林琳。但是林琳依然放声大哭,直到自己哭累了才停下来,人却木呆呆地傻坐在椅子上,一声不吭。妈妈急了,问她:"怎么哭成这样了?"

　　"刚才我看到课本,就想起学校,想起学校就想到期末考试,我心里特别紧张,不知道该怎么办,越想越害怕。"说完林琳的眼泪又流出来了。

案例中林琳的表现其实就是典型的情绪失控。她无法控制自己恐惧、抑郁、焦虑的负面情绪,在无法承受的情况下崩溃大哭,这也算是一种情绪的宣泄。但是如果没有得到更进一步的调节和梳理,很有可能发展为严重的心理疾病。

我们要教会孩子及时摆脱那些会对自己产生不良影响的情绪,同时,还要教孩子对积极的,能给自己带来正面影响的情绪加以调控,让自己能保持愉快、向上的心境。总的来说,就是我们既要教孩子控制情绪,又要教孩子宣泄情绪,这样才能促进孩子情感的健康发展。

那么,如何让孩子学会控制情绪呢?

培养孩子良好的心态

良好的心态就是指,当孩子面对挫折和困难时,能够保持积极、乐观的心态,不紧张也不害怕;当孩子面对较大的奖赏或者荣誉的时候,也能不骄不躁,谦虚谨慎。

在孩子的成长过程中,总会遇到一些影响他情绪的事情。比如,考试没考好,没评上三好学生等等,往往此时孩子会表现得情绪很低落。他害怕被老师和同学看不起,害怕受到我们的责罚,甚至产生害怕学习的念头。

这时,我们首先要控制好自己的情绪,平心静气地帮孩子分析失败的原因,找到原因后一定要尽量鼓励孩子积极面对,减轻他的心理压力。告诉他,一次考试成绩并不能说明什么,要相信自己,只要再加把劲,下次一定能成功。经过我们的疏导,孩子再面对挫折和失败时,就能渐渐变得积极、乐观,心平气和。

有时候孩子在某一方面取得了很好的成绩,他会表现得很高兴。这时,我们可以对孩子取得的成绩给予表扬,但也要告诉他不能因为一点成绩就出现骄傲自满的情绪,要让他知道谦虚的人才能取得更大的成就。

让孩子懂得宣泄负面情绪

方芸上小学四年级,平时成绩一直很不错。

有一次,老师让她代表学校去参加奥数竞赛。这突如其来的压力让她吃不好、睡不好,一直处在紧张的状态中。可是每当老师问她有没有问题时,她都故作轻松地告诉老师自己能应付。

眼看离竞赛的日子越来越近,方芸也显得越来越心神不宁,她害怕自己让老师、同学失望,也怕让爸爸妈妈失望。面对这些压力,方芸不知如何宣泄,她最终没能在竞赛中拿到好名次。

像案例中方芸这样,害怕、失望等负面情绪积压在心中得不到宣泄,致使她在竞赛的时候压力过大,发挥不出自己应有的水平,令人惋惜。更重要的是,无法宣泄负面情绪,对孩子的身体健康和心理发展都有着极为不利的影响。

当我们发现孩子明显出现不良情绪时,一定要教他学会宣泄。比如,当孩子觉得烦闷时,我们要引导他学会倾诉,把他内心的压力与害怕都说出来,这样我们才能有的放矢地开导孩子,而他在倾诉完后也会觉得轻松、愉悦。此外,还可以让孩子通过跳舞、唱歌等方式宣泄心中的负面情绪。

如果孩子的负面情绪总是堆积在心里,就会严重影响他的心理健康,长此以往,很可能使他因为背负过重的压力而崩溃。因此,让孩子合理宣泄自己的情绪,才能让他心情愉悦地健康成长。

营造宽松和谐的家庭情感氛围

要让孩子学会很好的控制自己的情绪,我们平时也要多注意营造温馨的家庭氛围,因为只有和谐的氛围才能让孩子体验到关心、爱护和尊重,从而使他产生愉快、积极的正面情绪。而在紧张的家庭氛围中,父母的争吵、指责、埋怨等往往会导致孩子产生焦虑、恐惧等负面情绪。因此,我们一定要努力营造一个和谐、轻松、充满爱意的家庭环境,让孩子时刻感受到乐观、平和的气氛。这有利于孩子学会调控情绪,并成长为一个快乐、宽和、无畏的人。

65. 让孩子在玩中释放天性

孩子天生拥有强烈的好奇心和求知欲,他往往是在玩耍中成长的,在玩的过程中探知整个世界。然而,钱学森先生说过这么一句话:"我们当年生活在苦难的时代,却有幸福的童年,而现在的孩子生活在幸福的时代,却有一个苦难的童年。"此话从何说起呢?如今很多孩子的童年没有"玩耍"这个字眼,只有学习学习再学习。这样的童年又有什么快乐可言呢?没有快乐的童年,又谈何健康成长呢?

放暑假了,可是顾萌一点都不觉得兴奋,她坐在书桌前托着腮说:"我的生活真是太没意思了,一点都不快乐!"

妈妈听了吓了一跳:"傻孩子,说什么呢?你每天吃好喝好,什么都不用管,怎么就不快乐了?"

"妈妈,你看看我的暑假计划表,我哪还有玩的时间啊?"

妈妈接过来一看,整个暑假都被各种学习项目排得满满的。白天要去参加英语班、画画班、钢琴班、舞蹈班,晚上回来还得做作业、练钢琴。这么一看,她还真是挤不出一点儿玩的时间,学习时间安排得太紧凑了。

虽然妈妈也觉得她为顾萌报的课外辅导班太多了,但想到现在日益激烈的社会竞争,实在不想让孩子输在起跑线上。于是为了顾萌好,妈妈狠下心没理会她,仍然让她过了个无比"充实"的暑假。

在如今这样竞争激烈的社会,很多父母都有这样的担心:"如果我不给孩子报班,让他学一些东西,他会不会比别的孩子落后?"于是父母们就让各种课外补习班、特长班占据了孩子的整个课余时间,而孩子一点玩耍的时间都没有。

这样做真的是为孩子好吗?很多科学家做过研究,发现玩耍对于孩子的成长非常重要。比如,20世纪60年代,美国加利福尼亚大学的生物心理学家马克·罗森茨威格曾做过一个实验,证明孩子玩耍得越充分,那么他的大脑发育就会越好越聪明;而美国国家玩耍研究院的精神病学家斯图尔特·布朗也通过几十年的研究证明,如果孩子不能无拘无束地玩耍,那么他长大后可能会难以适应丰富多变的环境,这对孩子以后的生存非常不利。

孩子现在的学习负担已经很重,作为父母,我们为什么不多给孩子一些玩耍的时间,让他在玩耍中释放天性、快乐地成长呢?

允许孩子无拘无束地玩耍

什么叫"无拘无束地玩耍"呢?也许有的父母认为就是给孩子充分的玩耍时间,其实,这个"无拘无束"还包含让孩子在完全没有规则限制的条件下自由地玩耍。

孩子现在玩耍的时间大多被一些规则完善的游戏所占据,比如踢足球、拼字游戏等。这些游戏当然也很有趣,但是却不利于孩子创造性的培养。

其实,让孩子无拘无束、自由自在地玩耍,能给孩子发育中的大脑带来更多挑战,让他思考的角度更多元。比如,孩子会把自己假扮成医生、老师、公主、国王……尝试各种不同的角色,并为此创造出很多玩法……

类似这种游戏不同于规则性强的游戏,孩子在自由玩耍中会利用丰富的想象力,不断尝试新的活动和角色。而这些游戏所激发出的创造力是孩子在有规则的游戏中无法获得的,他在这样无拘无束的玩耍中获得了心灵的快乐,同时也培养了自己的想象力与创造力。我们为何不让孩子自由自在地玩耍呢?

给孩子宽松的玩耍空间

对孩子的生活指手画脚是我们经常会犯的一个错误,在孩子玩耍的时候我们也总是忍不住在旁边提醒、干涉,告诉孩子要这样,要那样。孩子无法按照自己的想法,只能按照我们所要求的方式去玩,这样的玩耍对孩子来说有什么乐趣可言?

在我们成人眼中,"玩"必须是有程序性的,我们必须在玩耍中获得某种结果。

而对于孩子来说,玩耍只是他体验快乐的过程,他不是以固定的、有规律的方式来玩耍,而是在变化中感受玩耍给他带来的乐趣。

一个废旧的瓶子,一张写过字的废纸,也许这些在我们眼中是垃圾,但在孩子眼中却是独特的玩具。每个人都有自己玩的方式,也有自己对玩的理解,只有触动自己心中的兴趣,才能带给人快乐的体验。

因此,我们应当给予孩子宽松的玩耍空间,因为在玩的方面,孩子永远比我们更有想象力和创造力。

鼓励孩子与同龄人一起自由玩耍

孩子可以从老师那里学会如何约束自己的行为,而在与同伴的玩耍过程中,却能学会如何与他人和睦相处,提高自己的社交能力。

比如,孩子在和同伴一起玩角色扮演的游戏时,会逐渐知道哪个角色是同伴可以接受,而哪个角色是同伴无法接受的。为了和同伴继续玩下去,孩子会愿意退让一步,来满足同伴的要求,和同伴轮流扮演自己喜欢的角色。

要保持这种良好的玩耍氛围,需要一定的交流技巧,孩子正是在和同伴玩耍、交流的过程中,逐渐增强了自己的社交能力。所以,我们何不放手让孩子与同龄人自由玩耍呢?

66. 给孩子自由支配的时间

现在,一些孩子对很多事情都缺乏了应有的热情,常常显得对一切都提不起劲儿,这是为什么呢? 一个重要的原因是我们做父母的侵占了本该由孩子自由支配的时间。什么时候做作业,什么时候复习功课,什么时候弹琴,什么时候睡觉……一天24小时,我们都为孩子安排得满满的,几乎控制了他所有的时间。

我们剥夺了孩子支配时间的自由,实际上是剥夺了孩子成长和发展的机会,同时也剥夺了他的快乐。这样又如何能让孩子发现生活的乐趣,激发出他学习的主动性呢?

程昱上小学三年级,她是班上的风云人物,不仅学习成绩很好,还能歌善舞。可是上了四年级后,程昱的学习成绩明显下降,人也没有以前活泼开朗了。老师看了她写的日记才发现,原来,程昱有一次考试失利,没有考出理想的成绩,妈妈担心她的成绩继续退步,就给她制定了一个时间表,让她每天必须按照上面的时间学习。

程昱的课余时间都被排得满满的,除了周末要上的兴趣班,每天做完作业后还得在家复习。妈妈怕她出去玩,就把她锁在家里。时间长了,程昱产生了严重的厌学心理。以前她还有自己支配的时间,可是现在她一丁点自由支配的时间都没有,每天都要做大量的习题。

她开始学会了"阳奉阴违",对自己的功课消极怠慢。妈妈在跟前时,她就做做样子写作业,妈妈一离开她就开始玩,本来星期五就可以完成的作业,非要拖到星期日才完成。

老师把这种情况告诉了程昱的妈妈,妈妈听了后觉得自己需要改变一下教育方式。于是,妈妈答应程昱,在她保质保量地完成作业后,任她自由支配时间。程昱很高兴,渐渐恢复了往日的活泼开朗,学习成绩也有了明显进步。

正如案例中的妈妈一样,很多父母喜欢用功课和学习排满孩子的所有时间。比如,孩子完成了作业后,我们会给他布置奥数习题,做完习题还要读英语……就这样没完没了地将所有东西一股脑塞给孩子。

但是"上有政策,下有对策",对于我们的安排,孩子的对策是拖长写作业的时间,边写边玩。因为作业没做完,我们也不好另外给他安排任务。

这样做的后果就是孩子没有像我们预期的那样学习主动、成绩进步,反而退步了很多。很多调查研究表明,能够自由支配时间的孩子,自信心更强,做事更有主动性和创造性,将来成功的几率也比无法自由支配时间的孩子高。

所以,我们应该转变观念,给孩子更多自由支配的时间,让他可以在课余做自己想做的事,这不仅能让孩子发现生活的乐趣,还能使他身心愉快、有张有弛,促进他身心和谐、健康地发展。

别让孩子成为由我们指挥的"机器人"

我们为孩子安排了各种课外补习班、兴趣班,一看到孩子闲下来我们就紧张。孩子每天被压得不堪重负,好像一个听候我们命令的机器人一样,不知道自己要什么,渐渐变得懒散、麻木和消极。难道我们所做的一切只是为了得到一个这样的"机器人"吗?

为了避免让孩子成为这样的人,我们一定要每天给他留出自由支配的时间。比如,孩子的作业需要1个小时完成,如果他在这个时间内,甚至提前保质保量地完成作业,那么余下的时间就由孩子自由支配。

无论孩子是想在余下的时间里画画,还是想玩游戏,我们都不能去干涉,应该让他去做自己喜欢做的事情,除非他所做的事情无益于身心健康,那我们就要给予正确引导。如此一来,不仅能避免孩子成为"机器人",还能养成他抓紧时间完成作业的好习惯,并增强他学习的主动性。

指导孩子合理安排自己的时间

在我国现有的教育体制下,孩子能自由支配的时间本来就不多,因为大部分时间都被学业所占据。很多孩子更是不知道如何合理安排自己的时间,导致最后需要牺牲必需的休息时间来完成作业或是学习任务。

我们要指导孩子合理分配时间,把握好学习和玩乐的时间。比如,让孩子每天饭后休息30分钟,接下来的1个小时用于学习。这样就不至于边玩边学习,也不会出现先玩个痛快,然后才急急忙忙写作业,甚至写到深夜才能睡觉的现象。自然也不会影响到第二天的学习。

只有让孩子合理安排自己玩耍和学习的时间,玩的时候痛痛快快地玩,学的时候认认真真地学。这样孩子才能过得既充实又快乐!

松紧适度,不要让孩子失控

我们每个人都需要自由,尤其是孩子。给孩子自由,才能让他的身心得到充分发展。但是过度放任孩子,就成了纵容。我们的纵容也许能让孩子有一个快乐的童年,却无法让他拥有健康的人格和幸福的人生。因为孩子不知道哪些事情能做,哪些事情不能做,就很容易因为没有约束而走向歧途。

因此,我们要给孩子自由支配的时间,但是也需有度。我们要告诉孩子应该遵守的规则和义务,比如,不随意更改作息时间;不随便延长可自由支配的时间;不在可自由支配的时间内做违背道德法律或没有意义的事情;等等。

如果孩子因获得了过度的自由而将偏离人生的轨道时,我们要给予警告和引导,这样他才不至于像迷失在风中的扁舟一样彷徨、无助,他的人生才不会脱离正确的航道。

67. 给孩子属于自己的空间

美国一位心理学家曾说:"孩子需要一定的空间去成长,去实验自己的能力,去学会如何应付危险的能力。不要为孩子做他自己能做的任何事情。如果父母过多地做了,那就剥夺了孩子发展自己能力的机会,也剥夺了他们的自立与自信。"

这段话给我们很大的启示。虽然空间是个看不见、摸不着的东西,但却是每个人在成长中都绝对需要的,对于孩子而言,拥有属于自己的空间尤其重要。因为,孩子会在属于自己的空间思考、探索和创造，并通过这些来不断完善自我，最终成就一个健康、快乐的人生。

就要升初中了，雯雯最近的学习越来越紧张，每天回家就是吃饭、学习、睡觉，根本没时间和爸妈交流。

周末的晚上，妈妈见雯雯做完了作业，赶紧把雯雯叫了过去，问道："最近怎么样？学习是不是很紧张？"雯雯心不在焉地点了点头。妈妈又问："最近有没有考试？成绩怎样？"雯雯看了眼妈妈，回道："最近没有考试，都在复习功课，做习题。"

妈妈又开始问雯雯关于老师和同学的事情，可是聊了没多久，雯雯就不耐烦了："妈妈，您能不能给我留点个人空间？您总是逮着机会就盘问我，烦不烦啊？"

妈妈听了很生气："我这不是关心你吗？"

"可是妈妈，我现在已经可以自己思考问题和处理问题了，您就不要什么都问了。"

妈妈张了张嘴，却说不出一句反驳的话……

孩子在慢慢长大，他有了自主认识世界的能力，希望独立面对和处理问题，不想总依赖我们的引导。教育家陶行知也认为，孩子的成长和发展需要遵循天性，需要一个自由、独立的空间。

如果我们无视孩子的兴趣和意愿，为他支配和安排好一切，而他只需依令执行，那他永远都无法具备独立思考的能力与行动力。我们只有放手给孩子一个属于自己的天地，让他去试练和摸索，才能使他健康快乐地成长。

也许孩子一开始表现得不尽如人意，但他在摸索的过程中一定会进步和成长，这是他人生的必经阶段。就像鸟儿总要自己张开翅膀去飞，我们也必须要给予孩子一定的空间，让他能更自由地成长。

给孩子作决定的机会和空间

每个人一生中都会面临各种各样的选择，而生命的价值也因为选择而体现。遗憾的是，很多父母剥夺了孩子选择的权利，总是代替孩子决定所有事情。孩子渐渐长大，会有自己的想法，他想自己作决定。如果孩子的这种需求长期不能被满足，他的自主意识就会被压抑，自信心也会受到打击，甚至他的人生观都会变得消极。

要改善这种情况，最好的方法就是我们放手，给孩子作决定的机会和空间。只要不是原则性的问题或危险的问题，我们都可以让孩子自己作决定，给他单独思考、学习和玩耍的机会和空间。这样，孩子才能明白自己要的是什么。

而且，一个经常能为自己作决定的孩子，他的人生将走得更为坚定，也许他会遇到许多挫折，但他会忠于自己的选择，勇往直前，直至胜利。

允许孩子有自己的隐私

妈妈见于皓最近和班上的一个女生走得很近，经常一起上学、放学，妈妈想着："儿子不会是早恋了吧？这可不行，一定得阻止他。"

于是，有一天，妈妈悄悄躲在了于皓的学校门口附近，过了一会儿，果然看到于皓和那个女生说说笑笑地走出了校门。妈妈一见他们亲密的样子，更是断定了于皓在早恋，于是一个箭步冲过去，打了于皓一巴掌："学习不用功，竟然在这里谈恋爱！"

于皓觉得很委屈，他向妈妈解释道："我们没谈恋爱，我只是让李玲给我补习英语。"李玲也赶紧说："是啊，阿姨，我在帮于皓补习英语，他帮我补习数学，您看，这是我们的补习计划。"妈妈接过李玲递过来的本子一看，真是误会了于皓。

妈妈想向于皓道歉，可是于皓却跑开了。而且为了这件事，于皓好多天都没理妈妈，因为他觉得这是他和同学之间的小秘密，而如今自己的隐私被侵犯，心里很受伤。

我们对孩子的爱和关心无可厚非，但是却不能打着爱和关心的名义，侵犯他的隐私。有的孩子会给抽屉和日记上锁，就是因为我们不尊重他。孩子虽小，但也有自我意识。所以，从现在开始，让我们别再探究孩子的隐私，试着信任和尊重他。在进孩子房间的时候，别忘记先敲门，更不要乱翻孩子的抽屉，偷看孩子的日记。

为孩子打造真正独立的"房间"

方明上小学一年级了，妈妈给他准备了一间自己的房间，说是要给他一个独立的空间。方明高兴极了，以为什么事情都可以自己做主了。

可是当他放学回家后，妈妈还是和平时一样，管东管西，不准他干这，不准他干那。就连方明在自己的房间写作业，妈妈也是每10分钟就进来检查一下。

方明觉得很不开心，这不是属于自己的空间吗，怎么还是一点自由都没有？

为了让孩子能安心地学习,我们会为他准备一个属于他自己的小房间。但是我们不知道,孩子需要的不仅仅是形式上的独立房间,他更需要属于自己的、不被随意干涉的自由空间。

也就是说,孩子并不需要一间设备豪华的房间,他只需要一块属于自己的小天地。在这里,他就是主人,他能主宰一切,比如他可以在这里安心游玩、安心学习,可以发泄自我、调整情绪。这才是孩子需要的空间。

68. 为孩子的每一个进步鼓掌

孩子需要的不仅仅是赞赏,他更需要我们的关注和肯定。我们如何做才能让孩子感受到这些呢?

当孩子在生活和学习中取得哪怕一点微小的进步时,我们就要及时为他鼓掌;当孩子主动向我们展示自己获得的成绩时,我们也要及时给予关注,哪怕暂时停下自己手中的工作。只有这样,孩子才能感受到我们发自内心的关怀和期望,从而满怀信心、健康快乐地成长。

马骏上小学三年级的时候,期末考试成绩排在班上的二十几名,而他的同桌考了第一名。马骏感到很难过,回到家后,他问妈妈:"我是不是比别人笨?我和同桌一样在听老师讲课,也同样认真地完成老师布置的作业,可是,为什么我考二十几名,而她能考第一名呢?"

妈妈一听,抚摸着马骏的头,告诉他:"你已经比以前有进步了,以后会越来越好的。"马骏听了妈妈的话,便重新树立起信心,继续认真、努力地学习。

就这样,到小学毕业的时候,他的成绩已经进入了前5名,虽然最后他还是没有赶上他的同桌,但他的成绩在妈妈一次次地鼓励下,一点一点地在提高。

马骏的妈妈并没有盲目地要求孩子考高分,没有对他有过高的期望,而是善于发现孩子的一点点进步,并为他的每一个进步鼓掌。这种做法不但能提升孩子学习和做事的效率,还能对孩子学习和做事的态度起到积极的影响作用。

其实,孩子之所以喜欢一门课程,很大原因是我们关注了他的学习情况,并肯定他的进步。所以,即使孩子做事成效不明显,我们也不要着急,应当通过观察发现他的进步，哪怕那个进步非常微小，也要赞扬和鼓励他。因为我们对孩子的肯定，就是他最大的精神动力，这个动力可以激发他奋发努力，更加自信和豁达地生活。

不要用过高的标准要求孩子

很多时候，我们无视孩子的进步是因为孩子没有达到我们心目中的理想标准。我们往往是站在急功近利的角度苛刻地要求孩子，导致他在很多时候都无法达到我们的要求。

比如，我们总是拿别人的成绩与自己的孩子比，看到别人考了 100 分，而自己的孩子只考了 90 分，就会批评他不如别人聪明，学习不如别人认真，而没看到自己孩子是从上次的 80 分努力到了现在的 90 分……

仅仅因为孩子没有达到我们的"最佳"标准，就把他的成绩和努力全盘抹杀，这对孩子无疑是一种伤害。也许正是我们有过高的要求，才葬送了一个未来的科学家或艺术家，因为他成功的潜质被我们扼杀了。

当然，我们希望孩子做到"最好"，这无可厚非，但是我们往往只注重结果，而忽略了一步步达到"最好"的重要过程。所以，只要我们抛掉对孩子的呆板标准，就会发现，也许孩子成绩暂时没别人好，做事没别人快，但孩子一直在进步，这才是最重要的。

善于看到孩子的每一点进步

如果我们连孩子的进步都发现不了，或是看到了也不闻不问，孩子的学习积极性就一定会遭受严重的打击。但是很多父母在看孩子的状态时，总是习惯性地先留意孩子做得不好的地方，而忽略了孩子做得好的地方。这个习惯让很多父母错过了无数次发现和欣赏孩子的每一个进步的机会。

因此，当孩子做好了一件小事时，我们不要因这是孩子分内的事，而不愿意为他鼓掌；也不要因看到孩子的进步太过微小，就视而不见或忽略不计。我们应该告诉孩子："你比以前进步多了，继续努力，一定会越来越好！"

要知道，获得成功是需要一个累加的过程，只有连续不断的进步积累到一定程度，才能实现质的飞跃。孩子的每一个小进步，都是他前进道路上的基石，不应当被忽略掉。

所以我们正确的态度就是：善于发现孩子的每一点进步，不要打击他的信心和积极性，尽力给予赞扬和鼓励，让孩子重拾自信和勇气，更好地完成每一件事。

为孩子鼓掌也要注意技巧

日本著名教育家铃木镇一曾说过："对孩子的赞美和赏识不是无原则的，而应该运用科学的、适当的方法,使孩子切实受到深入人心的鼓舞。"我们要为孩子的每一个进步鼓掌,并不是说只要发现和赞扬孩子的每一个进步就可以。即使是表扬,也应当中肯、适当、有度,这才能收到最佳的效果。

而且,为孩子鼓掌并不是说几句赞扬话,还需要我们对孩子给予适当的鼓励。因为赞扬针对的是孩子的成果和优点,虽然能增强孩子的自信心,但过度的赞扬也容易让孩子骄傲自大。而鼓励更多的是肯定孩子取得成果的过程,激励他更努力,这个方法更理智,更能引导孩子向更高的目标迈进。

69. 不要给孩子贴"标签"

我们在生活中都有这样的体会,当把一张贴在墙上的纸撕下来时,不管多小心,都会在墙上或纸上留下印痕。而当我们为孩子的性格、行为、处事态度等贴上"标签"时,也会影响孩子的行为和对自己的判断,久而久之,孩子就会失去自我。

张婷上一年级的时候摔了一跤,摔到了头部,医生告诉妈妈,张婷的脑部可能受到伤害。于是妈妈逢人便说:"我家婷婷脑子有点问题,什么都学不会。""婷婷太笨了,成绩一直上不去。"……每次,妈妈都是当着张婷的面说这些话。

久而久之,张婷表现得越来越差,上课不专心听讲,成绩也从原来的二十几名下滑到四十几名。老师问张婷成绩怎么下滑得这么厉害,张婷说:"妈妈说我脑子有问题,您说什么我都听不懂的。"

老师觉得奇怪,张婷看上去并不像脑子有问题的样子,只是上课不认真。于是老师建议张婷的妈妈带张婷去医院彻底检查一下脑部,看是不是真有损伤。

经过医生的检查,结果出乎她意料,张婷各项指标都很正常,智力也完全正常。可是为什么张婷表现得这么不尽如人意呢?

其实,张婷变成这样与妈妈给她贴"标签"有很大关系。心理学中的"标签效应"告诉我们,当一个人被一种词语名称贴上标签时,他就会做出自我印象管理,使自己的行为与所贴的标签内容相一致。

张婷显然已经被妈妈所贴的"标签"左右,妈妈给她贴上"脑子有问题"、"很笨"这样的标签,于是张婷因此变得上课不认真,因为她觉得自己脑子有问题,再怎么认真也听不懂。可见"标签"的导向作用多么强大,无论"好标签"还是"坏标签",都对孩子有着巨大的影响。

比如,我们总对孩子说"我家孩子太粗心,干什么都很马虎"、"我家孩子擅长文科,理科只是勉强能跟上"、"我家孩子太内向,老是不说话"……也许我们只是随便说说,却已经在不经意间给孩子贴上了"标签"。

孩子往往都是朝着"标签"所预示的方向发展。也就是说,如果我们总给孩子贴上这些消极的"标签",那么孩子就会朝着我们所不希望看到的方向发展

那么,我们如何让孩子摆脱"标签"呢?

多看到孩子的"闪光点"

人无完人,没有人生来就完美无缺,尤其是成长中的孩子,总会有各种缺点,犯各种错误。而我们不能总是盯着孩子的缺点看,要多看到他优秀的一面,善于发现他的"闪光点"。如果我们总是在孩子面前提起他的不足,会让他有挫败感,并逐渐变得不自信。

比如,孩子不擅长理科,但他文科不错;孩子虽然做事比别人慢,但很细致;孩子歌唱得不好,但他却很擅长画画……每个孩子都有自己的"闪光点",关键在于我们是不是拥有一双善于发现的眼睛。

而且,当我们纠正孩子的错误行为时,别忘了细心捕捉他的每一个"闪光点",并及时给予肯定和鼓励,这样,孩子就会逐渐改掉不良习惯,努力弥补自己的缺点和不足。

调整引导的方向,强化孩子的正向行为

周维平时总是丢三落四,去学校时不是忘了带作业,就是忘了带文具。为此,妈妈没少说他,可他总也改不了这坏毛病。

最近,周维迷上了飞机模型,每个周末都要去上航模班,而且从来不需要妈妈操心。每次上课前,他都会把航模课上要用的工具准备得妥妥当当,一件都不落下。

妈妈真诚地夸奖周维:"你是怎么把这么多的航模工具井井有条地收拾好的?你真厉害。"周维听了妈妈的夸奖,不好意思地挠挠头:"也没那么厉害,我平时总是忘东忘西的。"

妈妈补充道:"只要你平时也像整理航模工具一样,上学前准备好自己要带的东西,一定也可以做得这么出色,妈妈相信你!"

周维听了妈妈的话点点头,下定决心要改掉丢三落四的毛病,后来他也确实改掉了这个坏毛病,做事情也逐渐变得有条有理起来。

可见，只要我们调整引导的方向，不要总是强调孩子的缺点，而是经常用恰当合理的语言去鼓励他，强化他的正向行为，就一定能使孩子淡化坏习惯，向着我们所希望的方向发展，并且还会越来越好。

不能随意给孩子贴"好标签"

虽然好的"标签"能起到一定的积极作用，但我们也不能随意给孩子贴。因为孩子并没有什么好坏之分，那些"标签"只是我们以成人的标准强加在孩子身上，由此强行把孩子划分成三六九等。这是对孩子缺乏尊重的表现，而且这样的做法对孩子的消极意义远大于积极意义。

因为，过度的"好标签"容易让孩子产生骄傲的情绪，他甚至会在心里建立起"我已经很棒，什么都不用再学"的认知，这对孩子的成长非常不利。所以，当孩子做得好，有进步时，我们可以表扬、鼓励，做得不好或是有不良的举动时，我们也可以适当地批评、引导，但绝不能给孩子随便贴"标签"。

70. 不要浇灭孩子做事的热情

如今，很多孩子看上去模样漂亮，而且多才多艺，但我们总觉得他像个完美的木偶，身上缺少了什么东西。仔细观察就会发现，孩子缺少的正是他应有的热情。而美国思想家爱默生曾说过："没有热情，任何伟大的业绩都不可能成功。"的确是这样，如果孩子做事没有热情，他将会逐渐失去自我，最后导致一事无成。

> 肖程是个很懂事的孩子，他经常想帮妈妈做些力所能及的事，比如帮妈妈洗碗、拖地。可他每次刚拿起碗，妈妈就抢了过去说："不用你帮忙，别把碗给我打破了！"他刚拿起拖把，妈妈就嚷嚷："快放下！别把地板弄湿了，我来，我来！"
>
> 有一次，家里来了客人，肖程特地出去买了一些苹果回来。妈妈看到桌上的苹果，问："这是你买的吗？"肖程以为会受到表扬，于是自豪地大声回答："是啊，我刚买回来的。"不料妈妈却指责他："你又不会选苹果，瞎买什么啊？"
>
> 肖程解释说："我看今天来客人，你们都没时间出去买，就帮你们买了。"可是妈妈却一边翻看苹果，一边说："有那时间出去买东西，你还不如多看点书。看看你挑的苹果，都蔫成这样，真是什么事都做不好！"

肖程满脸委屈，心想：下次我再也不做任何事情了。

　　孩子之所以对什么事都缺乏热情，很多时候都是我们为人父母者造成的。当孩子主动要求做事时，我们怕他做不好，总是拒绝；当孩子努力想做好一件事时，我们本应该给予表扬和鼓励，却因为他没把握好做事的分寸，而严厉地指责他，从而挫伤了他的自尊……

　　我们的这些言行都严重地打击了孩子做事的热情，也阻碍了他聪明才智的发展和潜在能力的发挥。其实，孩子要求主动做事，是对我们的体贴，也是热爱劳动的一种体现。也许结果不尽如人意，但是我们仍然要表扬和鼓励孩子的这种热心举动，并且进一步帮助和引导孩子，让他学会做事的技巧，并保持心中的热情。

不要打击孩子"帮倒忙"的热情

　　看到妈妈正在洗衣服，杨辰在一边儿闲不住了，也学着妈妈的样子，往洗衣盆里加洗衣粉。可是，盆里的衣服刚刚才被妈妈漂洗干净，准备拿去晒了。此时，妈妈不仅要手忙脚乱地制止杨辰，还得把衣服再洗一遍。

　　然而，妈妈并没有批评杨辰，而是想出了一个好办法。她下次洗衣服的时候，专门为杨辰准备了一个小水盆，盛上小半盆水，把他的手绢之类的小东西放在了里面，让他自己去洗。

　　杨辰觉得很新奇，他兴高采烈地把自己的小手绢洗得干干净净，妈妈高兴地夸奖了他，他也从中得到了乐趣。

　　孩子对很多事情都充满热情，并渴望得到我们的肯定。但是很多时候，孩子因为生活经验和实际能力的不足，经常"好心"办"坏事"，本来想帮忙，结果却成了"帮倒忙"。当孩子仰着小脸，忽闪着明亮的大眼睛，兴致勃勃地对我们说："妈妈，让我帮你好吗？"这时候，很多父母都怕孩子把事情搞砸而不耐烦地拒绝他。

　　可是杨辰的妈妈却没有这样做。她对孩子的热情帮助给予了肯定，同时给了孩子一些时间、空间和工具，帮助和引导他做事。这不仅让"帮倒忙"的小捣蛋变成了"帮到忙"的小帮手，还激发了孩子做事的热情，这不是两全其美吗？

让孩子去做他感兴趣的事

　　当孩子做他感兴趣的事情时，他总会爆发出很大的激情。然而，我们总是将自己的意愿强加给孩子，让他去做自己不感兴趣的事，渐渐磨灭了他的热情。

　　就以弹钢琴为例，为什么很多孩子弹出的乐曲只能体现出技巧，却没有打动人

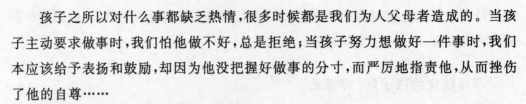

的感情？因为他对弹钢琴并不感兴趣，无法付出自己的感情和激情，只是为了完成我们的命令而已。这样的琴声又如何能打动人呢？

兴趣，能激发孩子的激情和创意。如果我们总是强迫孩子做一些他不感兴趣的事，即使他为此把自己弄得身心疲惫，最后也只能事倍功半。但是，如果我们让孩子去做他感兴趣的事，他就会投入自己全部的热情，做起事来也事半功倍了。

所以，当我们看到孩子对某件事感兴趣或表示关心时，千万不能阻止他。而应调动起他的热情，帮助和引导他一直坚持下去，这样孩子更容易获得成功。

不要熄灭孩子心中的梦想

也许在我们看来，孩子的梦想是稚嫩的、不现实的、有悖常理的。于是我们用成人的价值观对他的梦想品头论足，甚至擅自"修改"孩子的梦想，让孩子为我们认为合适的梦想而努力、奋斗。

可是这样一来，那还是孩子的梦想吗？这样做又怎能激起孩子心中的热情？所以，当孩子说出他那稚嫩、遥不可及的梦想时，我们不要否定和制止他，而是要肯定和激励他，引导他带着自己的梦想在人生道路上奋力前进。

71. 培养孩子积极乐观的性格

生活从来不是十全十美的，万事也不都是尽如人意的，而积极乐观的人从不会怨天尤人，总是让自己的生活充满阳光和希望，让自己的人生变得更美好。我们的孩子正处于人生的起步阶段，可塑性较强，如果我们从孩子小时候就开始培养他积极乐观的性格，就能让他学会自己营造快乐的氛围，那么他永远都会充满活力地生活。

　　妈妈发现最近程达很喜欢抱怨。老师让程达帮个忙，他觉得老师是欺负自己不敢反抗，为此闷闷不乐；他有什么事情没做好，一定会埋怨别人，把一切责任都推到别人身上。

　　这天，妈妈刚挪动了一下程达养的仙人掌，程达就皱着眉头说："妈妈，你怎么动我的仙人掌啊？太烦人了！"

　　妈妈很生气，心想，程达到底是怎么了？不是说这个太没劲、那个没意思，就是说生活很无聊、很烦人等怨天尤人的话。可是，妈妈每当提醒他多注意生活中美好的事物时，程达总是显得更加郁闷，而且还嘟嘟囔囔地发着牢骚。

其实,程达的这些情况很多孩子身上都有,他们一遇到困难就唉声叹气、怨天尤人。这些无不显示出孩子对生活悲观、消极的态度。长此以往,孩子只会觉得自己的生活一片灰暗,对任何事都提不起兴趣,这对孩子的成长极为不利。

而积极乐观的生活态度,带给孩子的是自信和快乐。而且,在遇到困难和挫折的时候,积极乐观的孩子总能在困难中看到希望,而悲观的孩子却总是在希望中看到困难。孩子面对挫折的态度不同,结果往往也相差甚远。因此,我们一定要培养孩子积极乐观的性格,这对他自身的发展尤为重要。

不要对孩子控制过严

要培养孩子积极乐观的性格,就不要对孩子控制过严,否则孩子天真烂漫的童心会被压制,也无益于他身心的健康发展。

那么,我们不妨让孩子在不同的年龄段拥有不同的选择权。比如,在孩子3岁的时候,允许他自己选择出去要穿的衣服;孩子4岁时,可以让他自己选择假日想去的地方;孩子6岁时,可以让他选择自己的朋友……

如果孩子从小就享有选择的权利,自然能感到真正意义上的快乐和自由。所以,我们不妨"懒一点",让孩子自己去选择、处理事情。

用乐观的情绪感染孩子

一个夏天的午后,突然下起了大雨,丁威在家里抱怨着:"真是太可恶了,怎么下雨了啊?又不能出去玩儿了,讨厌!"妈妈听了后对丁威说:"下雨把外面的花草树木洗得多干净啊,我们看着也赏心悦目啊!而且因为下雨,天气也凉快了很多,你看家里都不用开空调了,又省电又舒服。"

丁威一听,觉得真像妈妈说的那样,外面的小花小草比平时看上去漂亮多了,而且待在家里吹着自然的小凉风,真是太舒服了!从那以后,丁威再也没因下雨而抱怨过了。

可见,我们可以把快乐、乐观的情绪传递给孩子,让他无论面对何种环境,都能保持愉悦的心情。当然,首先我们自己要拥有一颗积极乐观的心,平时要尽量在孩子面前表现出乐观的态度,营造出欢快的家庭气氛。

说到底,我们对待事情的乐观态度,对孩子有着重要的示范作用。孩子通过观察和模仿,就能逐渐养成积极乐观的性格。

引导孩子学会摆脱困境

人的一生不可能事事顺利，就算是天性乐观的人也会有不如意的时候。我们最好从孩子小的时候就培养他应付困境、逆境的能力。比如，当孩子不能面对挫折时，我们可以对他说："这点小事不用害怕，我们一起来想办法解决。"这样可以帮助他克服自卑心理，树立自信。如果孩子一时无法摆脱困境，我们可以教孩子学会忍耐，或是让他在逆境中寻求其他的精神寄托，比如参加运动、游戏、聊天等。

把孩子的生活变得丰富多彩

如果孩子的生活很单调，并无乐趣和爱好，那么他就很难在生活中找到长久的快乐。试想一下，如果孩子的生活中只有学习，没有其他，他就会很容易产生厌学的情绪。

所以，我们应该丰富孩子的生活，让他多参加一些体育运动，比如游泳、骑车、跳跃……这些体育运动本身就十分有趣，也能给孩子带来快乐的体验。此外，我们还可以多带孩子出去走走，看看外面的世界，让他的生活变得丰富多彩起来。这不仅能使他乐在其中，还有助于他形成开朗、快乐的性格。

教孩子与人融洽相处

不善于与人交往的孩子，大多性格内向或者抑郁，而能与他人融洽相处的孩子，内心世界则较为光明美好。所以，我们不妨鼓励孩子接触一些不同年龄、性别、性格和职业的人，让他学会与不同类型的人融洽相处。这将增强孩子的信心，拓宽他的心胸，塑造他开朗乐观的性格。

当然，要让孩子做到与人融洽相处，我们也要做到待人诚恳，不在背后随意议论他人。这样我们才能与人和睦相处，为孩子树立一个好榜样。

72. 给孩子积极的心理暗示

所谓心理暗示，就是指人或环境以非常自然的方式向某个体发出信息，个体无意中接受这种信息，从而作出相应反应的一种心理现象。正如俄国心理学家巴甫洛夫所认为的："暗示是人类最简单、最典型的条件反射。"我们的生活中存在着很多暗示，有积极的，也有消极的，而孩子往往很容易受到这些积极或消极的心理暗示影响。

家伟上幼儿园的时候,老师对他妈妈说:"你的孩子太好动,连3分钟都坐不住,你得多管管他。"回到家后,妈妈告诉家伟:"老师今天表扬你了,说你过去只能坐1分钟,但现在能坐3分钟,有进步!"家伟听了很高兴,从那以后他上课没有再动来动去。

当家伟上小学了后,在一次家长会上,老师对妈妈说:"你的孩子成绩太差了,每次都排在倒数那几名,是不是智力有点问题啊?我建议你带他去看看医生。"回家后,妈妈对忐忑不安的家伟说:"老师说你很聪明,只要再努力一点,下次考试一定能前进10个名次。"

从那以后,家伟很认真地对待自己的功课和作业。考试也一次比一次有进步,到了快小学毕业的时候,他的成绩已经进入了全班前10名。

在上述案例中,妈妈说的那些话就是积极的心理暗示。可见,积极的心理暗示能在无形中激发孩子的求知欲和上进心,增强他战胜一切困难的勇气和力量,让他更容易获得成功。但是,如果妈妈按照老师所说的去批评和教育孩子,那么孩子接受的就是消极的心理暗示,这不仅会伤害孩子,更不利于他良好习惯的形成。

要知道,心理暗示是一把"双刃剑",如果我们多用积极的心理暗示,就能为孩子的健康成长保驾护航;相反,消极的心理暗示会给孩子的成长造成非常恶劣的影响。因此,我们对孩子一定要善用积极的心理暗示。

善用言语暗示引导孩子

草地上,两个孩子在追逐飞舞的蝴蝶,可是他们一不小心都摔倒了。一个孩子的妈妈赶紧跑过去,心疼地抱起孩子说:"宝贝儿,摔疼了吧?"孩子听了哇哇大哭:"真的好疼啊!"

而另一个孩子的妈妈则是站在一旁,温和地对孩子说:"没关系,妈妈相信你可以自己站起来。"这个孩子听了妈妈的话,自己爬了起来,又若无其事地开始继续玩耍。

为什么同样是摔跤,一个孩子显得那么娇气、脆弱,而另一个孩子却表现得勇敢、坚强呢?这跟两位妈妈的平日常用的言语和现场的态度有着很大的关系。

一位妈妈用紧张不安的言语暗示孩子,摔跤真的很疼。孩子接收了这个暗示后,即使摔得并不重,也会从心理上感觉到疼痛,因此显得很娇气并逐渐养成习惯。而另一位妈妈则是用淡然的言语暗示孩子,让孩子感觉到摔跤没什么大不了,应该勇敢地站起来,所以这个孩子显得很坚强且也会逐渐养成习惯。

此外,有的父母喜欢说孩子"笨"、"没用"等责备的话语,这些话会在孩子的心中留下阴影,让他产生消极的想法。长此以往,这种带有消极暗示的言语会对孩子性格的形成造成不利的影响,会使孩子真的如父母所暗示的那样,表现得愚蠢、迟钝,这将影响他的一生。

但是,如果我们能善用一些积极的语言肯定和鼓励孩子,就能使孩子养成自信、开朗的性格,最终达到意想不到的教育效果。

用自己的行为暗示孩子

有人说:"父母是原件,孩子是你的复印件。"的确,我们是孩子的第一任老师,我们的一举一动对孩子而言都是一种暗示。

比如,我们过马路时绝不乱闯红灯,这就是在暗示孩子,让孩子知道不闯红灯是遵守交通规则的行为;我们在超市、银行等需要排队的地方自觉排队,这也是在暗示孩子,让孩子明白不插队是遵守公共秩序的行为;我们不在公共场所乱丢垃圾,孩子也会从我们的行为中得到暗示,自觉把垃圾丢到垃圾桶里……

当然,如果我们的行为不规范,也会给孩子一种不好的心理暗示。所以,我们要有良好的行为举止,这样才能在无形中让孩子拥有正确的道德观和行为准则。

让孩子学会积极的自我暗示

古罗马思想家马可·奥勒留在他的著作《深思录》中写道:"生活是由思想形成的"。想想看,我们有什么样的思想,就有什么形态的生活。也就是说,我们对自己有着什么样的心理暗示,就会拥有什么样的生活。

有的孩子总是认为自己的生活悲惨、灰暗,那么他的生活真的就会"愁云惨淡";有的孩子总认为自己的记忆力很差,结果他真的什么都记不住……所以,从现在开始,我们要让孩子对自己说:"我很棒!""我一定能做到!"……

这些积极的自我暗示,能让孩子更乐观、自信和快乐。那么,为了让孩子的生活被快乐包围,我们不仅要用积极的言行对孩子进行积极的心理暗示,一定要教他学会进行积极的自我暗示。

🍃 73. 给孩子创造体验成功的机会

我们对孩子的未来都抱有美好的希望,希望他在学业上有所成就,登上科学顶峰;希望他在艺术上有所发展,成为瞩目的明星;希望他将来在商界叱咤风云……但是,如何才能给孩子前进的动力呢?其实,给孩子创造体验成功的机会就是我们给孩子的动力的方式之一。

因为孩子的每一次小成功,都会给他带来无限的信心与动力,他就是在这一次次的成功中逐渐学习、逐渐成长、更加进步,并快乐地向他人生更高的目标迈进。

李芸性格内向,不善于与人打交道,学习成绩也一般,在学校如同"隐形人"一般,老师和同学都很少关注她。妈妈看到这样的情况很着急,担心再这样下去,李芸会越来越自卑。

通过仔细观察,妈妈发现李芸的作文写得不错,于是她对李芸说:"你的作文写得很不错,描写得很仔细,观察力很强。"李芸听了眼睛一亮:"真的吗? 可是我的作文从没得过高分。"说完李芸又沮丧起来。

看到李芸的表情,妈妈知道李芸还需要得到老师的肯定。于是,妈妈又去跟老师沟通,希望老师能多关注李芸的作文,并能适当地进行表扬,让李芸体验成功的滋味。后来,老师也发现李芸写作能力很强,并及时提出了表扬。受到肯定的李芸非常高兴,回到家一直兴奋地向妈妈诉说着她的喜悦,而且决定以后都要好好写作文,不辜负妈妈和老师的期望。

趁着这个好机会,妈妈对李芸说:"你那么努力,一定能成功,我相信只要你再加把劲儿,其他功课也会好起来!"李芸听了坚定地点点头。

从那以后,她更加努力,成绩也渐渐好起来了。

很多父母看到孩子的成绩一直没什么起色,就开始把自己的担心化成对孩子的"逼迫",逼他认真努力学习。殊不知,这样反而让孩子更加气馁和自卑,甚至丧失学习的兴趣,不仅成绩没有起色,还会退步很多。

而案例中聪明的妈妈抓住了孩子的优点,让他找到了自己的优势,重新树立起信心。正如教育专家卢勤所说:"这就是激励作用。我们做父母的如能帮助孩子获得人生的第一次成功,让孩子品尝到成功的喜悦,他将来一定是个成功者!"

因此,我们一定要善于发现孩子每一个小小的成功,并肯定和鼓励他。即使孩子目前没有什么大作为,也要给他创造体验成功的机会,让他从中获得快乐,从而更加努力上进。

调整好心态,正确评价孩子

陈圆这次考试考了第十二名,比上次进步了5个名次,老师夸奖了她,她心里美滋滋的。一回到家,陈圆赶紧把自己的成绩单拿给妈妈,满以为妈妈会高兴,结果妈妈却很生气地说:"你怎么才考这么点分啊? 看看人家郁郁，每次都拿第一，你应该向她学学，赶紧做功课去！"

陈圆觉得很沮丧，因为妈妈的话让她觉得自己很失败，刚才那点成功的喜悦也消失无踪。

为了刺激孩子努力学习，我们总是在没有准确了解孩子的学习情况下，盲目地拿孩子和别人比较，硬要让他在学习方面有突破性的进步，比如期待他从十几名一下子跳到第一名。这显然是不正确的，这只会让孩子觉得目标遥不可及，甚至产生厌学情绪。

其实，我们应该调整好自己的心态，正确评价孩子，尊重孩子与他人的差异，帮助他确定既能通过努力达到，又能不断超越的学习目标，并在他获得成功后，给予及时的表扬和鼓励。这样才能让孩子有更强的学习欲望，并在学习中获得进步。

当然，除了学习之外，对于孩子其他方面的发展，我们也应有良好的心态。只有心态好，才有可能为他创造体验成功的机会。

善于发现孩子的优点

每个孩子都有优点，只要我们善于发现并及时肯定和鼓励，就能让孩子更好地发挥自己的优点。而在发挥优势的过程中，孩子就容易体验到成功的喜悦，进而满怀信心地向下一个目标前进。

因此，只要我们细心观察，就会发现孩子竟然有那么多优点：敢于发言，能想出极有创意的点子，观察细致……这些都值得让我们为孩子鼓掌，让他体验到成功带来的喜悦和满足感。

让孩子通过自己的努力获得成功

孩子只有自己去攻克难关获得成功，才能学会独立思考和解决问题。因此，不管某种成功有多么微小，我们一定要让孩子通过自己的努力而获得。

那么，我们在给孩子设定目标的时候，要设定他可以通过努力而达到的目标，而不是遥不可及的目标。这样孩子就能通过战胜困难而体验成功，而且这个过程还能培养他乐观、坚强的性格。

给孩子建一个"成功档案"

我们可以为孩子建立一个"成功档案"，比如，孩子获得的各种奖状、荣誉证书、每次取得的成绩……这些都可以放进"成功档案"。我们还可以让孩子在每获得一次进步，取得一个不错的成绩之后，都写一份心得体会，将这些也都保存进"成功档案"中。

另外,当孩子遇到困难和挫折时,我们可以将这些档案拿出来给他看,唤起他渴望获取成功的意识,激励他更努力地朝目标奋斗。当然,我们在让孩子享受成功的喜悦、重燃信心的同时,也要时刻注意防止孩子因沉浸在过去的成功中而盲目自信、骄傲自满。

74. 让孩子自信地面对生活

自信的人更容易成功。法国著名教育家卢梭说过:"自信力对于事业简直是一个奇迹。有了它,你的才干就可以取之不尽,用之不竭;一个没有自信的人,无论他有多大的才能,也不会抓住一个机会。"可见,要想让孩子取得辉煌的成就,必须让他学会自信地面对生活。

静雅上小学三年级了,她从小就文静、腼腆、不爱说话,不管什么时候都爱低着头。虽然她学习成绩不错,但上课总不敢主动回答问题,就算老师叫她回答问题,她也很小声,生怕自己回答得不好。

有时,老师想让静雅参加一些比赛,她也总是推托:"老师,我不行的,您找别人吧!"老师把这些情况告诉了静雅的妈妈,妈妈知道后非常担心,心想:静雅这么缺乏自信,以后可怎么办啊?

于是,妈妈请求老师尽量多创造机会让静雅回答问题,而妈妈平时也会鼓励静雅多发言,并总是告诉她:"即使答错了也没关系,老师和妈妈都知道你很努力。"而且,静雅每次放学回家,妈妈都会询问她上课的情况,如果她当天主动回答了问题,无论答得对还是错,妈妈都会对她勇于发言的行为表示肯定。

另外,学校有什么活动妈妈也会鼓励静雅参加,并告诉她:"失败了也不要紧,重在参与。"就这样,静雅的胆子逐渐变大了,自信心也明显增强了,在课堂上也能积极发言了,还在好几个比赛中获得了好名次。这让静雅更是信心倍增,学习也更加积极主动了。

拥有自信是孩子快乐成长与取得成功的前提条件。然而,现在很多孩子缺乏自信,比如,他们对自己的身高、体重、外貌等身体外在条件没有信心;对自己的学习能力、运动水平和人际交往能力感到悲观……事实上,这些孩子也许并不比别人差,只是不够自信罢了。而他们每个人都具有潜在的能力,只要有自信,就能把潜能发挥出来。

遗憾的是，我们大多数父母都不相信自己的孩子拥有不输给他人的才智，而孩子也不相信自己能做得很出色。因此孩子处处表现得小心翼翼，怀疑自己的能力，甚至轻易否定自己。一个连自己都不认可的人，又怎能获得成功呢？

所以，我们要树立起孩子的信心，让他正确认识自己的价值，充满自信地面对生活，这样才能发挥出自己的潜力，走向成功的人生舞台。

教孩子正确对待他人的评价

孩子因为年龄小，缺乏自我评价的能力，常常需要根据别人的评价来衡量自己、认识自己。但是，有时候别人对孩子的评价并不一定正确，容易让孩子对自身产生错误的判断。我们要让孩子认识到每个人都有自己的长处，也会有短处，要让他学会扬长避短。

当然，我们自己也要注意不要随意评价孩子。比如，孩子没把事情处理好，我们不要一味地否定和批评他，要尽量从客观角度分析他失败的原因，而不是对他的能力作出过低的评价。此外，我们还要让孩子对自身的性格、品质和才能有一个明确的了解，这样才能让他在自信中稳步成长。

引导孩子看到自己的优点

如果孩子只看到自己的缺点，那么他将永远直不起腰，永远觉得自己不如别人。比如，有的孩子觉得自己身体协调能力很差，在做体育运动或舞蹈动作时，经常会出现动作失衡的现象，他为此感到焦虑、自卑，但这种负面情绪只会让他出现更多的失误。

在这种情况下，我们可以引导孩子发现他做事努力、认真的优点，告诉他只要努力，多练习，就一定能增强自己的身体协调能力，最终做出标准的动作。这样，孩子就能化自卑为自信，更加积极地面对生活中的困难和挫折。

充分信任自己的孩子

我们对孩子的信任能让他获得成功，然而，很多父母虽然给孩子提供了优越的物质条件，却忘了给予孩子充分的信任。对于那些成绩不理想，或是屡遭挫折的孩子，我们总是脱口说出"太笨"、"太不认真"、"太没用"等类似的话语，这不仅伤害了孩子，还严重打击了他的自信心，让他产生自卑，甚至自厌的情绪。

所以，我们一定要充分信任孩子，在孩子遇到了困难时，相信他、鼓励他，帮他能把困难转化为前进的动力，充满自信地走出困境。

随时巩固孩子的自信心

孩子因为成功而获得自信心，所以他的自信心需要通过成功体验和我们的表扬与鼓励，随时、不断地得到巩固。孩子处在这样的自信氛围中，自然也希望通过自己的努力，保持这种宝贵的感觉。这是一种良性循环，久而久之，孩子会变得越来越自信。

当然，在巩固孩子信心的时候，我们也要注意不要过分表扬孩子，以免他产生骄傲的情绪。只要我们能把握好一个度，就能让他在愉快的氛围中提高自己的信心。

第八章 放手,培养孩子生存的智慧

我们都知道,爬山虎必须要依附在墙体、岩壁等地方才能向上生长。如果我们对孩子不放手,那么他就会变成爬山虎,只能依附在我们身上过活。但孩子在未来能否生存下去,关键要靠他自己,所以我们该放手时要放手,要教给他生存的智慧,让他学会自立。

75. 对孩子的事不包办代替

包办代替是很多父母的"习惯性行为",也是我们对孩子无法放手的一个最突出表现。可以说,从生活到学习,我们对孩子的事情可谓是无所不包,我们以为自己是在帮忙,但孩子却可能陷入理所应当的享受之中。

一位妈妈就曾这样说:

> 从上小学开始,我们就在为孩子铺路,为了能把他送进重点学校,我们辛苦赚钱将房子换成了"学区房"。等他上学后,为了能让他更好地学习,我们又和班主任老师拼命搞好关系,只为老师能多关照他一些。我们帮他报名参加各种班,还不都是在替他考虑?
>
> 至于在生活方面,那就更不用他操心了,每天我什么都替他做好了,什么挤牙膏、整理书包,全都是我的活儿,家里有点什么事都不用他插手。
>
> 可我们对他已经这样了,他就是不争气。学习成绩上不去,在生活中也懒散得要命,说他点什么他都无所谓。有时候我着急了,就使劲批评他,可他却说:"我着什么急?不是有你们呢吗?反正你们神通广大。"听着这话,我这心里别提多难受了!

这就是包办代替的后果,孩子不但不感激我们的付出,反而享受得心安理得,遇到事情也全都向我们身上推。

对于包办代替，无论是包办孩子的生活还是他的学习，对他都是一种伤害。其实人都有懒惰心理，尤其是孩子，当我们替他把能做的所有事都做好之后，他就不会再自己费力思考，也不会关心未来如何，而只懂得享受现在，并误以为这就是快乐。可这种享受只不过是昙花一现，这种快乐也只是暂时的，一旦他需要独立面对事情时，他就会陷入困境。

所以，我们该收起操得太多的心，对孩子的事也要学着"睁一只眼闭一只眼"，该是他自己能做的，就必须让他自己做，他暂时没有能力做好的，也要教他基本的方法，并鼓励他通过不断练习以掌握做事的技巧。只有这样，孩子才能有意识地为自己而奋斗，他未来的生存才能有保障。

将孩子看成是独立的人

我们包办代替的一个最主要原因就是没有把孩子看成是独立的人。在很多父母眼中，孩子就是他们的附属品，是不成熟的、不完美的，是需要被照顾的。

孩子需要照顾没有错，可他迟早都要自己独立于世。而且，孩子在成长过程中，都会有想获得独立的渴望，此时我们就要抓住机会，在他想自己伸手做些什么事情的时候，就要趁机教他去做，在他有了自己的想法或决定之后，也要放开手给他自己决定的机会。

也就是说，孩子可能在成长的最初几年是需要我们的帮忙与照顾的，但当他具备了学习能力时，就要教他学做尽量多的事，为他未来能更好地生存打下坚实的基础。

别把孩子的事当成是我们的事

孩子在不断成长的过程中有很多事需要自己去做，这是他成长的过程，我们不能替他成长，只能陪他成长。

所以，小到刷牙、洗脸、洗衣、叠被，大到学习、考试、升学，只要是孩子自己的事情，我们就要教他学习自己做，做得不好不要紧，让他多加练习，一次又一次地做，直到他完全学会，并逐渐养成习惯。

而当他有了失误时，比如早上没起来，作业没做完，我们也不要替他解决问题，留给他自己去想办法解决。当我们不再把孩子的事情看成是我们自己的事情时，他就必须要自己认真去对待这些事情，他才会有自己努力的心。

不要随大流地包办代替

包办代替也算得上是一件"随大流"的事情，因为我们一看到周围人对他们的孩子照顾得特别周到时,我们就会"如法炮制"。假如再看到别的孩子因此而表现优秀时,我们就会更加沉不住气。再加上有些人还会很"热心"地向周围人传授自己的育儿经,而看到他们的孩子都有了成绩,我们内心便也开始"蠢蠢欲动"。

其实何必呢?别人的孩子终究不是我们的,适合于他们的某些方法,也许在我们这里就会"水土不服"。再者说,不对孩子包办代替才是培养孩子独立自主最为正确的做法,我们理应不管他人有什么作法,都要坚定地执行下去。

虽然培养孩子的自主能力需要时间,但一旦孩子学会了独立,他就能受益一生,我们坚定一些又何妨?

教孩子学会打理自己的生活

我们的思想正确了,接下来就要开始改变孩子。我们要教他学会打理自己的生活,使他尽可能地学会处理所有可能遇到的事情,这样我们也会更加放心。

所以,除了前面提到的基本的生活自理,我们还要教孩子学习掌握各种生活技能,比如做饭、清洗、打扫、修理、与人打交道……教的过程中,我们可以给出建议,告诉他道理,给他介绍经验,剩下的就是他自己去琢磨、摸索。

当孩子学会打理自己的一切时,无论再遇到什么,他也都能轻松应对。即便是遭遇了困难,他也会积极想办法去克服,并从中体会挑战困难、战胜困难的快乐。由此可见,只有学会自己做事,才是最基本的生存智慧。

76. 教孩子从小就明辨是非

孩子的世界是单纯的,他会用好奇的眼光来看待周围的一切,周围所有的事物都对他有强大的吸引力。但孩子并不具备区分善恶的能力,只要觉得什么东西能让他感到快乐,他就会去接触那些东西。这却是非常危险的,如果孩子吸收了好的信息还好,一旦他受到了不良信息的诱惑而产生恶念,他不仅会因此走上罪恶的道路,他的快乐人生也会戛然而止。

所以,从孩子小时候起,我们就要用我们的知识和判断来教他学会判断是非曲直。

爸爸有阅读报纸的习惯,每天下班,他都会拿着几份报纸回家。偶然的一次,爸爸发现女儿正趴在桌子前津津有味地读着报纸上的小故事,他觉得这也许是一个教育的好机会。

于是,爸爸再拿来报纸后,都会叫上女儿一起看。有值得赞扬的事情,爸爸就给女儿讲讲这是好事,为什么是好事;有需要批判的事情,爸爸除了讲明自己的立场,也会问问女儿的看法,同时还给她讲一些与事件有关的道理。

久而久之,女儿再看报纸就不单单只看有趣的故事了,她也对报纸上提到的时事有了自己的分辨能力。有时候,她会举着报纸向爸爸发表自己的看法,而爸爸则会帮她分析她说的方向是不是准确,并鼓励她发扬或学习好的行为,引导她对那些错误的行为避而远之。

通过阅读报纸时事,女儿也逐渐懂得了如何区分善恶美丑,懂得了做人的道理,她感觉自己有了很大的收获。

这位爸爸很聪明,他抓住了女儿感兴趣的事物并由此来教她学会明辨是非。我们也要如他这般,善于发现教育契机。

之所以要抓住一切机会来培养孩子明辨是非的能力,是因为只有能分辨是非,他才不会因为分不清是非黑白而做错事。也只有这样,他才能建立起一个最起码的道德标准底线,这将有利于他未来在社会中行走。

不过,对明辨是非能力的培养并不像教画画、写字那样有可供实际操作的示范,所以我们要选择合适的方法。

借助圣贤经典帮孩子建立正确的价值观

最为简单、最为直接的是非道理去哪里找?对这个问题我们不需要犹豫,一定是从我国传承千百年的古圣先贤的经典中去找。《弟子规》、《三字经》、《论语》、《了凡四训》、《朱子家训》……这些经典当中,对是非的区分简单明了、一目了然。

所以,我们要从孩子小时候起就多为他读经典,等到他认识字了,就鼓励他自己去读。也许最开始孩子并不十分明了其中的意义,但读得多了,这些是非道德观就会牢牢地印在他的大脑里。等到他的知识越学越多时,他就会慢慢明白其中的深刻道理,他也自然就会以此为标准来约束自己,并逐渐建立起正确的价值观,同时他对快乐也会有更为高尚的定义。

当然,如果读的过程中孩子问到了其中的意义,我们也可以用简单的话语结合当前的生活给他解释一下,不用讲得很深,只要解开他当时的疑问就可以了。

给孩子创造一个明辨是非的家庭环境

孩子对是非善恶最早的判断,来源于家庭。所以,平时我们在家中就要为他创造一个明是非、讲道理的生活环境。

比如,平时我们对于生活中的各种小事,都要讲道理,尤其是妈妈,千万不要表现得蛮横无理,否则孩子也会有样学样。还比如,我们在家要尽量多讲一讲美好的事情,多扬善,少论恶,多和他一起看一些宣扬正向、积极内容的影视节目,这会使孩子的内心充满阳光。当然,一旦遇到或听到了恶人或恶事,我们要明确自己的态度,要提醒孩子引以为戒。

另外,我们也要积极提升自身的道德素养,多看书,多学习,培养自己有高雅的兴趣爱好,多做善事。当我们为孩子创造了一间"芝兰之室"时,他自然就会在其中"熏染其香"。

提醒孩子要坚持自己的原则

孩子多会有意志不坚定的时候,比如,看到别人过路口都闯红灯,他也就随大流过去了;看到大家都不完成作业,他也就放任了自己;等等。而且,有的孩子还会认为,如果自己坚持原则,与大家"步调"不一致,就会被大家嘲笑。

针对这种情况,我们就要时常给孩子提个醒,可以给他讲讲那些能明辨是非而又坚持原则的人的故事,比如,东汉大臣杨震以"四知"箴言"夜拒黄金"的故事,宋朝范仲淹"窖金捐寺"的故事,等等。

通过这些故事,我们要告诉孩子,是非原则是印在自己心中的,不是做出来给人看的,只要是正确的原则就要坚持下去,虽然他也许会获得大家一时的排斥,并因此感到不快乐,但"真理总会战胜邪恶",他只要自己努力做好,总有一天他的言行一定会获得更多人的认可,到那时他也一定会体会到莫大的快乐。

77. 不要过度地保护孩子

2012年3月23日下午,十几位父母打电话给《山西晚报》,并与心理咨询师进行了交流。交流中,很多父母都纷纷表示,自己对孩子在成长中可能遇到的问题会表现得非常紧张。

比如,有父母反映,因为担心漂亮的女儿自己出门有危险,所以就对她百般呵护,只要能有人陪伴,就绝不让她自己一个人出门,生怕她会被人欺负,或者被社会上的不良青年带坏了。但对父母的这般保护,女儿却并不领情,她感到自己失去了自由。于是,父母便不知道该如何教育了。

还有的父母担心孩子因不懂人际交往,不会处理人际关系而受到伤害,比如怕孩子因为和同学关系不好而被孤立。为此,父母整日焦虑,甚至都睡不着觉,但却依然不知道该怎么教育孩子学会交友。

而心理咨询师表示,父母们的这些表现都是对孩子的过度保护,是一种错误的教育方式。

从这些父母的表现来看,过度保护不仅会对孩子产生负面影响,也会给我们造成困扰。

但生活中还是有很多父母就是想要"好好"保护孩子,他们觉得孩子太小,能力有限,知识有限,见识不多,所以他就可能遇到各种各样的危险。比如,他可能会跌伤、烫伤、碰伤,可能会被坏人欺负、伤害,可能会受到不良信息的诱惑,等等。于是,父母就化身为"盾牌"、"保护伞"、"碉堡",将孩子圈在了一个所谓"绝对安全"的空间中。

可很明显,就如那位漂亮女儿一样,孩子很不喜欢我们的这种保护方式,他的成长需要自由,他并不希望自己被太过庞大的"保护圈"禁锢住,因为在过度保护下,他并无快乐可言。所以,有的孩子会开始反抗,也许我们越不让他做的事情,他反而越想去碰一碰;还有的孩子则干脆变得胆小了,窝在父母的"保护翼"之下,什么都不敢做。

说实在的,无论孩子变成以上哪一种情况,都不是我们所希望的。所以,为了孩子能经得起风雨,为了孩子能真正轻松、快乐地成长,为了我们能真正安心,就要放开我们那过度保护孩子的手。

给予孩子必要的保护

不要过度保护不代表不保护,一些基本的、必要的保护我们一定要做好,同时还要给孩子讲讲我们为什么要这样做。

比如,为孩子提供一个较为安全的家庭生活环境,将刀、剪、药品、药剂、暖水瓶等物品妥善收好,将电线、插座等放在稳固、妥当的位置;教给孩子一些安全小常识和危险自救的方法,告诉他地震、火灾、水灾时该如何逃生,如果受了伤又该如何应对;等等。

不过,有时我们会因为孩子做了危险的事情而担心,并由此打骂他,但打骂也许反而会增加孩子的"好奇"。因为在孩子看来,某些事既然会引起我们如此过激的反应,那么经历这种事肯定会有不同寻常的体验,也许下次他就会做出更危险的事,以吸引我们的注意力。另外,有的孩子也许又会因为打骂而变得更加胆小,反而什么事也不敢做了。

所以,我们要用平和的态度,多讲讲道理,让孩子从思想上提高安全防范意识,从而自动远离危险。

给孩子创造"冒险"的机会

生活中很多看似危险的事情,其实是完全可以避开的,如果孩子肯在最初冒一点"小险",那么日后他就会懂得自己绕开"大险",而我们也就不必过度担心了。

比如,拉着孩子的手轻轻碰碰开水杯子,让他知道"烫"的概念,以后他就会知道躲开冒热气的东西;在他的卧室门口故意堆几个箱子,让入口变窄,教他学会侧身通过过窄的道路;和他一起出门,故意挤一挤他,提醒他错后行走,使他掌握人多时该如何避让他人的方法;偶尔也让孩子过一过路上的石头障碍,但要提醒他在衡量石块大小之后,再决定绕过去还是跨过去;等等。

适当地让孩子冒险,就是在给他模拟危险的发生情况,这会给他提供一次演练的机会,使他记住再遇到类似情况时该如何处理,这也是在提升他自我保护的能力。

提高孩子应对危险的能力

今天好几个小朋友都说,他们不敢自己拿菜刀切菜,但我觉得没什么。因为我刚上小学时,妈妈就鼓励我进厨房,跟她学习择菜、切菜,我还会自己做饭呢!切菜也是个熟能生巧的活儿,切得多了,自然就知道手该怎么放,刀该怎么拿,也就知道该如何避免自己被切到了。

这是一位小学生写在日记里的话,从中我们有没有领悟到什么?没错,那就是要想帮孩子避开危险,那就提高他应对危险的熟练程度,当他有了足够的经验,那么危险自然也就不会主动找上门来。

所以,我们也要多让孩子做些事,而且随着他年龄的增长,还要增加家事的难度与复杂程度,从最初的扫地、择菜,到后来的做饭、整理杂物,如果有可能,在我们修理家中物品时,也不妨让他在一旁观摩。当孩子的各项能力从不具备到具备,从生疏到熟练时,他就不会因遭遇危险而受苦,那么,他安全、快乐成长的几率增大了,我们自然也就放心了。

78. 不要袒护孩子的过错

当孩子在我们面前犯错时,我们愿意教育他,并教他学着正确对待错误;可一旦孩子在外犯了错误,有些父母的表现就很不理智了,他们会千方百计地袒护孩子,以帮他逃脱指责。

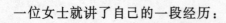
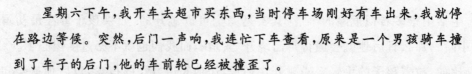
一位女士就讲了自己的一段经历：

> 星期六下午，我开车去超市买东西，当时停车场刚好有车出来，我就停在路边等候。突然，后门一声响，我连忙下车查看，原来是一个男孩骑车撞到了车子的后门，他的车前轮已经被撞歪了。
>
> 但那男孩却只顾着埋头整理自己的车前轮，根本没有向我道歉的意思。后来，他估计是实在弄不好车子了，推着车转身就想走。我立刻拽住了他，问道："你不看道路撞到了我的车，是不是应该道个歉呢？"可他却依旧不看我，低着头还是沉默不语。
>
> 后来，他掏出手机拨了一个号码。不一会儿，他妈妈赶了过来。我原想将事情说清楚，然后让男孩道个歉就算了，可这位妈妈却一口咬定不是他儿子撞的车，还说要告我乱停车。
>
> 最终，她说的话越来越难听，我不得不选择退让。我的车有保险，根本用不着那男孩赔偿，我只希望他能说一声抱歉，但他自始至终一句话都没说，而他妈妈那种一味包庇的态度也让我感到很寒心。

遇到这样的情况，任谁都会感到寒心。而事实上，父母袒护孩子的过错，并不是在保护他，反而是在伤害他。因为在我们的包庇下，孩子可能不会认为他的所作所为是错误的，一旦他将自己的快乐建立在错误的行为之上，那么下次他可能还会再犯类似的甚至更为严重的错误。

除了这位妈妈的表现，还有的父母表现得更为严重，比如，孩子回家来说自己犯了错，父母立刻就说："这不是你的错，是别人的错。"这样的包庇就是在扭曲孩子的是非观，一旦他连是非曲直都区分不清时，那么他的未来成长也会令人担忧。

所以，如果孩子犯了错，我们首先不要袒护他，是他的错误就要由他自己来承担，只有这样，孩子才能从错误中有所收获。

别轻易相信孩子说的"不是我干的"

孩子在外犯错后可能都会说"不是我干的"、"不是我的错"。很多父母听到这样的话后就不假思索就选择相信，而且还会帮着孩子"一致对外"，直说："不是我孩子的错！"

诚然，我们信任孩子是很有必要的，但并不代表我们能帮他向外推自己的过错。所以，在错误面前，如果孩子说"不是我干的"，我们就要多问几句，听他说说整个事情的经过，用常识去判断孩子的对与错。如果真的不是孩子做的，我们可以提醒他引以为戒；但如果是孩子做的，而他又在说谎，我们就应该引导他认识错误，并改正说谎的毛病。

不要替孩子辩解、包揽过错

父母对孩子错误的袒护，除了帮他辩解，还有就是替他包揽过错。我们的辩解会使他学会为自己的错误找借口；而我们替他包揽过错，他又将学会推卸自己的责任，未来也会更加为所欲为。

因此，面对孩子的错误，我们首先要理智，别觉得孩子因犯错而受批评就是多么委屈的事，应该想到这对他来说反而是一件好事，因为从错误中，他会发现自己的问题，会记住教训，会明白道理，然后他才能成长，并真正在成长中感受改过的乐趣。

如果孩子犯了错，我们要告诉他"这是你的错，你得自己处理"。之后，我们虽然可以帮他分析，可以给他建议，但至于如何承担后果，我们可以把方法教给他，但具体认识错误，改正错误就要全权交由孩子自己来做了。

可以私下里引导孩子认识错误

如果我们在众人面前对犯错的孩子进行批评教育，可能会给他的内心留下不好的印象，还可能会伤害到他的自尊心，所以我们完全可以在私下里去教育孩子。

比如，孩子和同学因小事打架，在众人面前，我们就先提醒孩子向同学道个歉。至于其他的教育，诸如教孩子学习与人和睦相处、告诉他怎样处理与他人的纠纷矛盾、让他学会正确表达自己的意见等等内容，我们完全可以在回家以后，关上房门再讲给孩子听。

而且，即便是在自己家里，我们的态度也要平和，不能门外和风细语，关门就暴风骤雨。我们的目的是要让孩子认识到自己的错误，并积极改正，以求日后不再犯，所以和风细雨的提醒与引导才是最好的表现手法。这样孩子也会真心去改错，并不会因为我们粗暴的态度而失去快乐。

79. 要舍得让孩子去吃点苦

"吃苦"在当前的家庭教育中可以算是很流行的一个话题，但很多父母一边抱怨着"现在的孩子不能吃苦"，一边却又舍不得让孩子去吃苦，结果孩子变得一点苦也受不得。

从 2002 年至 2007 年，宁夏一家旅游公司曾经组织过 3 次吃苦夏令营，但却连续遭遇了冷落。有记者为此曾经采访过许多父母，结果他发现，正是父母的矛盾心理作祟，才致使让孩子吃苦的计划夭折。

有的父母一提起自己孩子"衣来伸手、饭来张口"的样子就很生气，可一听说要把孩子送去吃苦，他竟然一百个不同意。

有的父母又说："一吃苦就去农村，那边生活条件差，吃喝又不卫生，如果一个不小心染上什么传染病，那不是也给自己找麻烦？"

还有父母说："现在一家一个孩，要是有个三长两短，活动组织者付得起那责任吗？"

更有父母说："那些贫困地区有什么好去的？除了落后还是落后，在那里能学到什么？我们现在应该让孩子学先进，可不是学落后。"

……

听听这些父母的话，正是由于这样一些声音的存在，正是由于这些"舍不得让孩子吃苦"的思想存在，所以孩子才表现得不能吃苦。

不仅如此，现在我们也给孩子提供了太过优越的生活条件，让他吃穿不愁，甚至还很享受。虽然孩子在这样优越的生活条件下什么都不用操心，也的确感觉到了一时的快乐，但这种快乐却是由我们"创造"出来的。

他的快乐"阈值"被我们惯得太高，这可能会使他无法接受比现状更苦的生活。一旦遭遇一点点苦事，他可能都无法忍受，快乐感也会立刻消失。

而且，除了生活上的不能吃苦，很多孩子学习也不能吃苦，遇到做不出来的题就放弃，一遭遇挫折就不知所措，这样他更加感觉不到快乐。

更为重要的是，未来孩子要面临的苦事会更多，社会不可能给他提供如家里一般优越的环境。所以，为了让孩子不会因为不能吃苦而失去快乐，让他不会因为吃不了苦而被社会淘汰，现在我们就要狠下心来，让他吃点苦。

别只让孩子吃"一点儿"苦

有的父母平时在家对孩子"好吃好喝好招待"，一到寒暑假，就给孩子报一个"吃苦夏令营"或"吃苦训练营"。孩子在夏令营、训练营里过的的确是苦日子，他对此也许会深有感触，可一回到家，依然是"好吃好喝好招待"，结果没几日在夏令营吃的那些苦就又被忘到脑后了，在夏令营里的锻炼也白费了。

所以，让孩子在假期吃这样的"一点儿苦"没有任何意义，如果指望着靠这几天的训练就能让孩子学会吃苦，也几乎是不大可能的。我们应该将吃苦教育看成是一种长期的教育，要从孩子小时候起就开始培养他吃苦耐劳的好品质。而且从一开始，我们就要正确认识"吃苦"对孩子成长的意义和作用，绝对不能心软。

将吃苦教育渗透至日常生活中

其实吃苦教育并不用那么郑重其事地进行，我们也没必要特意告知孩子"我要让你吃苦"，在平时的日常生活中，就可以将这种教育渗透进去。

比如，从一开始就不为孩子准备太过优越的生活条件，吃穿用只要能满足他的需要就可以了；督促他自己管理自己的生活与学习，勤锻炼身体；该是孩子做的事情，在教他学会之后，就督促他自己去做；当他遇到了困难，只要在他自己能力范围内的，就不要插手帮忙；对于他的各种需求，偶尔也采用一下延迟满足的做法，培养一下他的耐心；如果他遭遇了挫折，不要去扶他，而是让他自己站起来；等等。

所以，平时我们在生活中就要有让孩子吃苦的意识，别给孩子太过"舒坦"的生活，让他也时不时"顺其自然"地经历各种坎坷，他的意志就会由此得到磨炼。

可以和孩子一起吃苦

之所以要提到"和孩子一起吃苦"这一点，就是因为有的父母只让孩子吃苦，但自己每天却都在享乐。这样一来，孩子内心也会不情愿。

所以，我们也不妨和孩子一起吃苦，比如，我们的生活标准要和孩子的一样，都不要奢华而要简朴；如果他要锻炼身体，那么我们也尽可能和他一起去；如果我们遇到了困难，也要积极依靠自己的力量去解决；等等。当我们能和孩子一起吃苦时，相信孩子就会从我们这里获得力量，并以我们的行为为榜样。

不要将吃苦等同于"虐待"

有的父母对于吃苦的理解比较偏激，可能认为对孩子严厉一些，只要他犯错误就打骂对待，不让他吃得太好，给他安排满满的学习生活等就是在让他吃苦了。事实并非如此，这些做法已经含有虐待的成分了，并不符合吃苦教育的要求，孩子也不会从中有所收获，快乐更是无从谈起。

因此，我们可以找一些介绍吃苦教育的书籍，了解吃苦教育都包括哪些方面，都要怎么做，然后再根据孩子的特点来实施教育。

另外，对于现今社会上所提到的"狼爸"、"虎妈"、"鹰爸"的教育方式，我们也不要片面地认为那就是在让孩子吃苦，进而模仿他们。因为他们的做法自有他们的道理，他们的教育理念也是一整套完整的体系，打骂或者严酷的训练只不过是其中的一部分罢了。所以，怎样落实吃苦教育，还是要根据我们自己的家庭情况和孩子自身的情况而定。

80. 教孩子正确面对"吃亏"

现在大部分家庭中的孩子都是独生子女,而很多独生子女生来就过着享受的生活。可以说这样的孩子一直都是"得利"的那一方,但当他走出家门之后,面对的社会则将是复杂严峻的,他也许就要面对一种无可避免的情况——吃亏。对于享受惯了的孩子来说,吃亏显然是一种极其不愉快的经历。

放学后,儿子气鼓鼓地回到了家,一进家就对妈妈嚷道:"太不公平了!小成不搞卫生结果我却挨批评!"

妈妈听得一头雾水,便好奇地询问道:"慢慢说,到底怎么了?"

原来,这天学校大扫除。儿子和小成一组,他们的任务是清扫教室外的楼梯和楼道。

儿子说道:"我们说好了,我扫楼梯,他扫楼道。结果我们刚扫了一半他妈妈就来接他了,说是家里有事。他临走前竟然让我替他把没扫完的楼道扫完!他的活儿,我凭什么帮他干?我才不犯那傻呢!可是,我扫完楼梯刚要走,就被班主任老师叫住了,原来她发现楼道那里没扫干净,竟然还批评我干活儿不认真。妈妈,您说,我冤不冤啊?这亏我可吃大了!"

妈妈听了也点头说:"没错,你亏吃大了。如果你能跟老师解释清楚,如果你也不过分计较替小成干活这件事,而是热心地帮他扫完楼道,老师不但不会批评你,也许还会表扬你,毕竟那可是你自己一个人完成的任务。但就今天所发生的情况来看,你的确吃了点亏。"

儿子惊讶于妈妈的说法,可他却找不到理由反驳,因为他仔细想了想,妈妈说的是对的。

为了不吃眼前的小亏,却吃到了后来的"大亏",这位妈妈说的没错。这也应该给我们提一个醒,我们的孩子是不是也这么不肯吃亏呢?如果是,最好教他学会用正确的心态面对吃亏,当他能学会宽容大度,不要计较太多的是是非非,他的人生才可能有更多的收获。

对孩子吃的"亏"不要太同情

一听说孩子吃了亏,可能有些父母反而先坐不住了,他们会立刻表现得"义愤填膺",或者为孩子打抱不平。殊不知,正是我们对吃亏的孩子太过同情了,才导致他无法忍受自己吃一点亏。

因此,面对孩子吃亏这件事,如果他的确受了委屈,我们可以在最初表示出一定的同情,但随即就要对这件事逐渐淡化。当我们不太看重他吃的亏时,他也就不会因此而感到太难过。

而如果孩子所谓的"吃亏"是类似于前面事例中的情况的话,我们可以参考那位妈妈的做法,在帮他淡化"吃亏感"的同时,还要给他讲明白他的情况并不是"吃亏",引导他从另一个角度去思考并解决问题。

引导孩子明白吃亏并不是坏事

吃亏就意味着谦让,意味着忍耐。面对自己的利益有所损失时,孩子可能并不能"淡定"处之。而我们的任务,就是要帮孩子明白吃亏并不是一件坏事。

比如,给孩子讲讲"吃亏是福"的小故事,说说我们正确处理吃亏的经历;或者结合他现在吃到的小亏,给他讲讲虽然他吃一时亏,但也许会得长久利益的道理;多用传统道德故事给他说说什么是谦让,提醒他不要在小事上斤斤计较;等等。

其实,我们应该让孩子明白,这个世界上,没有绝对的"吃亏",也没有绝对的"占便宜"。吃亏不是什么坏事,占便宜也不是什么好事。

除此以外,我们还可以通过吃亏来培养孩子应对挫折的能力,因为有时吃亏还意味着孩子没有得到他想要的。所以,教孩子学会谦让、学会宽容,他对这种挫折也就能逐渐泰然处之了。

教育孩子不要占小便宜

在某大型超市里,一群孩子围在一档香肠的试吃点前对着推销员不停地嚷着,"阿姨,我还要吃吃这个味道。""阿姨,那种味道的多给我一些。"大部分孩子都拿着香肠心满意足地走了,有两个孩子却还留在摊前,推销员耐心地问他们是不是还有什么问题,这两个孩子却说:"阿姨,我还想吃。妈妈说,这里能免费吃香肠,如果我不在这儿吃饱,那就亏大了。"

将占不到小便宜当成是吃亏,这也是某些孩子的一种错误认知。所谓占便宜就是用不正当的方法得到非分的好处,由此可见占便宜这行为本身就是不道德的。

所以,我们平时就要检省自身,不要贪图小便宜。同时,也不要向孩子灌输"占不到便宜就是吃亏"的错误思想,而是要提醒他,不占小便宜才是正确的做法,才是具备高尚道德和完整人格的体现。

提醒孩子设立"吃亏"的底线

吃亏并不是懦弱,吃亏也不是退缩,所以我们教孩子正确面对吃亏,也不要忘了提醒他给自己设立一个底线,凡事都要讲求实事求是,他的底线不容侵犯。

比如,孩子的生命、健康不能受到侵害,他不能因为谦让,而随便放弃生命健康这人生最宝贵的东西。也就是说,当吃亏变成了对孩子莫大的伤害时,他就要在坚定自己原则的前提下懂得保护自己,我们也要给予他坚强的支持,最大限度地保护好他。

🍃 81. 要孩子勇于承担责任

原国家外经贸部副部长龙永图曾经做客中央电视台《实话实说》节目,在节目中他讲了下面这样一个小故事:

> 在瑞士进行中国入世谈判期间,有一次我去公园散步,中途去了趟洗手间。在洗手间里,我听到旁边的厕位发出了奇怪的响声,好奇心驱使我拉开了旁边厕位的门,结果发现是一个大约七八岁的小男孩正在摆弄抽水马桶。我好奇地询问,才知道这个小男孩上完厕所后想要冲厕所,但马桶设备坏掉了,所以他正千方百计地想办法让水冲下来。
>
> 公共厕所,我们很多孩子能想起来冲水就不错了,如果设备坏掉了,拍拍屁股走人就行了。可这个孩子却有如此强烈的社会责任感,他认为上完厕所就一定要冲厕所,如果没有冲下水来,那就是没有对社会负责任。
>
> 这样的一件小事让我非常感动。

对这件事心生感动的岂止是龙永图,我们所有人都该对此有所反思。看看这个孩子,再想想我们的孩子,先不说孩子有没有承担责任的意识,或者在遇到原本不该自己负责的事情时会作何反应,就说有多少孩子在自己的责任上敢于承担?答案恐怕不容乐观。

现在的许多孩子在推卸责任方面会表现得非常"老练",一旦遇到问题,他会飞快地跑来倚靠在我们身上,然后等着我们去帮他解决问题。原本是他自己的责任,他却推卸得一干二净,在他心中压根儿就没有"责任"这两个字。

可是,如果一个人没有责任感,那么他无论做什么事可能都会失去积极的动力,也会失去他人的尊重与爱戴,而且在社会上也难以立足。如果是这样,孩子还怎么可能生活得快乐呢？

所以，我们要培养孩子有责任感，要让他勇于承担责任。

"漠视"属于孩子的责任

女儿早上起晚了，一边穿衣洗漱，一边连声说："惨了惨了，今天铁定迟到了！"但与她忙乱不堪的表现不同的是，妈妈在一旁却显得很悠闲，女儿忍不住抱怨说："您都不帮我！"妈妈平静地说："哦，起晚了不是你自己的责任吗？有什么后果也需要你来承担，我觉得这涉及不到我的事情。"

看到这位妈妈的"冷漠"，有的父母可能会觉得这样不对。其实不然，我们的漠视恰恰就是在提醒他，这是他自己的责任，需要他自己去解决，我们不可能帮他承担。

因此，我们要分清孩子的责任，该是他自己承担的，我们可以给他出出主意，但却不要那么"热心"地给予帮助，以此来提醒他记住教训。

从日常小事中培养孩子的责任感

其实，生活中的许多小事都能培养孩子的责任感，所以我们可以通过这些小事对他加以训练。

比如，提醒孩子自己定好闹钟，早上自己起床，而诸如穿衣、叠被、收拾床铺等事情都要自己完成；根据孩子的能力交给他一些"家庭任务"，无论是扫地、倒垃圾，还是整理房间、帮助采购生活用品，都要鼓励他尽自己的能力尽快完成；同时还要引导孩子自己为自己的学习负责，认真写作业、预习、复习都要由他自己独立完成；等等。

通过家庭生活中的日常小事来培养孩子的责任感，对于我们来说，这些身边小事可操作性强，很多事几乎可以"顺手拈来"，我们将更容易实施教育；而对于孩子来说，由于这些是就发生在他身边的小事，他接受起来也更加容易一些。

提醒孩子无论多小的责任都不能忽略

有的孩子会有一种错误的认识，他认为只有大责任才值得去承担，小责任就可以不用去管。可是，如果一个人连一点确属于自己应负的小责任都不愿意肩负，那么他肯定很难承担大责任。

所以，我们要培养孩子负责任的好习惯，可以给他讲讲由于一个人没有负责任而导致失败的故事，也可以就他自己本身的某种不负责任的行为，来引导他想想未来可能发生的事情，或者干脆就让他自己承担不负责任的不良后果。由此，孩子就会明白，对小事负责就是在对大事负责，这样他才能成为一个负责任的人，才能因为懂得负责过上真正快乐的人生。

82. 教孩子正确地面对失败

与犯错一样，遭遇失败也是孩子的"家常便饭"，在学习的道路上、生活的过程中，他可能会因为各种各样的事情而遭遇失败。如果孩子没有良好的心态去面对失败，没有正确的方法去应对失败，那么他也许就会被失败压垮，而他的未来生存之路可能也会走得无比艰辛。显然，如果孩子始终都走不出失败的阴影，那么他的生活自然也快乐不起来。

所以，我们才需要教育孩子正确面对失败，但有的父母做法却有些偏差。

妈妈希望女儿能坦然面对失败，于是，在女儿面前就尽量多夸奖她，对于她所遭遇的失败事情也尽量轻描淡写。

比如，上次女儿参加班里的班干部竞选，结果没被选上，妈妈就鼓励她说："你一直很棒的！我相信你下次一定能选上！"女儿听到妈妈的鼓励还是很开心的，但令妈妈感到惊讶的是，接下来班里再竞选班干部的时候，女儿竟然都不敢报名了。

除此之外，女儿对所有可能遭遇失败的事情，都拒绝参加，她甚至都不敢和家人玩剪刀石头布的游戏，生怕自己会输。

妈妈不禁疑惑，自己这么鼓励女儿、夸奖她，可她怎么反而越来越不敢面对失败了呢？

这位妈妈一味地夸奖、鼓励，并不能让女儿正确面对失败，其实就是因为她的鼓励与夸奖变了味道。举个例子来说，我们原本只会做家常菜，而且烹饪技术有待提高，但朋友却很夸张地夸奖说："你做的菜就是天上美味，能做特级厨师了。"我们自然知道自己的实力如何，面对这样的夸奖，我们恐怕连菜都不敢做了，因为生怕做出来的菜不是天上美味。

同样道理，孩子之所以会失败，就是因为他自身在某些方面存在不足，而且他自己可能也知道自己并不完美。但此时我们如果没有帮他弥补不足，反而还夸他，他不但会感到很不舒服，还会因害怕暴露不足而不敢再尝试了。也就是说，我们的表现反而使他更不愿意去面对失败。

因此,要教育孩子正确面对失败,我们一定要注意找对方法。

和孩子一起正视他的失败

之所以说要"和孩子一起",就是因为很多父母自己都无法正视孩子的失败。假如我们对孩子的失败表现得悲伤或者愤怒,那么他也势必会受到影响,不是害怕失败就是逃避失败。

所以,我们首先就要保持内心平静,想想看,这就是孩子成长的过程,失败对他也并不是件坏事。在与孩子进行交流时,我们也不要总去指责他做得不好、不够或者不对的地方,而是要帮他分析失败的原因,引导他客观来看待失败。

同时,我们在面对自己的失败时,也要保持一种乐观积极的态度,让孩子看看我们是如何战胜失败的,并告诉他失败谁都有可能遇到,只有正视它的人才能战胜它。

另外,我们也要多给孩子讲讲一些人面对失败不气馁的故事,比如运动员虽然经历过失败,但努力后最终却成功了,用这些故事可以给孩子打打气,使他明白失败没什么可怕的。

鼓励孩子总结失败教训

失败的原因有许多,找到具体原因,总结出教训,将能帮我们更好地回避下次再失败。有的孩子并不懂得这个道理,当发现自己失败了而父母也不会批评时,他可能就会慢慢将失败淡忘。可如此一来,下次他就有可能再次失败。

所以,我们可以提醒孩子,认真回想一下整个事情的始末缘由,找找看自己究竟是在哪里做得不太好,或者哪里出现了漏洞,此时我们也可以引导孩子思考,比如让他说说自己是怎么处理问题的,是否妥当,他的做法又引发了怎样的结果,他的做法又有哪些问题,等等。

当然,在这个过程中我们依然要保持平和的态度,别像审讯一样,问一句让孩子答一句,我们要多用一些引导式的话语,比如"可以给我说说你的做法吗?"或者"能告诉我你这样做的原因吗?"这样的问话会让孩子更顺畅地说出自己的所作所为,避免他因为害怕受到批评而隐瞒事实的情况出现。

而当孩子找到自己的问题之后,我们就要提醒他记住自己的错误,以免日后再犯。如此一来,孩子的错误就没有白犯,他以后也不会承受由同一种错误而带来的负面结果了。这样在孩子的成长过程中,负面的影响就少了一些,积极、快乐的因素自然就会增多。

引导孩子思考避免失败的方法

失败后总结经验教训,这固然是下次战胜失败的好方法,但更好的方法则是,在做事之前就有万全准备,避免不必要的失败发生。

所以,平时的日常生活中,孩子要做一件事之前,我们可以多嘱咐一句,提醒他遇事多注意完善细节,不要毛躁,要尽量考虑全面,将自己能做的事情尽量做好。同时还要提醒他,做事不要只图快与巧,更要图稳,要一步一步来,并且每一步都认真对待。如果他发现自己的能力不够,则要加强学习。

当然,这样的提醒不要太多,一次两次足矣,否则孩子会觉得我们很唠叨,而他也可能无法学会自己寻找避免失败的方法。

83. 教孩子学会团队合作

星期六下午,爸爸应儿子的"邀请",去学校助战他的足球比赛。比赛进行得很激烈,但遗憾的是,最终儿子所在的班队以零比二输给了对方。

回家的路上,儿子有些气愤地说:"他们都不给我传球!我们一次进攻都组织不起来!我好容易拿回球,可对方配合又那么好,都找不到机会射门。"

爸爸笑了笑:"不知道你有没有从自己的话里找到这次失败的原因呢?"

儿子一愣,爸爸继续说:"我知道,你们都想赢,可是你们班的同学显得太急躁了,而且都很突出个人表现;但对方班级的同学却很讲究团结,他们之间的传带配合很默契。团队合作得好,才是他们取胜的最大法宝啊!"

儿子紧皱了眉头,陷入了沉思,接下来的一路上,他都没再说话。等刚进了家,儿子就对爸爸说:"爸爸,能把您刚才说的再给我说一遍吗?下星期一,我这个队长要给大家开一次会,好好讲讲团队合作。"

现今的家庭独生子女多,为了让孩子在未来能居于不败之地,我们也会千方百计地培养他各方面的能力。可是,很多父母却忽略了对孩子团队合作能力的培养,结果,孩子学会了表现自己,只想让自己显得与众不同,但却越来越不擅长与人合作。

可如果一个人缺少团队合作意识,那么仅凭单打独斗,是不可能有太大发展的。正所谓"人心齐,泰山移",现今社会更多的工作是靠团队协作来完成的,如果孩子没有合作能力,不但很难发挥出自己的特长,也无法享受团队成功所带来的成就感。

所以,我们不要只想着让自己的孩子"出人头地",应该尽早训练他学会与人合作,增强他的团队意识。这样,孩子才能更好地融入一个集体,并在其中发挥自己的光和热,而只有在集体中展现出自己的价值,他才能体会到合作的乐趣。

在生活中培养孩子的团队意识

年前家里搞大扫除,妈妈安排好了任务:爸爸清洁厨房与卫生间,妈妈整理大卧室与客厅,9岁的女儿则主要打理自己的卧室。妈妈说:"让我们发挥团队合作精神,一起把家收拾干净吧!"

女儿好奇:"搞卫生还有团队精神?"妈妈笑笑说:"当然。我们全家3口人,每人都掌管着一片卫生区域,无论谁做不好,都不能算是一次成功的大扫除。你说,这是不是团队合作啊?"

女儿恍然大悟:"还真是,看来我也得好好收拾收拾我的屋子了。"

团队合作在生活中有很多体现,所以平时我们可以对孩子多加锻炼。除了事例中这种全家集体大扫除之外,我们还可以全家集体到超市购物,列一个清单,然后每人负责拿几样东西,直到买齐所有物品为止;或者和孩子一起玩多米诺骨牌之类的游戏,虽然是玩耍,但这也需要团队合作,否则游戏也无法顺利进行下去。

这时我们只需要让孩子明白,团队合作就是要每个人都发挥作用,而且还要大家互相之间有所联系,这样,要做的事情才能最终成功,这个过程也能培养他的集体荣誉感。

鼓励孩子多参加集体活动

集体活动往往最能培养孩子的团队意识,因此,当孩子的学校、班级,或者同学之间组织了什么有意义的活动,我们要予以支持,并允许他去参加,还要告诉他多注意与他人的协作,不要只想着靠自己一个人的力量完成某件事。可以这样提醒他:"活动之前老师或者组织者可能会安排任务,你要专心做好自己该做的事情,如果分组做的话,你就要多和同组的同学交流一下,看看你们怎么做才能配合默契,才能在不起冲突的前提下顺利完成任务。"

教孩子学会欣赏并尊重他人

在团队合作中有一点很重要,那就是成员彼此间是否能够达成默契。而要达到默契,最基本的就是不能歧视团队中的其他人,也不能嫉妒或者反对其他人。

所以,我们要教孩子学会欣赏并尊重他人,可以给他讲讲"人各有所长"的道理,

· 181 ·

引导他发现他人的长处。同时，也要帮他分析一下自己的优劣势，让他明白什么叫"优势互补"，并告诉他，团队中的人只有做到互补，才可能圆满完成一件事，任何一个人如果不尊重其他的人，都有可能会影响到他自身能力的发挥，也将影响整个团队的利益。

提醒孩子多和团队中的人进行沟通

每个人都有自己的意见，互相之间也会出现意见不合的情况，所以团队中出现不和谐的声音也是在所难免的。但关键就要看人们如何避免或去除这些不和谐"音符"，这也是保证团队合作顺利的重要因素之一。

所以，我们要鼓励孩子多沟通。而且，平时当我们的意见与孩子的意见不同时，我们就要说出自己的意见，并引导孩子说出他的想法，然后两相对比，看看怎样做才是正确的。

不过，我们要提醒孩子的是，如果他的意见是正确的，那么他千万不能骄傲，也不能因此就瞧不起人，而是要认真、耐心地将意见表达出来，并使他人信服；如果他的意见是错误的，他也没必要感到沮丧，只要改正错误的认知，并认真做好自己该做的就可以了。

84. 锻炼孩子的耐心和毅力

《荀子》中说："无冥冥之志者，无昭昭之明；无惛惛之事者，无赫赫之功。"意思是说，如果没有专一精诚的精神，人就不可能有明辨是非的智慧；没有坚定不移的行为，也就不会取得巨大的成就。这两句话就是在提醒世人，做事要有耐心、有毅力，不能轻易半途而废，不能浮躁用心不专。

但现实生活中很多人却缺乏耐心与毅力，很多孩子就是如此。比如，孩子正在学习，却因为游戏、动画片等事物的诱惑而转移了注意力，无法专心致志继续看书。推而广之，他做事也不可能长久，也会因心浮气躁而缺乏应对困难的能力。

针对这样的情况，很多父母忧心忡忡，对孩子要么打骂，要么说教，却不见成效。但有一位妈妈则选择了与众不同的教育方法。

在浙江省嘉兴市秀洲区洪合镇，有一位姓陆的女士，她很喜欢绣十字绣。

2008年8月的一天，陆女士看到儿子的学习成绩不太理想，有些着急，就对儿子说："学习要有毅力，不要贪玩。"

哪知道儿子却说："老妈，您说做事要有毅力，那您毅力一次给我看看，绣幅《清明上河图》吧。"

《清明上河图》是十字绣里最难绣的一幅图，长6米，宽也有半米，而且颜色非常复杂，至少要绣好几百万针。

但陆女士为了给儿子做榜样，当时就答应了。后来，她买来了《清明上河图》的模板和各色丝线，然后又做了个简单的规划，除了白天上班，每天晚饭后从7：00左右开始绣，一直绣到晚上10：00，每天坚持3个小时，大概用5年的时间可以绣好。

就这样，40个月之后，陆女士真的绣成了《清明上河图》。然而，很多人都有意购买这幅作品，但她却说："不管别人给多少钱都不卖，我要装裱起来，放在家里提醒儿子，让他记得做任何事情都不能半途而废。"而儿子也在妈妈的影响下，也逐渐养成了做事有始有终、肯坚持的好习惯。

我们不得不佩服这位妈妈的毅力，她的儿子最终能养成好习惯，也全都有赖于她的榜样力量。由这个真实的事例可见，要想锻炼孩子的耐心、毅力，我们也要有耐心和毅力，而且还要选择合适的方法，这样才能见成效。而孩子只有有毅力坚持做好事情，他才能更好地体会成功感，相信他的生活也会因此而充满快乐。

那么，我们应该怎么做呢？

不要"帮"孩子养成"虎头蛇尾"的习惯

很多孩子没有耐心，做事虎头蛇尾，其实这个习惯是我们帮他养成的。比如，当孩子在画画时，我们不断地催他吃饭，致使他不得不放下画笔坐到饭桌前。既然画画和吃饭都是孩子要做的事情，那最好不要安排在同一时间，那从我们开始做饭时起，就可以先告诉孩子："画好这幅画，我们就吃饭。"并提醒他，不要草草了事，要认真对待。

所以，我们可以教孩子学会制订计划，保证每件事都能在合理的时间内完成。这样，孩子才能有始有终，才不会因为最后时间不够而导致事情半途而废。

循序渐进地培养孩子的耐心

在固定的时间内让孩子坚持一件事而不转移注意力，无论是对我们还是对孩子本身来说，都是一件不容易的事情。

所以，起初对孩子耐心的训练，我们可以从3分钟开始，让他在3分钟里专注去做某件事，慢慢地激起他的兴趣。当孩子对某件事产生兴趣之后，他的注意力就会从3分钟往后延长，这样，他的耐心也就能慢慢被培养出来了。比如，我们可以让孩子看一本书,提醒他认真看,不要想其他的事情,当孩子逐渐对书感兴趣之后,他自己就会延长看书的时间了。

在这之后,我们可以逐渐加长让孩子专心做某事的时间,直到他能在某一个时间段里完整地将某件事做完为止。

用"延迟满足"来锻炼孩子的耐心

要锻炼孩子的耐心,我们也可以对他"延迟满足",当他想要某样东西时,告诉他:"耐心等一下,现在我正忙,等忙完了再说。"这样一来,孩子为了得到那样东西,就不得不等待。

不过,有的孩子可能会因为这种延迟而发脾气,我们在确保他安全的前提下,可以不用理会他的坏脾气,这种冷处理的态度就是在告诉他,我们不会妥协,如果他想要实现愿望就必须等待。

当然,延迟一段时间之后,我们要真的满足孩子的愿望,而且这个等待的时间也要逐渐加长,这样孩子就会慢慢地变得不再那么急躁。

掌握培养孩子毅力的技巧

其实培养孩子的毅力,也有很多方法。

比如,偶尔来一次激将法,如果孩子不愿意刷碗,我们可以试试说:"嘿,你是不是因为刷不干净而不想刷了?"大部分孩子都喜欢做强者,此时他也许就会鼓起劲来将事情做好。而当孩子真的做完之后,我们要及时鼓励他,这样他才会更乐于做事。

还比如,当孩子遇到难题时,很容易半途而废,这时我们随意给他一个小提示,帮他打开思考的大门,并鼓励他继续坚持一下,相信最终他会因收获成功的喜悦而更乐于钻研。

或者我们也可以像前面的陆女士一样,成为孩子的榜样;或者给他讲讲名人有毅力有耐心的故事;或者与孩子开展某项比赛,看看谁先做完,并做得更好;等等。

我们不妨试一试这些方法,除此之外,我们还可以多动动脑筋,结合孩子自身的性格特点,在生活中找到更多的培养技巧,使他最终成长为一个有毅力的人。

85. 培养孩子适应环境的能力

由于爸爸的工作调动,9岁的儿子跟随爸爸妈妈从小城市来到了大城市,并转学进了当地的一所小学。

在爸爸妈妈的印象里,儿子是个爱说爱笑还有些调皮的孩子,可自从到新学校之后，他们发现他仿佛像变了一个人似的，每天闷闷不乐，完全没有了以往的活泼劲头，而且学习成绩也有所下降。

妈妈很担心儿子，可是怎么问他，他都不肯开口。后来，还是学校的心理老师通过不断地开导和循循善诱，才让他说出了自己的心里话。

原来，由于出生在小城市，儿子一口乡音，说普通话的同学们有时会嘲笑他的口音。而且，儿子在小城市里和伙伴们玩的都是乒乓球、丢沙包一类的普通游戏，可大城市里的同学们说的不是电脑游戏就是他不熟悉的娱乐项目，他觉得自己被孤立了，所以感到孤单而压抑。

能适应任何环境是一个人生存能力强的表现，而只有拥有良好的生存能力，人才能生活得更加舒心快乐。显然事例中的男孩没有适应新环境，所以他的学习和生活都受到了很大的影响，学习质量和生活质量都不同程度地有所下降。

说到适应，这是生存的一种基本需要。孩子不可能永远都在家庭为他创造的良好环境下成长，他迟早要走入社会。而社会中的环境会是千变万化的，甚至是险象环生的，面对各种各样陌生的环境以及各种改变，孩子适应能力的强弱将决定他能否真正快乐成长并有所作为。

所以，我们要重视起对孩子适应能力的培养，要让孩子无论身处哪种环境，都能尽快调整心态，坦然应对各种问题，并学会自我调节，尽快与环境相融合，尽力让自己的能力得到发挥与体现。

经常带孩子接触新环境

很多父母觉得外面的世界太乱，不健康、不安全的因素比比皆是，所以他们更愿意把孩子圈在家里。可是，孩子总要走出家门的，一旦他习惯了那种安稳的环境，面对外面复杂多变的环境时，他就会不知所措。

所以，在保证孩子身心健康、安全的前提下，我们应该经常带孩子出门，带他走进各种不同的环境。比如，到邻居家去串串门，带他去逛逛超市、菜市场、商店，领他去银行、邮局，有条件的话可以带他乘坐不同的交通工具；还比如，带孩子去参加宴会，陪他去听一听讲座，和他一起去参观；等等。在此过程中，我们还要向他示范并教他在不同场合中该怎样做，以此来让他熟悉各种环境，减少环境带给他的陌生感。

提高孩子的心理适应能力

当一个孩子拥有良好的心理适应能力时，他就会对环境作出积极的反应，并更快融入到新环境之中。所以，我们要培养孩子适应环境的能力，就要提高他的心理适应能力。

心理适应能力表现为孩子在面对新环境时,对自己的思想、情绪、行为的控制能力。所以,我们可以针对这几项来培养孩子的这种能力,比如,让孩子养成遵守道德规范的好习惯,使他无论到哪里都能以一定的原则约束自己,不至于被新环境所排斥;教他学会控制自己的情绪,使他不至于因为不喜欢新环境中的某些人,而使自己无法走进新环境;多教他一些与人相处之道,锻炼他的人际交往能力,并提醒他要有宽容豁达的心态,要做到既能使自己包容新环境,也能被新环境所包容;等等。

多教孩子学做一些事

其实无论到哪一个环境,孩子自身的各种能力都会发挥出作用,比如,最简单的自理能力。如果孩子有良好的自理能力,那么无论他到一个怎样的环境,他都能把自己照顾得很好。

因此,我们要多教孩子学做一些事,比如,要教他怎么打理自己的仪容,怎么整理自己的物品,有紧急事情时怎样处理,丢了东西怎么办,等等。

另外,我们也要提高孩子的自我保护意识,教他各种自救的方法,提醒他遇到危险时该如何做,教他学会躲避自然灾害,教他学会防范人为危险……

我们教给孩子的事情越多,他学会的东西越多,那么他在面对任何一个环境时,都能轻松利用所学的知识和自身的能力来解决各种问题。拥有良好的适应能力,无论在任何环境,孩子都不会感到拘束、紧张,他不仅可以泰然处之,还会从中寻找并感受到快乐。

86. 教孩子惜时,做事不拖延

《弟子规》中说:"朝起早,夜眠迟,老易至,惜此时。"意思是早晨应该起得早一些,晚上要睡得稍微迟一些,从少年到老年也就是一眨眼的工夫,所以应该珍惜当前的宝贵时光。不过,很多孩子却没有太强的时间观念,无论做什么事,他可能都能拖就拖。

一位爸爸曾经向报社求助,他讲了下面的事情。

我儿子已经10岁了,没有一点时间观念,无论做什么都拖拖拉拉的。

早上起床后,穿衣、洗漱、吃饭、整理书包,就这么简单的4件事,他要是不折腾一个小时以上绝对完不了。就拿穿衣服来说,他扣个扣子也得折腾好久,把扣子在扣眼里穿过来穿过去,别的事耗的时间就更多了。

而且,他不仅磨蹭,做任何事情也不踏实,一件事还没做完,就又想着去做另一件事。比如说写作业，刚打开语文书，看不了两行字就去翻数学作业本，可还没做两道数学题呢，他又摸出了英语课本……他不过才上3年级，作业一点都不多。但如果从晚上7：00开始做作业的话，他怎么也能磨蹭到了9：00。

看着儿子每天都这么拖拖拉拉，做起事来杂乱无章的样子，我有时候也训他两句，甚至还打过他的屁股，可他就是屡教不改，我可真不知道该怎么办了。

看到孩子把时间完全不当一回事的样子，相信哪位父母都会着急。毕竟我们心里很明白，时间对于一个人有多么重要，就像科学家爱因斯坦所说："人与人之间的最大区别就在于怎样利用时间。"其实人生就是在经营时间，只有懂得经营的人，才能将每一分钟都充分利用起来，做起事来才能行事果断而不拖延。

想想看，事例中的男孩如果能珍惜时间、合理利用时间，他就能在最短的时间内完成课业任务，然后用其余的时间去做自己喜欢做的事情。这样，他就不会因总是拖拖拉拉而遭受父母的指责，更重要的是，他自己也会因能高效做事而感到轻松和愉悦。

所以，我们要教孩子学会经营自己的人生，教他懂得珍惜时间，并养成做事不拖延的好习惯。

有意识地让孩子"动起来"

勤劳的人总是能看到要做的事情，因此也就不会浪费时间。所以，我们平时也要有意识地让孩子多动一动。

比如，当孩子完成作业之后，我们可以请他帮忙做些家事，如把凌乱的茶几收拾干净，将地上的瓜子皮、纸屑清扫干净，把自己已经洗干净的衣服收起来，帮着浇浇花、遛遛狗，替爸爸买几份报纸，帮妈妈去超市买些生活日用品，等等。

生活中这样的小事有很多，经常让孩子动一动，不仅会使他变得勤快起来，而且也会提高他应对生活问题的能力，使他在未来的生活中也能养成勤奋做事的好习惯。

提升孩子的办事效率

爸爸在书房写工作报告，女儿在一旁写作业。但一个半小时后，爸爸的报告大功告成，可女儿依然没有做完原本不多的作业。

女儿抱怨道："爸爸，我为什么那么慢啊？"

爸爸则说："你啊，从一开始写作业就东张西望不专心，中间还跑到我这边来凑热闹。你的时间利用率太低，自然办事效率就低啊！"

时间利用率不高，是孩子拖拉的一个主要原因。所以，我们应该想办法提高孩子的办事效率。

我们可以帮孩子订一个时间表，将写作业、休息、做家务、运动等时间安排清楚，然后叮嘱孩子，在相应的时间里就要做好该做的事，学要好好学，玩也要尽兴玩。最好是用一整块时间，把事情一口气做完。

同时，我们还要教孩子合理安排某个时间段，就拿做作业这个时间段来说，先做什么后做什么，预习、复习、写作业这几块要根据学科内容有所调整，这样他的学习效率就能得到提高。

当然，如果孩子因为磨蹭没完成作业，或者上学迟到，我们完全可以让他自己承担这个后果，这种亲身经历会给他提个醒，使他牢记按时完成的重要性。

教孩子学会利用零散时间

生活中有许多零散时间，如果不加注意，这些时间就会白白溜走。时间观念不强的孩子，更是不会注意到零散时间，所以我们可以教他将这些时间都利用起来，以提高他的办事效率。

比如，上学、放学的路上，可以用来回忆当天学过的公式、单词或生字词，不过我们也要提醒孩子注意行路安全，在过马路时就不要再回忆了，而是要专心看车来车往；还比如，刷牙、洗澡时，也可以用来默背课文、单词，等等。

平时，我们可以和孩子一起找找哪些时间属于零散时间，并和他一起安排一下在这些时间里都可以做哪些事，让他做到心里有数，这样他就会养成高效利用零散时间的好习惯。

别放过榜样的力量

孩子最初的学习是从模仿开始的。所以，若要培养他惜时、不拖拉的好习惯，我们不妨也利用起榜样的力量。

首先是我们自己就要珍惜时间，做事不拖拉，在某一时间段做事时要专心致志，这样孩子就会模仿我们的做法。不过，我们也不能用自己的效率标准去要求孩子，尤其是在最初，要允许孩子做事速度不那么快，给他一个适应与培养习惯的过程。

同时，我们还可以给他讲讲一些名人都是如何珍惜时间刻苦学习与工作的，比如，英国前首相丘吉尔勤奋工作、法国作家巴尔扎克为自己安排时间表、我国作家钱钟书"横扫北大图书馆"等等故事，并引导他将名人们的惜时与日后的成就相联系，让他看到惜时就能做大事的结果,使他逐渐认识到时间的意义与价值,并由此督促自己养成高效办事的好习惯。

87. 试着让孩子"做一天父母"

很多年轻父母在有了自己的孩子之后,总是会感叹:"不当父母不知道父母苦,当自己成为了父母才明白父母的艰辛。"

之所以如此,是因为孩子往往只看得见眼前的快乐,只想按照自己的意愿去体会快乐,总会觉得父母的教育是多余的,也很难体会到父母的艰辛。而当他长大成人,自己也做了父母之后,有了亲身体验,自然也就能感受到做父母的心情了。

不过,我们也可以让孩子在小时候就体会一下做父母的感觉,试着让他"做一天父母"。

2007 年的暑假,江苏省常州市戚墅堰街道站北社区给所在辖区的孩子们布置了一项名为"今天我当家"的作业,就是在父母同意与配合的前提下,孩子"做一天父母"。刚领到任务时,很多孩子都非常兴奋,认为自己终于可以不用被父母管了。

但一天下来,很多孩子却对做父母这件事有了新的认识。

比如,一位名叫小荣的孩子这一天就过得很不轻松。

参照妈妈的时间表,从早上 5：00 开始,她就要起床洗衣服、准备早饭,然后去菜市场买菜,回来还要准备午饭。但她辛苦准备的午饭却不被妈妈认可,妈妈说:"一点也不好吃。"这让她很沮丧。可这还不算完,午饭过后,她原想休息一下,可还要洗碗、大扫除……一天终于过去了,妈妈问她做父母的感受,她红着脸说:"我以前好过分。"

除了小荣,还有很多孩子也各有自己的体会。

有的孩子说:"才一天,我就累得腰酸背痛。"

还有的孩子看到了父母的不容易:"他们看似轻松的背后,也许是汗水和泪水的交织。"

更有的孩子感叹道:"我羡慕的当家背后,还有父母对我爱的力量。"

……

仅仅是一天的体验,就能让孩子获得如此多的感受,可见这种试着让孩子做一天父母的做法的确会对他的内心有所触动。那么,我们也不妨选个合适的时间,和孩子进行一天的角色互换,让他亲身来感受父母的艰辛,并唤醒他内心对父母的体谅与尊重。

举个例子来说,当孩子放寒暑假时,就可以选一个我们休息的时间,提前和孩子讲好,在这一整天,都由他来做父母。

最开始也许孩子并不知道该如何做,我们可以将自己平时一天的计划列在纸上,比如,收拾房间、买菜、做饭、打扫卫生、辅导学习等等工作,工作的时间和内容最好都标出来。其实,单就这张计划表,也能让孩子对父母一天的工作有所感触。

接着,当孩子开始进入角色之后,我们就不要再插手了,在能保证孩子人身健康与安全的前提下,所有工作都要交由他自己来完成。

而且,我们也要认识到自己的"角色",千万不要随便指责孩子哪里做得不对,也别因看不下去而伸手去帮忙。此时的我们可是"孩子",所以我们也可以模仿孩子平时的某些表现让孩子感受一下。

比如,早上不起床、到时间不写作业、随便抱怨饭菜难吃、将东西四处乱放、不帮忙做家事等等。这样一来,孩子也许也能感受到之前他自己的做法有多么过分,这可能还会促使他改掉之前的坏毛病。

当这一天过去之后,我们也别忘了和孩子聊一聊,说说我们的感受,听他讲讲他自己的感受。聊天过程中,引导孩子自己说出哪里做得不够好,并问问他对这件事的想法是怎样的。不过,整个聊天过程我们都不要带有指责与训斥的成分,让孩子做一天父母的目的,就是要带给他一种全新的感受,使他不再由着自己的性子乱花钱、乱发脾气、叛逆不接受教育,所以要给他留出思考的时间。

当然,这样的活动我们也可以在孩子不同的年龄段多开展几次。因为随着孩子年龄的增长,他的思想会发生变化,能力也会有所提升,他的体会可能又会不同。而且,在每次活动中,我们也可以加上一些与之前活动不同的内容。

比如,孩子小学时,重点是让他体会父母做家事的不容易;当他上中学时,除了做家事,再加上对家庭财政收入支出的管理,并参与购买大件商品等家庭大事;等到他上了高中,我们几乎就可以完全让孩子自己来安排一天的生活,如果有机会,还可以带他去体验一下我们的工作,让他提前感受社会生活的艰辛以及挣钱养家的不易。

如此一来,孩子会对父母这个"职业"的体会越来越深,相信他也能通过这样的活动逐渐改掉某些坏习惯。而且,做一天父母也会带给孩子一种成就感,看到自己也能做到并做好某些事时,他的快乐感也会油然而生。

不过,这个活动虽然好,但也是有前提的,那就是我们平时一定要做得好,当我们自己就能做到认真工作、勤恳持家时,孩子的体会才是正向的。否则,如果平时我们自己都犯懒不干活,或者整日拖拖拉拉、什么事都不会做,那么这种与孩子的角色交换起不到什么正面的积极的教育效果。

88. 让男孩从小顶天立地

顶天立地,形容一个人形象高大、气概豪迈,做事光明磊落,这个词一般会被用来形容男人。在很多人的心中,男人只有能担当得起更多的责任,并经受得住更多的考验,才能被称得上是"顶天立地"。假如家有男孩,那么我们也同样会期望他将来能成为顶天立地的男子汉。

可是,现在的很多男孩的性格特征却离这个词越来越远,明显男子汉气概不足。

2011年10月26日,天津市青少年心理研究中心公布了一项统计数据,他们曾经在近500名小学生中进行了调查访问。其中有一道问题是"你觉得班上的男生像男子汉吗",而在所有接受调查的女孩中,竟然有64％的女孩回答"不像"。研究人员继续追问原因,很多女孩都回答,现在自己身边的男同学太"面",不大气,只有开朗、勇敢、敢作敢当的男孩,才有男子汉气概。

其实,男孩缺乏男子汉气概并不只是个案,也并不是现在才出现的新鲜现象。早在1998年,《新民晚报》就曾以《现在的男孩不男》为题,探讨过我国男孩男子汉气概不足的现象。只不过时至今日,我们依然在为男孩无法成长为顶天立地的男子汉而忧虑。

面对这样一种情况,有人说是我们的教育出了问题,仔细想想也的确如此。现在的孩子大部分都是独生子女,所以他一出生就享受了父母以及4位老人的关爱,很多原本是他自己该做的事情都被长辈们代劳了,原本他该具备的能力也因此而得不到发展。名为教育,我们却只教育他好好学习文化知识,其他各项能力却都疏忽了,这才导致男孩变得越来越不能担当,自然也就无法顶天立地。

身为男子汉却不能顶天立地,自己什么都做不好,不仅处处碰壁,而且事事失败,相信拥有这样生活的男孩一定也不会快乐。

所以,我们若想让自己的男孩具备他应有的男子汉气概并真正在成长的过程中获得快乐,就要丢掉以前那种错误的教育方法,寻求正确的教育道路,去培养充满阳刚与自信的男孩。

从男孩小时候起就把他看成是一个男子汉

一位路人看见一个四五岁的小男孩自己拎着装满东西的袋子吃力地走着，而他的妈妈却只拿了一个小小的袋子，不紧不慢地跟在后面。

路人有些不忍，便说："您舍得让这么小的孩子自己拿那么沉的东西？"这位妈妈却说："是他自己要求的，而且那里面装着他要的玩具，我也觉得这个袋子他完全有能力拿起来，既然他说出了口，就要承担起责任，而不应该只知道享受我所给他的便利。"

看看这位妈妈的做法，我们再想想自己，有多少父母在男孩小时候起就肯将他看成是一个男子汉呢？恐怕"肯定的回答"很少。更多的父母总是将男孩"紧紧搂在怀里"，除了看书学习什么都不让他做，由于活动受限，结果很多男孩甚至形成了胆小怕事、懦弱不堪的性格。

所以，要培养顶天立地的男孩，我们应该从他小时候起，就把他看成是一个男子汉，能让他做的事情就要尽量交给他做，以培养他的独立性；能由他自己解决的问题，我们就不要随便插手；对于他说出口的话，我们要鼓励他言出必行……这样一来，在男孩的内心就会扎根一种信念：我是男子汉，所以我要肯担当。

给男孩磨炼身心的机会

当我们肯将男孩看成是男子汉之后，就要给他机会让他成长为男子汉，所以我们要磨炼他的身心，使他的身体越来越强壮，并使他逐渐具备健全的心智。

从男孩小时候起，我们就要经常带他进行体育锻炼，多带他到户外跑跑跳跳，引导他多进行一些有意义的游戏与体育活动。同时，我们也要教男孩学会打理自己的生活，学会做简单的家务，适当地也让他吃点苦，给他布置些任务或设置些小障碍，以培养他坚忍不拔的毅力。

除了身体的锻炼，我们也要为他多准备精神食粮，推荐他看各类的书籍，比如讲述传统道德的书、讲述现代科技的书等等。当他看得书越多，知识储备也就越多，在这个过程中，我们还可以引导他多加思考，他的思维分析能力就会得到提升。

当男孩的身心都有了长足发展时，他才有可能去迎接未来社会中遇到的各种挑战，他也才能有毅力、有能力去战胜各种困难。

父亲要参与到对男孩的教育中来

　　由于爸爸工作繁忙,所以儿子是由妈妈带大的。可妈妈现在却很担忧,因为已经8岁的儿子至今不肯和她分床睡觉,而且还非常胆小,如果没有妈妈陪着,他几乎不敢一个人出门。如果他遇到了什么困难,或者是磕了碰了,他比女孩子哭得还厉害。

　　不只是这个孩子,很多由妈妈带大的男孩都会有类似的表现,他们受妈妈女性特质的影响太多,最终变得感情细腻,但却性格软弱。所以,在教育男孩的过程中,父亲一定不要缺席。身为父亲,我们要安排好自己的工作时间,多抽时间与男孩在一起,经常和他交流,多带他玩一些男孩子玩的游戏,给他讲讲男人的特点,说说男人都该承担怎样的责任。同时,我们也要让男孩看到我们是如何处理生活和工作上的问题的,看看我们是怎样解决各种矛盾的,给他做一个好榜样。

　　当然,我们不要总去打骂男孩,也别总摆出父亲的威严来吓唬他,即便是教育,我们也要多讲道理,这样男孩才不会从我们身上对男子汉有"粗鲁"、"冷漠"、"没耐心"等错误认知。

　　可以说,身为父亲的我们,就是男孩成为顶天立地男子汉的范本。我们的言行举止,不但会影响他对男子汉的认知,也会影响他男子汉气概的形成。

89. 让女孩端庄而有尊严

　　曾经有一对父母,两人都是企业的普通职工,收入很一般。但由于在报纸电视上看到有的女孩因为家庭贫困,而很容易受到外界诱惑进而迷失自己,所以他们认为养育女孩就该让她吃好点、穿好点,以此来培养她端庄的气质,使她不至于因为什么都不懂而受骗。

　　于是,他们在女儿身上砸下了大笔的金钱,给她最好的吃穿生活,而且从小学时起,女儿随身就经常带着许多零花钱。但后来,父母发现,女儿要钱的胃口越来越大,他们的工资甚至已经无法满足女儿的经济开销了,于是不得不减免她的零花钱。可即便如此,女儿依然每天都买很多东西回来。

　　对此,父母很奇怪,几经追问之下,女儿才不耐烦地说,这是她和几个小姐妹在学校里向其他同学勒索得来的钱。父母震惊了，但女儿却无所谓地说："你们给不了我，我就自己去挣呗！反正这样来钱也快。"

父母既担忧又后悔，他们生怕女儿以后会做出更为不知廉耻的事情来，但现在他们想要教育时，女儿却早已不再听他们的话了。

现在对女孩的教育流行"富养"，但很多父母却和事例中的那对父母一样，曲解了富养的正确含义。

所以，培养女孩也不一定非要用金钱来进行"装饰"，富养不是"富贵养"，我们只有采取正确的教育方法，才能真正养出女孩的气质，养出她的自尊，使她逐渐成长为端庄独立的女性。只有这样的女孩，才能被他人所尊重，才会被社会所需要，她也才能尽情施展自己的才能，做出一番事业，并获得快乐幸福的人生。

培养女孩有得体的外在美

女孩端庄与否，最先体现在她的外在。所以，当女孩年纪还小时，我们为她准备的衣服就要大方得体。等到她逐渐进入青春期，我们还要培养她正确的审美观，多给她讲讲怎样的美才是真正的美。此时，我们不妨由父亲来为女孩进行讲解，让父亲从异性的角度去向女孩诠释真正的美丽。

除了外表，女孩的内在才是能表现端庄气质的根本所在。所以，我们要用大量的书籍来丰富女孩的知识储备，多推荐她阅读传统道德经典，使她明白端庄是一个自古至今都很"流行"的时尚元素。同时，多引导她接触高雅艺术，看看书画、听听音乐，提升她自身的情趣素养。

关于女孩的端庄与气质培养，母亲的作用是很重要的。身为母亲，如果我们自身就有高雅的气质，有不俗的谈吐，而且在穿衣打扮方面也有一定的品位，那么女孩就会以我们为标准去打扮自己，她的气质自然也会得到提升。

教女孩学会自强自立

端庄与尊严的内在根源就在于女性的自强自立。因此，对女孩正确的富养，一定少不了对她能力与思想的培养。

我们要让女孩变得坚强，就要给她机会学做各种事。也就是说，她除了能细心照顾好自己之外，还要学做各种家事，比如，学习做饭、缝补等等，这些都是女孩未来生存应该具备的技能。

另外，我们也要注重对女孩独立性的培养，当她遇到问题时，我们要放手，给她自己解决问题的空间。即便她遇到了挫折，也不要盲目伸手帮忙，而是鼓励她自己站起来。

最重要的一点，要让女孩加强学习，鼓励她不断地学习各种知识。而且，无论什么样的技能，只要是健康的，只要女孩愿意学，只要对她未来的生存与发展有利，我们都应该允许并鼓励她去学习。

提醒女孩守护自己的尊严

当女孩进入青春期之后，关于她尊严的问题我们也许会考虑得格外多，因为青春期正是女孩内心萌动的时刻，到了这个年龄，情感萌动的发生几乎是不可避免的。

所以，越到此时，我们越应该提醒女孩，要注意自尊自爱。我们可以教她如何正确与异性相处，告诉她在异性面前要衣着得体，不要穿薄、露、透的衣服，不要浓妆艳抹，以减少对异性心理的刺激；同时，她的言谈举止也要大方，不要扭扭捏捏，也不要太过"豪放"地动手动脚，说话要有条理，表情动作也要恰到好处。

另外，我们还要提醒女孩，一定不要贪图小便宜，也不要轻易相信别人的话，我们可以给她讲讲贪小便宜的害处，用一些真实事例告诉她轻信他人又有怎样的隐患。然后，我们还要教给她学会正确保护自己，让她牢记报警号码，教她学习几招自保的招数，教给她一些安全常识，使她能安全地长大。因为，安全才是快乐的前提。

第九章　培养孩子纯洁正直快乐的心灵

　　纯洁正直快乐的心灵可以让孩子对周围变化纷繁的世界有足够的抵抗能力，可以让他看到生活阳光的一面，他就会对生活充满激情与自信，从而成为一个幸福的人。因此，我们应该培养孩子感受快乐的能力，让他有一个纯洁正直快乐的心灵，这也是我们应该送给他的最好礼物之一。

90. 务必要培养孩子的孝心

　　古人云："百善孝为先。"的确如此，孝，不仅是中华民族的传统美德，也是维系我们家庭关系的一种纽带，它也是一切德行的根本。因此，我们应该从孩子小时开始，培养他的孝心，让他成为一个孝敬父母与长辈的人。

　　我们可能都看过这样一则公益广告：

　　　　一位刚下班的年轻妈妈，忙完了家务，又端水给自己的婆婆洗脚，婆婆对她说："孩子，歇会儿吧！别累坏了身子。"年轻妈妈笑笑说："妈，不累。"这位妈妈的举动，被在一旁的儿子看在眼里，记在了心里。

　　　　年轻妈妈给婆婆洗完脚后，走进儿子的房间，查看儿子是否已经睡觉，结果却发现儿子不在房间。她刚转过头，想要去寻找儿子时，却发现儿子正吃力地端着一盆水，摇摇晃晃地向她走来。盆里的水溅了儿子一身，可是儿子仍然一脸灿烂地对妈妈说："妈妈，洗脚。"

　　　　儿子为妈妈洗起了脚，妈妈则露出了欣慰的笑容。这时候，广告里传出了画外音："其实，父母是孩子最好的老师。"

　　孩子的孝心大多不是自发形成的，而是教育出来的。孩子刚出生时如同一张白纸，我们灌输什么东西，他就会得到什么东西。对孩子来说，孝不是天性，不孝也不是天性。他孝与不孝，关键在于我们怎样教育他。那么，我们应该培养他的孝心呢？

和孩子一起孝敬老人

孩子具有很强的模仿能力，他会模仿我们的每一言、每一行。如果他看得到我们经常孝敬父母，他就会受到感染，同样也会孝敬我们。父母是孩子最好的老师，我们教给他好的东西，他就会成为一个有德行的人；如果我们不教给他正面的东西，他可能就会跟别人学坏，就会成为一个道德败坏的人。其实，在某种意义上可以这样说如果说父母是一份文件的原件，那么，孩子就是文件的复印件。因此，我们想要让孩子懂得孝敬，我们首先要孝敬长辈。

为了让孩子感受孝道，我们可以和他一起孝敬老人。去看望孩子的爷爷奶奶、外公外婆时，我们要带上他一同前往，让他看看我们是如何孝敬老人的。当我们的父母过生日时，我们不仅要为老人准备生日礼物，还要鼓励孩子用他的零花钱，为爷爷奶奶、外公外婆准备一份生日礼物。这样，孩子在孝敬的环境中成长，他就会变得更有孝心。

欣赏孩子的每一个孝顺行为

我们在教育孩子时，要懂得欣赏并夸奖他的每一个孝顺的行为，暗示他将成为一个孝顺的人。这样，他受到激励，才会努力让自己成为一个孝顺的人。

当孩子给我们捶背揉肩、端茶倒水、准备饭菜时，我们要给他以积极的暗示，对他说："孩子，你真是一个孝顺的好孩子，妈妈感到很幸福。"这种积极的暗示通常能发挥奇效，会使孩子产生一种积极向上的精神状态，然后激励他再将这种积极的孝心落实到新的行动上。久而久之，他就会认为孝顺是一件理所当然的事情，从而努力孝敬我们、孝敬长辈。

此外，我还要懂得呵护孩子的孝心，当他把最好的东西给我们分享时，不要对他说："行啦，宝贝，你自己留着吧，你有这份孝心就行啦！"我们这样做就会在无形中伤害孩子心中萌发的孝心，最终让他变成一个尽孝意识淡薄的人。

让孩子感受我们的艰辛

俗话说："贫穷出孝子。"为什么贫穷的家庭却往往出孝子呢？这是因为贫穷家庭的孩子往往最能感受到父母的艰辛，最容易形成关心父母、体贴父母、帮助父母的品质与习惯。而生活在富裕家庭中的孩子，往往养尊处优，不仅不知道尽孝是为人子女的责任，反而认为父母养育他是天经地义。这样，他又怎能懂得孝顺呢？

因此，我们不妨经常带孩子到我们的工作场所看看，让他看看我们是如何工作、如何挣钱的。此外，我们也应该允许他参与一下家庭事务的管理，让他了解一下家庭的月收入和月支出。这样，他感受到我们的艰辛，才会养成关心我们、体贴我们、爱护我们的好习惯。

给孩子讲述有关孝道的故事

中华民族从古至今，流传下许多美丽动人的故事，我们可以讲述这些故事，让孩子深刻地认识孝道。关于孝道的故事有羊跪乳、乌鸦反哺、卧冰求鲤、恣蚊饱血、黄香温席、仲由负米、闵损芦衣、汉文尝药等等，我们可以给孩子讲述，以培养他的孝道意识。我们还可以跟他一起读《孝经》、《弟子规》等国学启蒙经典，让他真切感受到中华孝道的魅力。

此外，我们还可以和孩子共读一篇与亲情有关的文章，如《孝心无价》等；跟他共唱一首歌曲，如《跪羊图》、《父亲》、《母亲》、《儿行千里》等；共读一首诗词，如《游子吟》等。这样，在亲子互动的活动中，孩子就能在潜移默化中养成孝敬长辈的好品德。

91. 积极培养孩子的感恩心

感恩是一种美德，是一种情感，是一种生活态度和生活方式，它来自于人们对生活的爱与希望。孩子学会感恩，他才能懂得尊重别人，对别人的恩惠心存感激，进而更好地与别人相处，并最终让自己感到快乐。因此，我们应该让孩子从知恩开始，学会感恩、报恩。

有这样一个流传很广的故事。

一个贫穷的小男孩为了凑足学费，就挨家挨户去推销商品。这份工作并不好做，一整天下来他没有推销出任何商品，他又累又饿，但是身上却连买一个面包的钱也没有，于是他决定向下一户人家乞讨，讨点饭吃。

小男孩无力地敲开了下一户人家的门，开门的是一位年轻美丽的女孩。小男孩为了维护自己的尊严，放弃了乞讨的想法，而只是要求女孩给他一杯水喝。

那位女孩看到小男孩饥肠辘辘的样子，端来了一杯热牛奶。男孩喝完牛奶后，问女孩道："我需要付多少钱？"女孩则说："一分钱也不用付。"小男孩万分感激地感谢女孩后，离开了女孩的家。

很多年以后，女孩得了一种罕见的疾病，当地的医生都束手无策，迫于无奈，她转到了一座大城市医治。一位医生见到这位当年的女孩后，组织众多专家对她的病情进行了会诊，制定了复杂的医疗方案，终于治好了她的病。

当那位女士接到医药费通知单的时候，她连翻开看的勇气都没有，因为她知道医药费将是一个天文数字，用她剩下的人生偿还都偿还不尽。但最终她还是翻开了通知单，让她感到非常意外的是，通知单上写着一行字：医药费已付，医药费＝一杯牛奶。

原来，女士的主治医生就是当年那个推销商品的小男孩，是他为女孩支付了医药费。

故事中，女孩的一个小小的善举成就了男孩的一生，最终也拯救了自己的生命。而对男孩来说，他牢记陌生人的恩惠，并最终给予回报，是心怀感恩的一种表现。

现在很多孩子抱怨自己不快乐、不幸福，在很大程度上讲，他的痛苦来源于他不懂得心怀感恩。一个不懂心怀感恩的人，常常以自我为中心，对别人冷漠，认为别人为他做事情是理所应当，他交不到真心的朋友，又怎能感觉到快乐呢？

重视培养孩子的感恩意识

培养孩子的感恩意识，首先要从教他说"谢谢"做起，他学会了感谢长辈、感谢老师、感谢同学，慢慢地，他就会懂得感恩。

要想让孩子懂得感恩，我们还要教育他记住别人的好，记住别人的滴水之恩。因此，我们可以为他准备一个笔记本，让他在上面写下有恩于他的人和事。随着时间的推移，笔记本上的内容会越来越多，对他来说，那将是一笔多么宝贵的财富。当他翻看笔记本时，就会回忆起那些点点滴滴的事情，从而内心充满感动，这样，他的感恩意识就会越来越强。

带孩子去参加一些关爱活动

俗话说："赠人玫瑰，手有余香。"这句话告诉我们，只要付出了，自己也会感到快乐。因此，我们应该多带孩子去参加一些关爱别人的活动。当别人感谢他，他感受到快乐时，他就更能了解感恩的意义，从而让自己成为一个懂得感恩的人。

比如，我们可以带他去福利院、敬老院去看望同龄的孩子、老人，也可以带他去慈善机构捐款给那些贫困的家庭。通过类似的活动，不仅能让孩子感受到自己的所处的环境是幸福的，还能让他感受到帮助别人的快乐。这样，他就能最大程度地学会感恩。

利用各种节日教孩子学感恩

各种各样的节日,是教育孩子学会感恩的大好时机,因此,我们要恰当地运用,增加孩子的感恩意识。

比如,母亲节、父亲节,我们可以让他感恩父母的养育、照顾;教师节,我们可以让他为授业恩师准备一张贺卡,写下一句祝福的话语,感恩老师的培育之恩;清明节,可以带他去祭祀祖先让他感怀先人,也可以带他去烈士陵园扫墓,缅怀那些英雄烈士;世界环境日、世界水日、地球日等保护环境的节日,我们则可以让他感恩环境,培养他感恩自然的意识;感恩节时,我们则应该让他学会感恩有恩于他的人,甚至是感恩对他不好的人……

通过这些节日,我们对孩子进行情感教育、生命教育,培养他的感恩情怀,他才能渐渐地学会知恩、感恩、报恩,最终施恩于人。

92. 让爱成为孩子的一种习惯

孟子说:"爱人者,人恒爱之。"意思是说,一个人如果懂得去爱别人,别人也会去爱他。但是,实际的情况却是我们不懂得关爱别人,却总是希望别人来关爱我们,这显然不现实。尤其我们在教育孩子的时候,怕他吃亏上当,往往会给他一些不正确的引导,这样,孩子就会成为不知施爱于人的冷漠自私的人。

> "别老管闲事,被坏人骗了怎么办。"
> "别总把好处让给别人,没人说你好。"
> "别太老实了,老实会吃亏的!"
> ……

有的父母在教育孩子时,经常说这样的或者类似的话,甚至我们也会说这样的话,让孩子处处提防别人,防范别人。这样,他不能与人友好相处,别人又怎么会关爱他呢?

一个会爱别人的人,才能得到别人的爱。一个人在被他人需要时,才能感受到自己的价值;同样一个人在关爱别人、关心他人的过程中也同样能感受到无穷的快乐。所以,为了能够让孩子与人为善,我们一定培养孩子关爱他人的意识,让爱成为孩子的一种习惯。

务必要注意呵护孩子的爱心

每个孩子都是善良的,他往往对弱小的生命充满了同情心,他会因踩死一只蚂蚁而伤心;他会因小狗失踪而哭泣;他会因一株植物死亡而心疼……他的这种爱心并不是我们灌输的,而是他真实感受到的,如果我们对他的这种爱心以恰当的引导,就会在他心中埋下爱的种子,让他成为一个真正善良的人。

但是,我们却往往却会在不经意间扼杀孩子小小的爱心和同情心。比如,我们看到他趴在地上看蚂蚁时,我们怕他弄脏衣服,就把蚂蚁踩死说:"蚂蚁有什么好看的,趴在地上多脏啊,快起来回家去。"他喜欢麻雀,我们就捉来麻雀给他养,可麻雀很快就气死了;他喜欢漂亮的花朵,我们就折下来供他玩,可花儿很快就枯萎了……这样,他的爱心又能发展壮大,得到升华呢?

法国著名教育家卢梭在他的著名教育论《爱弥儿》中曾说:"人在开头的一刹那间,也就是尚处于天真纯洁时期所接受的感知,将对他的一生产生不可磨灭的影响。"因此,我们要呵护孩子的爱心,比如,当他喜欢花朵时,请不要摘下花朵,何不趁机教育他爱护花草呢? 这样,他的爱心就会随着年龄的增长而开花、结果。

给孩子创造献爱心的机会

要让孩子成为一个有爱心的人,仅仅呵护他的爱心是不够的,我们还要为他创造献爱心的机会。比如,如果孩子喜欢花草,我们可以让他种一些花花草草。当然,我们还可以带他去参加一些公益活动,比如,带他去参加救助贫困儿童的活动,并让他献上自己的爱心等。这样,他通过实际"操作",就能把爱心落实到实际行动上,这样,他就能够感受到自己存在的价值和意义,就会感受到付出的快乐,那他就会主动去献爱心了。

告诉孩子,爱是不求回报的

俗话说:"善有善报。"这句话是在告诉我们,只要我们心存善念,用一颗真诚的心去爱别人,最终会得到回报的。的确如此,做好事帮助别人,就像在播撒爱的种子,总有一天这些种子会开花并结出爱的果实。

每个人在付出的爱的时候,通常会得到回报——可能是别人的一声感谢、一句关心的话语,又或者是因帮助别人所感受到的快乐……但是,我们还是要告诉孩子,为别人付出爱是不应求回报的。心中真正充满爱的人,在帮助别人,播撒爱的种子时,他不会在乎别人是否答谢他、更不会在乎别人是否回报他,他只想用自己的力量去帮助别人,而别无所求。总之,他不能为了利益、为了好处,去强迫自己去爱别人、帮助别人、关心别人。一个人只有发自内心地、自然而然地去爱别人时,他才能结下真正的善缘。这一点,我们应该让孩子从小就明白。

93. 教孩子学会缓解压力

每个人一生中总会遇到这样或者那样的压力,孩子当然也不例外。压力是一柄双刃剑,对任何人来说都会产生两方面的作用。一方面是积极的,另一方面是消极的。适当的压力能够催人奋进,而过大的压力则会阻碍人的发展。但是很多人却往往不知道如何缓解压力,以至压力长期积聚在心中,无法宣泄,而影响身体健康。

13岁的浩浩是一个对自己要求很严格的男孩,他在小学里成绩很优秀。可是升入初中一年级后,却跟不上老师的讲课进度,他常常因此而焦虑。

进入中学后的第一次期中考试,他的成绩在班级中仅占中游,他更加忧虑自己的学习。他就开始掉头发,刚开始的时候,头发是几十根地掉,后来一抓就掉一把。

妈妈知道浩浩的情况后,带他去看了医生,医生诊断为"斑秃",并说该病与免疫力及压力突然增大有关。医生给浩浩开了一些药,让他回去疗养。

但是浩浩的头发却仍然是掉的比长的多,他的性情也发生了变化,动不动就发怒,学习成绩严重下滑。期末考试时,他最喜欢的英语科目,竟然也交了白卷。

妈妈只好带浩浩去看精神卫生科医生,经诊断,医生说浩浩患上了精神心理性焦虑,他的脱发原因也是因心理压力过大引起的,这与他对自身要求太严格有很大联系。

就大多数孩子而言,入学、学习、考试、升学、生病、父母的望子成龙心理、与他人的沟通障碍等等都是压力产生的原因。这些压力,在我们看来是微不足道的,但是对孩子来说却可能是重于泰山的。如果这些压力不能得到缓解,就会给他带来很大的伤害。

所以,我们不能忽视孩子的压力,而是要教给他一些缓解压力的方法,让他学会缓解压力。

让孩子在做事前做好思想准备

压力是人生活中的一种客观存在，任何人都生活在压力之下，孩子当然也不例外。所以，我们要让孩子学会正确看待压力，那么，当他面对压力时，才不会茫然而不知所措。

我们要告诉孩子，既然他无法逃避压力，那么，他在做事前，就要有承受压力的思想准备。他承受压力的思想准备越强，承受压力的能力就会越强。比如，他参加数学竞赛之前，如果有接受失败的思想准备，那么，当他没考好时就不会闷闷不乐了。

教孩子通过转移注意力来排解压力

当孩子承受心理压力而情绪消极时，他可以通过一些活动转移他的注意力，帮助自己缓解情绪，减轻精神压力。他可以通过练字、画画、弹琴、唱歌、听音乐、看电影、做运动等，把自己的注意力引导到另一件事情上，帮助自己摆脱压力。

当他感觉情绪恶劣时，不要憋着，而要想办法及时宣泄自己的情绪。比如，他可以到户外大声喊叫、大声唱歌、踢球、哭泣等等。他把自己的恶劣情绪发泄出来，他的精神压力就会大为降低，他心里舒服就会舒服很多。

常言道："当局者迷，旁观者清。"如果孩子的强大精神压力主要来源于他自己，他往往会钻牛角尖，片面、偏激地认识问题，使自己陷入"当局者迷"的困局而不能自拔。这时候，他可以去向老师、同学、知心朋友寻求帮助，向他们诉诉衷肠，让他们给他以提醒、安慰、开导、拉他一把，或许经过别人的点拨，他就会豁然开朗，感到"柳暗花明又一村"了。

给孩子足够的休息和娱乐的时间

如果孩子不能得到足够的睡眠，休息不好，身心疲劳，也会感到紧张，产生压力。我们经常不询问孩子的意见，就为他各种各样的辅导班、兴趣班，导致他学习任务繁重，没有充足的休息时间放松身心，他又怎能没有压力呢？

娱乐是化解孩子压力的较好的途径，因此，当他感觉心情苦闷，精神压力较大时，可以适当玩一下游戏，他沉浸在快乐的事情之中，或许就会把压力抛到九霄云外了。当然，他还可以走进大自然之中，接受大自然的熏陶，享受一下悠闲的时光。或许，沉浸在大自然宽大温暖的怀抱之中，他的一切烦恼、压力就会随风飘散了。

94. 鼓励孩子多多地微笑

有这样一个真实的故事。

　　20世纪30年代，世界经济陷入大萧条之中，名声显赫的美国希尔顿酒店也没能逃脱衰退的命运。

　　希尔顿酒店连年亏损，甚至出现了负债，这种局面让希尔顿非常着急，他召集一些重要的员工，研究对策。有的员工建议降低床位费，有的员工则建议提高饭菜的标准，还有员工提议更换更加高级的酒店设备……

　　面对五花八门的对策，希尔顿却提出了"经营微笑"的独特思路。他告诉员工说，希尔顿酒店并不缺少一流的设备，而是缺少一流微笑。服务中没有微笑，顾客就会认为酒店的服务是欠缺的、不完美的，生活中缺少了微笑，就像花园中没有阳光一样。所以，他让员工们去通过经营微笑，达到扭亏为盈的目的。

　　希尔顿酒店推出经营微笑的策略后，酒店的营业额迅速上升，最终成为了世界酒店行业的佼佼者。

希尔顿依靠微笑获得了成功，由此可见，微笑的力量确实是不言而喻的。在人际交往中，微笑是最能拉近彼此距离的一种礼仪，也是一种最能令人愉快的表情，它表达的是一种热情而积极的处世态度。

　　一个善于微笑的人，通常也是一个乐观豁达的人，即使他遇到挫折，也会微笑着去面对，显示出自己对生活的热爱之情。而微笑也是一种迷人气质，拥有这种气质的人，通常能更容易获得成功。因此，为了让孩子能够更加热爱生活，更能走向成功，我们应该鼓励他多多微笑。那么，具体说来，我们应该怎样做呢？

用我们的微笑感染孩子

在生活中，遇到对我们报以微笑的人，我们通常也会禁不住微笑，并会因此而心情舒畅。为什么会出现这样的情形呢？这是因为微笑具有感染别人的情绪，让别人也快乐的作用。因此，为了让孩子能够学会微笑，我们应该为他营造一个充满微笑的环境，用微笑感染他，这样，他才能展现出最阳光的笑容。

　　当孩子犯了错误或者遭受失败时，我们报之以微笑，对他表示理解、支持、鼓励等，他受到感染就会努力去改善自己。或许当别人对他犯下错误时，他也会用微笑去宽容别人。这样，他就能更被大家接受和认可，从而更容易取得非凡的成绩。

此外，我们也要对家庭成员的关心和爱护回报以微笑。这样，孩子在微笑的环境中成长，他受到熏陶，就会习惯以微笑待人。

教孩子用微笑面对生活

生活就像一面镜子，如果你对着他笑，它也会对着你笑。孩子如果能微笑着面对生活，那么他的生活中，也会处处充满欢乐、充满阳光。

有这样一则小故事。

有一个贫穷的妇人，带着一个大约4岁的小男孩在百货商场里东看西瞧。

她们来到一家照相摊位旁，小男孩看到照相机后，就拉着妇人的手说："妈妈，让我照一张相吧。"

妇人弯下腰，抚摸着孩子的头说："不要照了，你的衣服太旧了，照出来不好看。"小男孩沉默了片刻，快速地抬起来了说："可是，妈妈，我仍然会面带微笑啊。"

孩子在生活中总会遇到挫折，如果他能像故事中的小男孩一样，面对困苦，仍然保持微笑，那么，还有什么困难能打倒他呢？

让孩子学会对陌生人微笑

在生活中，孩子总会遇到陌生人，甚至与陌生人发生联系。比如，陌生人可能帮助他，还可能会与他发生矛盾等等。这时候，如果他给陌生人以微笑，就会有完全不同的结果。当孩子遇到困难，别人给他以帮助，他微笑着表示感谢时，别人受到鼓励，就会去帮助更多的人。当孩子挤公交车被人踩了一脚时，如果他表示出愤怒，甚至出言不逊，可能就会引发一场矛盾。而这时候，如果他对踩他脚的人露出微笑，表示谅解，又怎能引发矛盾呢？

有的父母总会担心，孩子对陌生人微笑，会被陌生人利用。可是，孩子给人甜美的笑容，让别人感受到快乐，别人又怎么忍心加害他呢！孩子多对人微笑，才能被别人喜爱，被别人认同，所以，我们应该让他多对别人微笑，用微笑去感染别人，同时也让自己有一个好心情。

告诉孩子微笑时的一些注意事项

在大多数情况下，微笑能给人以愉悦感，但是不适当的微笑却会让人厌烦。为了让孩子正确微笑,我们还应该告诉孩子一些微笑的注意事项。

首先,我们要让孩子知道,微笑要发自内心,才能起到情感沟通的作用。如果他对人微笑时,皮笑肉不笑,别人就会觉得他虚伪,甚至以为那是嘲笑,从而不愿与他沟通。因此,他的笑容要自然适度、指向明确,当然也可以用语言结合使用,比如,微笑的同时,问候对方"您好"。

其次,我们要告诉孩子微笑要注意场合,掌握分寸,不能在不该笑的场合笑。比如,参加丧礼时,大家都很悲伤,如果他在这时候笑,就会被人认为没有教养;再比如,他的同学受到老师批评时,他却对着同学笑,同学就会认为自己被讥笑,而与孩子发生矛盾;等等。

95. 培养孩子宽广的心胸

俗话说,心有多宽广,舞台就有多大。可见,宽广的心胸对一个人的影响是巨大的,甚至在某种程度是能够决定一个人的成功。

所以,每个人都应该有一个宽广的心胸,孩子也不例外。

孩子有一个宽广的心胸,他才能严于律己,宽以待人,消除许多无所谓的矛盾,化干戈为玉帛;孩子有一个广阔的胸怀,他才能更好适应各种不同的环境,处理好各种人际关系,更融洽地与人合作,进而充分发挥自己的潜能,取得优秀的成绩……

上小学四年级的郭晓彤学习成绩优秀,又多才多艺。爸爸妈妈、爷爷奶奶都非常喜欢她,老师也经常当着全班同学的面表扬她。

尽管郭晓彤各方面都很优秀,但是同学们却都不喜欢她。因为她特别自傲,每当同学跟她有点小矛盾时,她就跑去跟老师打小报告。同学们了解到她的这个习惯时,都开始疏远她,渐渐地,她成了一个被孤立的孩子。

郭晓彤喜欢打小报告,借助老师的力量对别人进行打击、报复,这是一种心胸狭隘的表现。这样,她又能处理好与同学的关系呢?

心胸狭隘的孩子容易走极端,做事往往不顾及别人的感受,伤害别人,最终伤害自己。而一个有着宽广心怀的孩子,则更能受到人们的拥戴和尊敬,从而做出一番事业来。

所以,我们应该给孩子一颗宽广无比的心,让他用这颗心去待人接物。

带孩子深入到大自然中去

大自然中有着无穷无尽的神奇和奥秘,大自然是一本最生动的教科书,我们永远也读不完。大自然的博大与雄美可使人心胸开阔，性格开朗，心情愉悦，进而促人产生宽容之心。

所以，如果有条件，我们应多带孩子到郊外，让关在钢筋水泥世界中的孩子投入到大自然的怀抱中。另外，我们尽可能创造条件，带孩子游历祖国的大好河山，让浩瀚的海洋、奔腾的河流、秀丽的湖光山色陶冶孩子的心灵，开阔他的视野和胸襟。

如果条件不允许，我们也应该利用节假日或周末带孩子到附近的公园里玩一玩，这样也算是亲近一下"小自然"，也会对孩子宽容心的养成有一个积极的促进作用。

让孩子明白"人无完人"这个道理

俗话说："金无足赤，人无完人。"因此，我们要告诉孩子，这个世界上没有完美的事物，他不能以完美的标准去要求别人，而应该客观地看待身边的每一个人。

每个人都会有优点，也会有缺点，如果孩子一味地抓住别人的缺点不放，就会因此反感别人，进而与之发生矛盾。每个人因为成长环境、家庭背景、个人经历不同，思维方式、做事标准也会有所不同。因此，他不能以自己的标准去要求别人，而是应该本着"求同存异"的原则，对别人多一份理解、多一份包容。这样，他才能与人友好地相处。

把"己所不欲，勿施于人"的道理讲给孩子

一个心胸宽广的人，不仅能原谅、宽容别人，而且总是能体谅别人，不把那些自己不想要的东西，强行施加给别人。

所以，当孩子做错事没有得到别人原谅时，我们可以趁机把"己所不欲，勿施于人"的道理告诉他，并且跟他说："你体会到不被别人原谅的感受了吧，要知道，你以前不原谅别人，别人的感受跟你此时此刻的感受是一样的。所以，你做事时要懂得体谅别人，你自己不想得到的，也不要给别人。"这样，他或许就能更包容一些，并尽量不给别人制造痛苦了。

用故事教育孩子，让他的心变宽广起来

我们不能因为担心孩子吃亏，就对他说："在外面不要太老实，谁欺负你，你要敢于还手。"如果我们这样教育他，让他以牙还牙，那么，他何时才能化解与别人的矛盾呢？孩子如果年龄小，不能理解我们说给他的大道理，我们可以给他讲述一些与宽容有关的故事，这样，或许他理解起来，就容易得多。

宽容是中华民族的传统美德，因此，我国自古就有很多宽容的话语和故事，我们

可以讲给他听，比如，"宰相肚里能撑船"、"将相和"的故事等。此外，我们也可以让孩子把"海纳百川，有容乃大"等名言，挂在他的卧室，贴在他的书桌旁，提醒他做一个心胸旷达的人。

96. 给孩子创造愉快的家庭时光

在很多人心中，家是疲惫时停靠的港湾。而对于孩子来说，他更希望家是充满愉悦时光的乐园。但有的父母却并不理解什么才是愉快的家庭时光，他们简单地认为让孩子吃穿不愁学习好他就会快乐了。但事实显然并非如此，一个五年级的孩子在一篇周记中写道：

> 妈妈最喜欢打麻将，经常一打就是好久。有时她会出去找小区里的其他叔叔阿姨打，有时她干脆就在家里支个桌子找人来打。而爸爸工作又忙，也总是不在家，我觉得我就好像是没人要的孩子。
>
> 每天放学回家，我几乎没看见过妈妈在做饭。她如果不在家，就在桌子上留下10元钱让我自己买吃的；就算她在家，也一样会扔出10元钱说："自己买吃的去吧。"有时她还会让我顺道给她买吃的。我感觉我都没吃过几顿妈妈做的饭。
>
> 到了周末或者放假时，别的孩子跟爸爸妈妈出去玩，可妈妈哪儿都不带我去，说是没时间。可她明明有时间打麻将！我好羡慕别的孩子，可以和爸爸妈妈一起开心地笑，我连和妈妈一起出门买菜的机会都没有。
>
> 我好恨这个家，因为我一点也不快乐！

处在这个年龄阶段的孩子，原本应该和爸爸妈妈一起开心地生活，但在这个孩子的眼中，看到的只有妈妈的自娱自乐，爸爸的忙碌以及自己的孤单，一个家庭被分割成了三部分，他的内心没有一点属于家的温馨快乐的感觉。

也许这样的家庭在现在社会中并不少见，难道我们就看不见孩子那落寞的脸庞吗？难道我们的内心就不觉得无比愧疚吗？

所以，若想让孩子快乐成长，就要让他的内心充满快乐，而这快乐最基本的来源地就是家庭。我们应该为孩子创造一个愉悦的家庭氛围，经常让他沉浸在快乐的家庭时光之中，这样他的内心才会永远充满阳光，快乐的笑容才会一直陪伴他。

别只顾着我们自己高兴

前面事例中的那位妈妈就是一个只顾着自己高兴的人。但孩子是我们创造出来的生命,我们不能只给了他生命就什么都不管了。孩子如果感觉不到家庭生活的快乐,那么他的内心就会生出各种负面情绪,长期在负面情绪的刺激下他也许又会生发出诸多反抗与挑衅的行为,等到他因此而做了触及法律的错事,我们岂不是悔之晚矣?

因此,既然已经组建了家庭,我们就要顾及到全家人的感受,尤其是要考虑到孩子的感受。如果要快乐,那就通过积极健康的方式让全家都感觉到快乐,这样的温馨会留在全家所有人的记忆里,这样的快乐才是最真切也最实在的快乐。

和孩子一起准备饭菜

一说到全家其乐融融的景象,可能很多人都会立刻想到全家人聚在一起,吃着自己亲手做的热气腾腾而又色香味俱全的饭菜。那样温馨的景象是很多人内心最美好的回忆。

所以,我们也不要只将做饭这件事当成是任务,也别总督促孩子学习而不让他插手家务。到了要准备饭菜时,如果孩子不忙,那就叫上他。让他和我们一起买菜、备菜,一边做饭一边和他聊聊天,给他讲讲做某道菜时有什么小窍门,问问他最爱吃什么菜,和他说说每位家人又爱吃什么。

这样一个过程既促进了我们与孩子之间的亲子沟通,又增进了彼此间的了解,而且孩子还会学到与做饭有关的各种知识。相信这样的记忆会让快乐一直保留在孩子的心中,未来不管走到哪里,他也会期待回家、向往家庭,因为家中有他最爱吃的饭菜,有最疼爱他的父母。

多进行一些全家总动员式的活动

所谓"家庭活动",就是要全家人一起行动。我们可以经常进行一些全家总动员式的活动,尤其是周末与节假日的时间,我们不要总想着工作,而是要在工作日将工作尽量都做好,到了休息的时候就要好好地将这段时间利用起来。

比如,和孩子一起在家进行大扫除,全家协作"打造"一个洁净的居住环境;全家一起踏青郊游,开阔视野的同时也储存快乐的记忆;和孩子一起参加社区或者学校组织的活动,既锻炼了孩子动手动脑的能力,又让他感受到了我们的支持与鼓励;等等。

有的父母会说,好容易到周末或者节假日,当然是要好好歇歇了。即便是歇一歇,我们最好也要和孩子在一起,和他天南海北地聊聊天,与他一起玩下棋一类的安静的小游戏,这也同样是制造快乐的好方式。

97. 教孩子学点中国传统文化

现在我们似乎离传统文化越来越远了，就拿孩子来说，现在的孩子爱吃的是各种洋快餐，有几人还知道五谷耕种与"粒粒皆辛苦"？他们手里玩的是芭比娃娃、奥特曼，有几人还能背出传统经典诗文？他们热衷于过"圣诞节"，又有几人知道"端午节"、"重阳节"的来历？他们向往甚至学习外国的种种习惯，可却没想到自己已然丢却了传承了几千年的传统礼义。

一位成绩优秀的高中学生在德国进行了一年的交流学习，寄宿在一个德国家庭中，这次交流学习生活让他有了一个感悟："我在德国家庭中，给中国人丢了脸。"

原来，他在德国每天放学回家后都是直接进自己的房间，直到有人喊吃饭才出来。但家中的德国孩子却要积极地帮爸爸妈妈做家务，好让自己的零花钱拿得心安理得。

有一次，他放学回家后直接就用钥匙开了门，但德国爸爸却惊讶地问："为什么不敲门后再开门呢？"

他也同样惊讶地回答："我有钥匙，为什么要敲门？"

德国爸爸则说："假如家里有人，他们不会想到你这么突然闯进去的，如果他们有事或穿得不方便，这不是会造成尴尬吗？"

寥寥几件小事，却让这个孩子感觉到了自身连最基本、最普通的礼貌礼仪都没有，他发现他的成长过程中欠缺了很多，也许正是由于不认同自己悠久的文化，才闹出了许多洋相。

不知道还有多少孩子和这个孩子一样，正在外国"展示"着原本不该有的洋相。孩子也有思想，当他看到这样的差距、感受到他人一样的眼光时，他显然也是不快乐的。

所以，我们不要只忙于追求孩子的好成绩与高能力，还要好好培养他的综合素养，应该让他扎好做人的根基。而要做到这一点，我们就要向中国传统文化来求教。

重新认识中国传统文化

什么才是中国传统文化？这里我们需要重新认识一下。

中国传统文化是中华文明经过长时间的演化最终汇集而成的一种文化，它反映了中华民族的特质与风貌，从哲学、科学的角度揭示了宇宙、社会、人生的本质与意义，是中华民族历史上各种思想文化、观念形态的总体表征。

儒家文化是中国传统文化的核心内容，除此之外，道家、佛家、诸子百家，以及他们的思想著作、琴棋书画等传统技艺、诗词歌赋等传统文学、各种各样的传统节日和礼仪风俗、戏曲、建筑、中医、宗教、民间工艺、传说……也都属于传统文化。

所以，我们不能只凭借片面的认知就下结论，如果不太了解传统文化，那就去查找资料、去向人请教。而在所有的传统文化学习中，我们应该重点教孩子学习五伦八德（五伦：父子有亲、夫妇有别、长幼有序、君臣有义、朋友有信；八德：孝、悌、忠、信、礼、义、廉、耻），教他学会分辨善恶，教他懂得因果定律。也就是说，只有先认清传统文化的内容，我们才能更好地去教育孩子。

与孩子一起进行传统文化的学习

妈妈给儿子报了一个传统文化学习班，每个周末都送他去学习两个小时。对这个学习班，妈妈的态度与对待其他学习班一样，只是督促孩子好好听讲。而且，只要孩子回到家，她就让他赶紧去做题背单词，至于学习班上学了什么，她从来不关心。

显然这位妈妈对孩子的传统文化教育就是一种错误的方法，学习传统文化并不是参加个学习班就可以了，如果孩子只是在学习班里有所学习，但回家却不去力行，不能养成良好的习惯，那么这个学习就是没有意义的。

因此，我们应该和孩子一起进行传统文化的学习。在教育孩子的同时，我们自己也在学习。如果孩子在学习过程中遇到不懂、做得不到位或者做错的情况，我们还可以给他讲解、帮他指正。当我们和孩子一起学习传统文化时，就会形成一个学传统文化的氛围，看到我们的努力，孩子也会更加用心。

将传统文化教育贯穿于生活之中

其实很多传统文化教育在生活中都能得到体现，比如，尽孝道，简单的"父母呼，应勿缓"、"父母教，须敬听"，这些都是生活中的小事，如果我们做得好，孩子就会照样学，如果我们及时教，他就能按照我们所教的去做。

所以，对于传统文化中的各种礼仪道德教育、文化传承教育等等，我们在生活中要尽量做好，再为孩子适当讲解，并鼓励他也依样施行，这样他就会形成良好的生活习惯。当这样的习惯渗透进他的人生，他无论是为人处世还是接人待物，就会处处都体现出一种儒雅气质，而且他也会懂得更多做人做事的道理，他也就能更快走向成功,他的人生自然就是快乐的。

98. 与孩子一起学习《弟子规》

《弟子规》原名《训蒙文》,是清朝康熙年间秀才李毓秀先生根据自己的教学经验编写的一本儿童蒙学读物。后来,清朝乾隆年间的贾存仁先生对此作了修订改编,并改名《弟子规》。《弟子规》是教导子弟尽守本分、克己守礼、约束邪念、保持诚实,养成良好生活习惯并传承忠厚家风的最佳启蒙教材。

《弟子规》以《论语·学而》篇的"入则孝,出则弟,谨而信,泛爱众,而亲仁,行有余力,则以学文"为中心思想,采用三字一句、两句一韵的韵文形式,具体阐述了为人子弟在家、外出、待人、接物和学习上应该恪守的言行规范。

《弟子规》是一本只有 360 句、1 080 个字的小册子,如果算起来,这些文字似乎都不够写一篇文章。可就是这 1 080 个字,却讲述了 113 件事,讲述了人一生都要做到、也能影响人一生的事,这不能不说是个奇迹。

今天,越来越多的父母觉得孩子不好教,其实就是因为我们从最开始就没有找到合适的教育方法。而《弟子规》则为我们提供了很好的教育范本,因为其中讲的都是"圣人的训言",都是圣人关于良好德行的教诲。如果我们能认真学习并真正理解其中提到的内容,那么很多教育难题也许就将不再难处理,我们对孩子的教育也会变得省力许多。

不过,有的父母一听说《弟子规》能解决教育问题,便又进入了另一个教育怪圈,那就是盲目地督促孩子去死记硬背。

一位老师就讲了下面这样一件事。

有一次体育课,有一个孩子请了病假。我偶然间从教室门外经过,听到这个请假的孩子正在嘟嘟囔囔地背诵东西。我一开始以为是语文课上留的背诵作业,但仔细一听,我发现他居然在背《弟子规》。

我好奇地走进教室,问他怎么想起要背诵这个,他却一脸无奈地说:"妈妈每天回家都要检查,背不过就要挨罚,抄写《弟子规》10 遍。"

我惊讶地问道:"你按照这上面说的去做过吗?"

他不屑地摆着手说:"每天光背它就够麻烦了,再说,妈妈也只要求背,背过就行。"

我接着问他:"妈妈有没有看过这本书?她给你讲过里面的内容吗?"

那孩子轻轻地摇摇头"妈妈每次只是看我背得对不对,她关心的是我背了这个以后是不是更听话了。"

我忽然不知道该说什么了，妈妈自己都不了解也不学习《弟子规》，却只让孩子死记硬背，这样《弟子规》的效用根本就得不到发挥啊！

不知道有多少父母也是抱着这样的态度来让孩子学习《弟子规》的，单纯的背诵只是在锻炼孩子的记忆，但对他的思想行为却可能没有一点影响。所以，对《弟子规》的学习，不应该只是简单地"背"，重点应该放在"做"之上。

另外还有一点，有的父母一听说是《弟子规》，立刻就觉得，既然是"弟子"，那这本书这就只是给孩子看的，也只是要求孩子做到的。但"弟子"这个定义却并不单单是指孩子，它也指每一个人，甚至包括我们这些成年人。因为在生活中，我们总会遇到做不好、做不到的地方，总有需要学习改进的地方，所以我们也是一直在学习的。而且，如果我们能做得好，那么孩子也会以我们为榜样。

所以，在学习《弟子规》时，我们应该和孩子一起学习，和他一起做，这样我们才能在家庭中创造出一个良好的氛围，我们自身的素养也会因为学习而有所提升，同时也能体会到《弟子规》所带来的巨大的教育价值。

比如，关于孝道，我们首先要对自己的父母尽孝，要做到"应勿缓"、"行勿懒"，做到和颜悦色，做到嘘寒问暖。我们不仅在孩子面前要做得好，即便是没有当着孩子的面，也要谨守孝道。我们要经常对照《弟子规》上提到的内容来检视自身，及时更正错误、弥补缺点。与此同时，我们也要给孩子讲讲孝道传统，从他小时候起就在他的内心扎下孝道的根。

还比如，关于悌道，我们也要给孩子做出榜样，要懂得长幼尊卑，懂得礼貌谦让，不和人斤斤计较。我们行为表现得恭敬严谨，孩子便也知道不能在尊长面前忘乎所以；我们向来宽容大度，那么孩子自然也不会为了小事而心生怨恨。

除此之外，我们平时的生活也要规律而谨慎，小到刷牙洗脸，大到为人处世，我们都要有良好的习惯，有端正的处事态度。这样我们为孩子创造的就是一个充满良好德行的成长空间，他不仅学得更快，成长得更快，而且也学得更轻松快乐。

也就是说，当我们通过诵读、学习并最终养成落实《弟子规》教诲的好习惯时，我们在生活中的各种行为就不会显得做作。而孩子在我们这种自然而然的表现之下，也就能更好地领悟《弟子规》中提到的各种行为都有怎样的意义，此时几乎已经不用我们再刻意去教了，他自己就会先从模仿开始做起，直到最终，这些好的行为也会渗透进他的生活。

当孩子处处都能做好，我们自然也就省了心，孩子也就不会因为天天受我们的唠叨而感到厌烦，如此一来全家人就都会感到轻松快乐。这样美好的生活难道不令我们向往吗？所以，我们也抓紧时间，赶紧带领孩子进入《弟子规》的世界吧！

学习《弟子规》，我们还可以参考一本家庭教育书籍——《最彻底的家庭教育方法：〈弟子规〉里的教育智慧》。这本书从家庭教育的角度，一字不漏地对《弟子规》1080字的原文进行全面的解读，向广大父母介绍改造自己、成就孩子的各种方法。有兴趣的父母，不妨读一读。读过之后，一定会发现，教育孩子其实真的没有那么难。

99. 与孩子一起读点经典

有人曾经称犹太人为"世界上最聪明的民族"，因为根据统计，从1901年到2004年，仅占世界总人口数0.3％的犹太人，却有167位获得了诺贝尔奖，占总获奖人数的22％。

犹太人之所以会取得如此高的成就，与他们所接受的良好幼儿教育不无关系。

犹太人的孩子在3岁时就开始学习希伯来语，当会读写之后，他就要背诵像《般若心经》一样的祈祷文。但这种背诵只是单纯地背，他不一定非要理解祈祷文的意思。

孩子到了5岁，就开始背诵《圣经》、《摩西律法》，《摩西律法》是犹太人传承了5000多年的秘传书，是犹太人生活的基础，也就是他们的传统经典。

在7岁前，孩子必须背诵《摩西五书》中的"创世纪"、"出埃及记"、"利未记"、"民数记"、"申命记"；到了7岁，他就要继续学习旧约圣经剩下的部分和犹太教法典。

等到满13岁时，犹太孩子就要接受成人典礼，这时他们已经会背诵最基本的经典学问了。而最令人惊讶的是，正是由于有了这些背诵，他们在以后对各种各样的知识都吸收得相当快，很多重要的知识都能轻而易举地背过。

也许有人惊叹犹太人的聪明，也许有人觉得他们让那么小的孩子去背诵有些不可思议，但我们关注的重点，应该是他们从孩子小时候就开始的"读经教育"。从犹太人的教育方法来看，小时候阅读的经典才是孩子在未来有所成就的"制胜法宝"。

而看看现在的很多父母，似乎更关心孩子有没有吃饱穿暖，更关心他目前的成绩以及在班级的排名，关心他有没有被别人落下。虽然这样的关心不能说有错，但多少显得有些目光短浅。

犹太人读经教育的着眼点是孩子的未来,所以我们也该将自己的眼光放得更长远一些,从孩子小时候起,就要多和他一起读点经典,让他从小就受到经典文化的熏陶,也为他的未来发展打下一个坚实的文化基础。而从小就接受经典浸润的孩子,他的人生就会充满善与爱,他的生活自然也就会永远围绕着温馨与快乐。

培养孩子阅读经典的兴趣

要阅读经典,首先要有阅读的兴趣。而身为父母的我们此时就要做出榜样,我们每天不要总盯着电视或电脑,也别整日打麻将、玩游戏,不忙的时候就捧一本好书,最好是一些传统经典,安静地读下去。当我们创造出一个良好的阅读氛围时,孩子自然也会因此受到影响。

另外,我们也可以巧妙地利用起孩子的好奇心。

比如,有一位父亲在教育孩子要守诚信时说:"《论语》中说'人而无信,不知其可也',足见诚信的重要性。"孩子好奇:"这句话到底是什么意思呢?"父亲借机说:"不如我们一起来读一读《论语》好了,也许你就能领悟出来。"于是,孩子便兴致勃勃地跟着父亲一起看起《论语》来。可见,利用孩子的好奇,可以更容易地将他带进经典的世界。

多读一些传统经典书籍

一般说到经典,大部分都是指那些传统经典书籍,比如《论语》、《大学》、《中庸》、《孟子》、《道德经》、《易经》、《三字经》、《弟子规》等等。

有很多父母觉得,让那么小的孩子读经典他一定读不懂。没错,他是读不懂。可是我们难道忘了犹太人的读经教育了吗?他们对孩子的教育也不是要求孩子必须读懂,而是在训练他阅读与记忆。而且,孩子小时候的记忆力是惊人的,虽然他读不懂,但是在反复诵读的过程中,他会记住这些经典的内容,随着他人生阅历的增加,书中所提到的内容他自然就能明白,而且融入他的血液,成为他的人生智慧,与他一路同行,他的人生也会因此而幸福。

所以,我们家里的书柜中,要多准备一些传统经典书籍。平时,我们要和孩子一起读,读的时候不要敷衍,而是要一字一句,尽量读出抑扬顿挫。当我们用平和认真的态度去对待这些经典书籍时,孩子也会安静下来,他就能更快进入经典书籍所创造出来的意境之中。

适当读一些经典名著

除了那些传统的经典书籍,一些文学经典名著也同样可以拿来阅读。比如,我国的唐诗、宋词、元曲、《资治通鉴》、《史记》、《阅微草堂笔记》等书籍,《新月集》等外国经典诗歌集,《小王子》、《秘密花园》、《假如给我三天光明》等国外文学名著。

如果说阅读传统经典会陶冶孩子的情操,培养他基本的道德素养,那么阅读这些经典名著,就会增加孩子的审美情趣,提升他的文学素养,同时还能帮他增长知识。

在为孩子准备这些经典名著时,我们要注意他的年龄特点。对于年龄较小的孩子,可以和他一起读《新月集》、《小王子》等简单而又充满童趣的书籍;当孩子渐渐长大后,我们再和他一起读文字较多、内容较为复杂的名著。

不过,由于这类经典大多都带有故事性与趣味性,孩子会更愿意去看。为了防止他只顾着看故事而忘记了学习,我们就要帮他合理安排好学习与阅读的时间,让他在学习之余再去尽情欣赏经典带来的趣味,这样他会读得更尽兴,也更能体会到阅读的快乐。

100. 培养孩子的健康心理

一个人快乐与否取决于他的内心,如果拥有健康的心理,他就不会因为一点挫折而沮丧,不会只想偷懒而不努力,也不会变得懦弱,更不会抛却自身的责任,而是会理智地看待所有事,冷静地分析各种情况、思考各种问题。这样的人自然会一直生活在快乐之中。

现在很多孩子的心理不太健康,他经常会因为各种小事而表现得脆弱无助,甚至背上心理负担。一旦孩子心里有了包袱,那么快乐也会离他远去。

星期二下午是学校例行大扫除的时间,但妈妈发现儿子回家后却很不开心,便问道:"今天学校发生什么事情了吗?"

儿子嘴一撇:"哼!我们老师就是偏心,我和同桌一起扫地,凭什么他只扫教室门口前面那一小块地方,剩下的连楼道带楼梯都要我扫!他不就是学习好一点吗?这还享受特权?"

妈妈等到儿子发完了脾气才说:"我觉得吧,这应该是老师对你的信任。你想,楼道、楼梯天天有人过,可是班级的'脸面'。如果大家看到这里这么干净,肯定会夸奖辛勤劳动的人。老师应该是看中你会认真负责地完成任务才放心让你扫的。而且,老师也不一定是偏心,没准儿你的同桌有什么特殊情况呢?"

经过妈妈这么一说,儿子有些不好意思地笑了,他仔细想了想才一拍脑门说："呀，同桌昨天病才刚好，今天就大扫除了。我这是帮他分担，做好事呢！对吧，妈妈？"

妈妈忍不住也笑了："其实有些事情远没有你想的那么不好，我希望你能有一个健康的心理，这样你也会过得更快乐。"

很多孩子总是不能用正确的思考方式去思考问题，由此才会出现事例中这种为一点小事就怨恨、沮丧的情况，这也恰恰是孩子心理不健康的表现。但他未来会遇到更多更复杂的事情，如果一直都以一种不健康的心理去应对，他的生活便也注定快乐不起来。所以，我们要注重对孩子心理健康的培养，这样他才能正确面对生活，寻求并发现更多的快乐。

用身体健康带动孩子的心理健康

心理健康与身体健康有着密切的关系，如果身体健康，孩子就有机会参与各种活动，他的生活也会变得丰富，自然也能心情愉快。而心理健康又会带给孩子愉悦的心情，他会吃得更香、睡得更好，他的身体也就会更加健康。

因此，我们要为孩子安排好锻炼身体的时间，督促他积极参与体育锻炼。即使是他万一生了点小病，也要鼓励他用积极的心态去看待，乐观的心态将有助于身体的恢复。

教孩子生活在真实之中

很多人见不得自己的不完美，也无法容忍他人的优点、长处和取得的成绩，因此他就会通过说谎、逃避、遮掩等行为来虚构一个完美世界。但这样的生活会很累，所以我们要带孩子远离这个虚伪的圈子，教他学会真实地去生活，这也是培养他健康心理的基础。

平时，我们自己就要做到真实生活，少一些虚情假意，多一些努力实干。在家我们要创造一个民主宽松的家庭氛围，多和孩子聊天沟通，还要引导他多接触正面信息与事物，帮他建立一个正向、美好的生活环境。但是，我们也不能完全不让孩子知道负性信息，我们要用正面的态度对待这些信息，向他明确自己的态度，使他明白应该扬善抑恶。

帮孩子建立"删除心理模式"

有些孩子之所以会觉得不开心，是因为他的内心装了太多他感觉不开心的事情，久而久之这些不开心也会在孩子内心积压成疾，当然，他的心理健康也会受到威胁。

所以，我们可以帮孩子建立起一个"删除心理模式"，就是鼓励他说出不开心的事情，给他时间倾诉与发泄。而在他发泄之后，我们就要和他一起说"删除"，让他尽快忘掉不愉快，这样他的内心才有足够的空间装得下快乐。

当然，有的孩子内心很敏感，他感到不快乐的事情也会有很多，所以我们也要有耐心，不要因此埋怨他的无聊与忧郁性格，而是要给他打气，或者用我们的快乐感染他，使他尽快摆脱不开心的事，重新恢复快乐。

鼓励孩子凡事尽力而为

任何一个孩子做事都希望能得到一个好结果，但是每个人的能力都有限，所以不会所有事都做到尽善尽美。每遇到这种情况，有的孩子内心就会产生波动，认为自己不行，进而感到沮丧。

此时我们就要鼓励孩子先认清自己奋斗的方向，认清自己的责任，然后再不断努力，无论什么事只要尽力了，他就是好样的。

我们要提醒孩子，他该注意自己努力的过程，而不要总去想那个结果，只要他为之奋斗过，那么他就已经创造了精彩，他就应该为自己努力的成果而感到快乐。